本山美彦
Motoyama Yoshihiko

人工知能と株価資本主義

AI投機は何をもたらすのか

明石書店

まえがき

いまさら改めて言うのも気が引けるが、社会は生き物である。健康なときもあれば、病気のときもある。いまの社会は、かなり深刻な病気に罹っているのではないか？　それも、日本だけでなく世界的な規模で。非常に多くの人が、いまの社会に得体の知れない不気味さを感じているのではないだろうか？

世界で数千万人の人が難民となって、故郷から逃げ出したものの、他国からは受け入れを拒否され、衛生状態も悪く、乏しい配給食糧しかない飢餓状態という地獄にのたうっている。

難民問題を身近なものとして感じなくて済む日本ですら、多くの若者たちが自らの生涯設計を描けないまま、臨時就労で日々を空しく生きている。

非常に多くの老人が、「この世から早く消えろ」と言われているかのように、怯えながら社会とのつながりを諦めている。

現在の体制を覆したいと願う人たちもある程度の数で活動している。しかし、彼らが属する組織は、いずれも、昔日の面影はなく、活動家を動員できる力を失っている。日本では、野党票の凋落傾向は否定できず、市民運動への参加者も小さな集団にまで後退してしまった。

いったい、いまの社会で何が起こっているのだろうか？

現在を端的に表現できる「キーワード」をあえて提示して見たい。生き物の社会を単純な言葉で表現することは無謀である。多様な生きた細胞によって構成されている社会は、複雑さを真髄にしている。その点については重々承知している。しかし、私たちは、真髄には及ばないものの、それに近い時代の端的なイメージを必要としている。単純な言葉こそが力を持つからである。

例を引こう。二〇世紀末、日本経済は深刻な銀行危機に喘いだ。このとき、米国の金融界が日本を揶揄して強烈な言葉を発した。「護送船団方式」というキーワードがそれである。多様な内容を持ち、市民に強力な地盤を形成していたと思われる日本の金融制度が、「護送船団方式」という、単純な揶揄で、瞬時に崩壊させられてしまった。これは、寸鉄人を刺す、端的なキーワードが持つ巨大な力を示す実例である。

この言葉は、米国の金融権力が発した言葉であった。当時の権力者たちに批判的な人々が飛びついたキーワードは、「国際金融複合体」であった。

権力側が発した「護送船団方式」にせよ、非権力側が対抗的に提示した「国際金融複合体」にせよ、それぞれの層のイデオロギーを秘めてはいたものの、いずれのキーワードも、時代精神を強烈に切り取ったものであった。

平成最後の現在の社会を端的に表現するキーワードとして、私は「フェイクニュース」という流行語を挙げたい。

いまの社会では、「建前論」だけが横行し、真実が明白になることはほとんどない。「嘘で固められた」現実を前にした人々は、自らも「ユーフォリア」（多幸感）で心の傷を癒やそうとしている。

権力者たちは、フェイクニュースを流し続けている。「自分たちこそが歴史的な進歩を担う者」であると。元権力者が経営陣に座る軍産複合体が、平和の維持を理由として目も眩む高価な武器を、政府側、反政府側を問わず、軍事組織に売りつけ、世界の各地で破綻国家を生み出している。

ＡＩ、ＩＴ技術が軍事兵器の開発に使われることへの世界の市民層の反対に対して、米ロの軍事責任者たちは、堂々と、世界の戦士たちを傷つけないのが軍事ロボットであると嘯《うそぶ》く。権力を持たない人々は、世界の紛争で巨富を掴んだ権力者たちが用意した「投機」に束の間の陶酔に浸ろうとしている。

本書は、朝野挙げて明るい未来を切り拓くと喧伝されているＡＩの諸様相を素材にして、現在の社会の支配的な精神状況を理解しようとする試みである。

はびこるＡＩ到来期待論には、第二次世界大戦中に、優秀な科学者、心理学者たちが動員された「マンハッタン計画」と似たような危うさが、現在のＡＩ論議にはある。

もちろん、私は真摯な研究から生み出されたＡＩの歴史的偉業を否定するものではない。正しくつき合えば、ＡＩは社会に豊かな恩恵をもたらしてくれる。それは確かである。しかし、現在のＡＩ賛美論には「投機的」ユーフォリアが色濃く染みついている。このまま事態を放置してしまえば、社会は確実に堕落する。

金銭的見返りなど欲しない、真摯に一途にＡＩ研究に携わっている技術者の方が圧倒的に多いと思われるが、現実には、少数のＩＴ企業の成功者や人間型ロボットの開発者が、「ロックスター」並の人気を博し、彼らの派手な一挙手一投足がゴシップ競争をしている週刊誌に面白可笑しく報道され、それがさらに人々の投機熱を煽っている。

「スタートアップ」と称される新規ＩＴ企業が、投機熱の恩恵を受けて、瞬時にして「ユニコーン」（一角獣）になりうる。スタートアップは、「新規株式公開」（ＩＰＯ）という手法で人気株によって巨額の資金を集めるようになった。

二〇一七年五月、プロ棋士とコンピュータとが対戦する将棋の第二期将棋電王戦で、ある将棋ソフトが、当時の将棋名人に連勝した。この電王戦全体でもこのソフトは、プロ棋士に一四勝五敗一分けで、圧倒的な勝利を収め、ついにコンピュータが人間を上回る能力を持つようになった。このニュースに、日本のみならず世界中が沸き立った。将棋ソフトを開発したＩＴ機器会社のＩＰＯは大成功であった。

ソフト開発の手法には素晴らしいものがあった。人間の手でコンピュータに将棋の手順を覚え込ませることには限界があるので、コンピュータ自身で勉強できる手法をソフト開発では用いられたという。コンピュータ（パソコン）同士に将棋の対戦をさせ、経験を積ませる作業を念入りに続けさせた。コンピュータは人間同士よりもはるかに速く対局を積み重ねることができるので、短期間に経験値が豊富になる。その結果を統計にとり、勝てる戦術を抽出し、それを経験値にする。この作業からプロよりも強い将棋ソフトが進化する。

これは確かに大変なことである。開発者自らが信条を吐露しているように、ＡＩが開く「良い未来」の到来を印象づけるものである。

その凄さは、けっして否定されるべきではない。しかし、このことが、ＩＴ投機熱を煽ったことは確かである。この点を無視して、ＡＩの素晴らしさのみが喧伝されているいまの社会は、まさに「ユーフォリア」の心理状態にある。

投機熱はさらに過熱化している。ＩＰＯによらなくても十分資金を集めることができるようになったのである。クラウド・ファンディングがそれである。史上空前のカネ余りとＩＴ技術の進歩が合わさって生まれた現象である。

株式の公開は、人気企業であればあるほど、返済しなくてもよい膨大な資金を集めることができる。しかし、株式を公開してしまえば、企業の経営者は、機関投資家たちによる経営方針への批判に曝されてしまう。それは、経営陣にとって苦痛なリスクである。

株式を公開しなくても、資金を集めることができればそれに越したことはない。クラウド・ファンディングが、ネット社会の利点を生かして、株式公開をしなくても済む方法を提供するようになった。投資家たちは、銀行や既存の証券会社を通さずに、直接スタートアップに資金を提供できるようになった。既存の金融機関ではない、「プラットフォーマー」という新しい型の仲介業者（その多くがネットを駆使する）がクラウド・ファンディングを人気投資商品に仕立て上げた。この手法は、使い方によっては、消えつつあるコミュニティを再興することに貢献できる。しかし、悪しき使い方によって、投機熱が過度に煽られることから、金融におけるモラルを希薄化させる可能性も大きくなっている。

そもそも、株式が巨大な力を揮《ふる》う社会には、「株価資本主義」というモラルの低下をもたらす危険性がある。自社の株価が高騰すれば、将来には競争相手になる恐れが強い新規ＩＴ企業を、株式交換という手法で傘下に収めることができる。しかも、株式を議決権の大きさに差異のある「種類株」の発行すら、各地の株式取引所で認められるようになった。

株価資本主義の進展によって、巨大化した元スタートアップ企業の創業者は、独裁的権限を手放さなくても済む仕組みを得た。

企業は株主のものでもなく、従業員のものでもなく、企業家のものであるというシステムが、統制経済でない「自由市場」を謳い文句にしている社会で発生したのである。

昔から、官界、政界、実業界、金融界、軍隊、大学などの各種機関を行き来できる「アバブ・ザ・ライン」と言われる超エリート層がいた。その超エリート層を、ＡＩ企業の成功者たちは、権力面でさらに凌駕するようになったのである。取引される株式資金の八割近くが「ガーファ」（ＧＡＦＡ＝グーグル、アップル、フェイスブック、アマゾン）に集中するようになってしまった。

ネット社会は、個人情報を集積できる最大の世界である。一昔前は、新聞が世界の情報を集めていた。しかし、いまでは、新聞社など足下にも近づけないほどの情報収集力をＩＴ企業が持つようになった。個人情報が、個人の尊厳を護るために管理されるといった時代はますます遠退いている。いまや、個人から情報を預かり、それを必要とする企業に売って金銭的利益を得るメガ銀行まで出てくる有様である。

ネット上で、特定の個人を狙う「ターゲティング広告」も巨大産業化している。個人が過去に見たサイトや購買履歴を分析し、瞬時にその人の好みや関心に合わせた最適な広告を打つ業者が巨大市場を形成している。個人を「特定する」技術の開発が進み、個人を「あなた」として狙い打ちする精度が飛躍的に高まったことによって生まれた「狙い打ち広告」がそれである。その技術は「アドテクノロジー」と呼ばれている。米国では二〇一六年にネット広告費がテレビ広告を上回った。日本でも地上波テレビの八割に迫っている。

スマホやアプリが記録する位置情報、通勤経路や余暇の過ごし方までが分かる。ＩＴ技術だけではない、心理学や統計学の専門家もその技術開発に参画している。個人情報がカネになる社会がＡＩ社会である。

ＩＴ技術は、「働く」という生活上の生命線を握っている。「働き」が経営陣のために使われ、金銭的評価に曝されるという風潮は以前からあった。資本制社会になるとそれは、日常的な風景になっていた。ＩＴ社会になってその風潮がさらに加速してしまった。人間の「思い」や価値観はすべて「数量化」されるようになった。それだけではない。人としての各種「権利」が、金銭による売買の対象にされ、生きることと、生活することのすべてがＡＩによる数量化主義の犠牲にされようとしている。

労働の尊厳を守り抜く歴史的使命を持つと宣言して創設されたいわゆる過去の「労働者国家」「労働者政党」も、人間精神の高揚を促したのではなく、官僚的な人間管理システムに人々を追いやるという決定的な誤りを犯した。目を背けては絶対にならない歴史上の汚点への自己反省が十分になされたとは思われない。社会批判をする人たちにＡＩ社会のあり方、行方を論じる視点が不十分であることと、その点では重なってしまう。人間精神の自由を守り抜くという姿勢が希薄なのである。

よく指摘されていることだが、コンピュータは、人間が持つ「常識的感覚」に乏しい。将棋ソフトのように膨大なデータ集積から単純な勝ち負けの勝負に勝てる最適値を瞬時に提示できる凄さはある。しかし、人間が社会関係を取り結ぶ方法には最適値はない。あくまでも常識の範囲内で生きた人間が判断しなければならないのが社会生活における「生き方」なのである。このことが理解されていない。入社面接にＡＩを使うとか、若者の進路をＡＩが示唆するとかの領域までＡＩに明け渡してしまう風潮がすでにできている。「神の座」にコンピュータを座らせてはならない。

現在のところ、コンピュータには人間の幼児並の運動能力すらない。人間は、状況に応じて、様々の動きをする。あるときには止まり、あるときには走り、あるときには人の動きを助け、あるときには人を慰める。そうした多様な動作を、人間は、たった一人で行うのである。

それに対して、コンピュータは、一つの目的ごとに一つの動きしかできない。老人介護に必要な、それこそ無数の動作をこなせる人間型ロボットは、まだほとんど開発されていない。

こうした多面的な作業を単独でできるロボットを開発することは、非常に難しいことであろう。しかし、介護人不足が深刻となる高齢社会を迎える日本では、この開発は喫緊に必要なことである。ところが、介護施設ではこの種のロボット導入は皆無に等しい。

そこには開発の困難さ、開発費用の膨大さ、介護施設の財政状態など、数多い難問が横たわっている。しかし、「ユーフォリア」に浸る人々がこの問題に関心を寄せてくれることは絶望的にない。短期の投資利益を確保できない分野だからである。

本書では、「株価資本主義の克服」を最大のテーマにしている。その際、コンピュータ創世記における先陣たちの熱い人間愛を導きの糸にした。

二〇一八年九月七日

直撃してきた台風二一号の大きな爪痕に佇んだ日に。神戸・御影にて。

本山 美彦

目次

序章　株価資本主義の旗手
――巨大IT企業の戦略

1　フィンテックとリバタリアン

◈銀行の危機

金融とITとの結合が「フィンテック」と名づけられ、近いうちにフィンテックの時代が到来すると騒がれている。世界各国の政府関係者が声を揃えて同じようなことを言っている。市民はそう思い込まされている。

しかし、実際にそのようになるか否かを、いまから予測することにはあまり意味はない。重要なことは、企業統治のあり方に大きな変化が生じている現実を認識することである。

八〇年前、一つの時代が終わり、新しい時代が来ると訴えた理論が人々の心を捉えた。資本の所有者が、自分の思い通りに会社を経営する時代は終わり、これからは「所有と経営が分離」される新しい時代が始まるというのがその理論であった。アドルフ・バーリ（Adolphe Barle, Jr., 1895–1971）とガーディナー・ミーンズ（Gardiner Means, 1896–1988）が一九三二年に打ち出した理論である[1]。事実、歴史は彼らの理論通りに推移していた。

しかし、その時代も終わりつつある。IT長者たちが、これまでの歴史を変えようとしているからである。IT企業の創業者たちは、自社株を支配し、株価を引き上げることに腐心し、値上げに成功した株式を対価として、若い競争相手の芽を早期に摘み取るようになってしまった。そうした動きへの批判は湧き上がらず、企業を独占的に支配する長者たちが英雄に祭り上げられるようになった。

そうした支配形態を持続させるべく、発行する株式を、議決権のあるものとないものとに区分けすることに、違和感を持たないという風潮が、社会を被うようになってしまった。時代は、旧い「所有と経営の一体化」という過去の時代に逆戻りしてしまったのである。

フィンテックの時代とは、銀行とIT企業とが融合する点に意味があるのではない。フィンテックを標榜する企業が、創業者の専制に従わされるようになった。私たちは、そこに、重大な構造変化を見なければならないのである。

しかし、メディアには、従来の銀行は、新興の巨大IT企業に圧倒されるようになるであろうとの観測記事が氾濫している。「固定電話が携帯電話に置き換わったように銀行の決済システムがフィンテックに押しやられるシナリオも捨てきれない」という類いの記事が目につくようになった(2)。

現在の日本の銀行の苦境は、日銀による「異次元の金融緩和」と長期化する「ゼロ金利」「マイナス金利」政策が引き起こしたものである。にもかかわらず、日本の銀行の苦境は、フィンテックの到来のせいであるとの論調が、猛烈な勢いで流されている。日本の権力機構は、日銀の金融政策の誤りの犠牲になって苦しんでいる銀行を救済するのではなく、逆に銀行の息の根を止める方策を次々と打ち出す有様である。日本の金融当局は、巨大IT企業の金融業への転進の露払いをしているように思われる。

その一つが、「減損処理」の銀行への強制である。

二〇一八年になって、銀行の店舗を「不良資産」として会計上減損処理すべきであると金融当局が強く打ち出すようになった。実際には、法的には二〇〇六年の三月期から適用することが示唆されてはいたが、二〇一八年になって、減損処理が強い義務として位置づけられるようになった。

「減損処理」というのは、企業が所有するビルや施設などの固定資産の市場価格が、取得時の簿価を大幅に下回り、回復が見込めないときに、実態に合わせて資産評価額の引き下げを行い、その差額を「損失」としてその期の決算に計上することである。企業の透明性を確保することによって、「国際会計基準[3]」に適合させるというのが建て前であるが、それは単なる口実で、実際には、M&Aを容易にする措置である。これは、いよいよ、銀行が新興の巨大ITに買収されるという嵐が吹き荒れようとしていることを示唆している。

この減損処理の導入によって、一万三〇〇〇を超す日本の銀行の店舗や、現在のシステムが不良債権として処理される可能性が高くなってきた。

◈ピーター・ティールに見る巨大独占を称える価値観

「GAFA」（ガーファ）と称されている巨大IT企業は、史上空前の巨大独占体である。「グーグル」（Google）、「アップル」（Apple）、「フェイスブック」（Facebook）、「アマゾン」（Amazon）が、それである。

歴史的にはこれまでは、石油メジャーのカルテルを抑える努力を各国の権力者たちは払ってきた。実際にはその試みは失敗の連続であったが、少なくとも、市民は巨大独占に対して反感を懐いていた。ところが、今日のＩＴ産業のカリスマたちは、自らの独占状態を誇らしげに語り、世論も称賛することはあっても、批判することはほとんどない。その事例を、シリコン・ヴァレー・マフィアのドンと呼ばれて尊敬されているピーター・ティール（Peter Thiel, 1967–）に見よう。

「反逆の起業家」「逆張りの投資家」という讃辞を贈られているピーター・ティールは、宇宙開発事業の「スペースＸ」や、「不老不死」を研究する「メトセラ財団」（Methuselah Foundation）、海上国家建設を企画する「海上自治都市研究所」（Seasteading Institute）など、ＳＦ的とも言える夢のような事業に投資している。フェイスブックや「ペイパル」（PayPal）などの新規事業を見事に成功に導いた実績があるので、メディアには、こうした事業への投資を揶揄するどころか、擦り寄る記事が圧倒的に目立つ。

例えば、ティール・マフィアの一員であるイーロン・マスク（Elon Musk, 1971–）率いる「スペースＸ」が、二〇一八年二月六日に大型ロケット「ファルコンヘビー」（Falcon Heavy）の打ち上げに成功したことを、ロイターが褒め称える提灯記事を掲載した。

「これは、人類の宇宙活動分野で起きている巨大な変化の兆候である」「これで人類の火星到達は、民間企業の旗の下で実現する可能性が高くなった」「六日の打ち上げで、マスク氏はファルコンヘビーに自分の真っ赤なスポーツカー『テスラ・ロードスター』を搭載。デビッド・ボウイの曲『ライフ・オン・マーズ』に乗せて、この赤い星目がけて発射した。それは、そつのないマーケティングだが、野心の表明であることに疑いはない」「このブースターは、自力で着地、またはドローンによる空中回収も可能である」「リスクが大きいのにもかかわらず、この産業への関心は高まっている。二〇一六年に、米国の投資家は宇宙関連のスタートアップを対象に、前年を四億ドル上回る総額二八億ドルを投資した」「〔かつては、〕インターネットの誕生に手を貸した米国政府は、サイバー空間の大部分がグーグルなどの民間企業に支配されていることに気づくのが遅れた。宇宙についても同様の事態に陥っていることに政府が気づくのも、それほど遠い話ではないかもしれない」云々(4)。

「不老不死」へのティールの投資について、『ニューズウィーク』誌が報じた。「ティールは一二〇歳まで生きるつもりである」「ティールは、長寿の研究をするメトセラ財団に三五〇万ドルを寄付」（同財団の不老長寿研究部門の「SENS」の年間予算は五〇〇万ドルである）、この研究は、「細胞の喪失や過剰な細胞分裂など、老化に伴う七つのダメージを治療する薬の開発を目指している」。同事業団の共同設立者のオーブリー・デグレイ（Aubrey de Grey, 1963–）は言う。「人間の体は機械であり、構造によってすべての機能が決まる。分子レベル、細胞レベルで構造を修復できたら機能も修復できる、つまり体を全般的に若返らせることができる(5)」。

「シンギュラリティ」（Singularity= 特異性）が到来するという未来予測を喧伝しまくって、世界の耳目をそばだたせているレイ・カーツワイル（Ray Kurzweil, 1948–）も「不老不死」プロジェクトに名だたるIT企業が投資を加速させていると、二〇一八年二月一四日にマサチューセッツ工科大学（MIT）で講演した。その映像は「ユーチューブ」（YouTube）で公開された。

「AI（Artificial Intelligence= 人工知能）の急速な進化の成果を健康や医療に応用すると、あと一〇年もすれば、老化の速度を超える速度で寿命が伸びるのではないかと考えている(6)」と。

とにかく、未来学が投資の勧誘に結びつけられている。それに煽られて、AI関連の投資が刺激されている。
大学でも、研究を支援する外部資金は、「AI開発」のテーマが優先されている。

ピーター・ティールは、AIブームを煽るだけではない。AIを開発するIT部門では、既存の競合相手のいない分野での独創的研究で独占的支配を固めることが重要であると、従来の経済学の倫理を踏みにじる主張を展開している。

彼の共著『ゼロ・トゥ・ワン』(Thiel [2014]) で、その考え方が明確に述べられている。

そこでは、起業は、「ゼロ」から出発して「一《いち》」を目指すべきものである。ゼロとは模倣(ミメーシス)することである。一とは、これまでの市場には存在していなかった、まったく新しい事物の開発に進出することである。すでに存在している事物を、より安い価格で大量生産をして市場シェアの拡大を図るというのは愚かなことであり、無駄な競争である。そうではなく、市場にまだ存在していない創造的な事物を生み出すこと、これが起業に当たっての要諦である。既存の事物の市場に参入してシェア争いに加わることは「水平的」な行動でしかない。それよりも、既存の事物を基礎にはするが、そこから新しい事物を生み出すという「垂直的」な進歩こそが目指されなければならない。競争相手のいない「市場の独占」を可能とする分野に、起業家は、突き進まなければならない。これが、ティールが夢を託す「独占」状態である。

その具体化としてティールは、自らが深く関与したペイパルを挙げる。このペイパルこそが、きたるべきフィンテック時代の旗手と目されている企業である。同社は「へい、パル(友だち)! つながる決済サービス」というキャッチ・コピーを使っている(7)。同社からは多くの起業家が巣立ってきたし、いまも暗号通貨を使う送金手段の開発に邁進してきた。同社のそうした功績は高く評価されるべきではある。しかし、その目的を達成するためにはあくなき市場の独占が不可欠であると、従業員の尻を叩いてきた点はいかがなものか。

同社の世界制覇の号令は凄まじかったと、元社員のエリック・ジャクソン（Eric Jackson, 1976–）は、著書で語っている。社員のパソコンのモニターには時々刻々の「世界支配指数」（the world domination index）なるものが表示されていたという(8)。

ティールは、「個人の自由」と「経済の自由」を声高に訴える「リバタリアン」である。それが、まったく新しい分野の事業に邁進する若者たちの心を捉えている。

ペイパルは金融の自由化を先取りするものであった。フェイスブックはメディアの自由化の先駆けとなった。ティールの重要な投資先のデータ分析を行う企業「パランティア・テクノロジーズ」（Palantir Technologies）は、データ・マイニングの技術を開発している。パランティアは、多様なデータを大量に集め、それを課題ごとに分析して顧客にアドバイスを与えることで収入を得ている(9)。ただ、その手段として、政府の課報活動に協力してきたという歴史を濃厚に刻んできた。

2 諜報機関に育成されてきた有力IT企業

◈ペイパルとパランティア・テクノロジーズ

パランティア・テクノロジーズの共同創業者のアレキサンダー・カープ（Alexander Karp, 1967–）は、ハブフォード・カレッジ（Haveford College）を経て、スタンフォード大学のロー・スクールで法学を学び、JD[10]を得た。ピーター・ティールとはこの大学で友人となった。カープは、さらにフランクフルト大学（Johann Wolfgang Goethe-Universität, Frankfurt）の大学院に進み、ここで、社会学の博士号（Ph D.）を授与されたほどの文人である。フランクフルト大学ではユルゲン・ハーバーマス（Jürgen Habermasm 1929–）からも学んでいる。語学の能力に秀で、英、仏、独語を話すことができるという。

二〇〇二年に資金調達のコンサルタント会社「ケドモン・グループ」（Caedmon Group）を創業、二〇〇三年にパランティア・テクノロジーズを立ち上げた。パランティアは、現在ではテロ対策で重要な役割を担い、医薬の開発[11]、ビッグデータに関する人間の認知作用、等々、非常に幅の広い研究開発をしている。カープは、二〇〇七年にスタンフォード大学のエンジニアたちが創業した「ロボテックス」（Robotex）の理事でもある[12]。

同社は、二〇一四年三月一二日のウェブ・サイトに、非常にショッキングなタイトルの記事を載せた。「情報をほとんど公開せず、CIAの援助を受けているデータ会社なので、当面のIPOはない」という表題で声明文を出したのである。

同社は株式を公開しないでも資金調達には困っていない、それなのに、株式を公開してしまえば、公衆の目から隠したい経営内容を開示しなければならなくなることを同社が危惧したからそうした声明を出したのであろうと、「ガートナー」(Gartner, Inc.)[13]のアナリストはCNBC[14]に説明した。

記事が書かれた二〇一四年第一四半期のパランティアの資金調達額は一〇億ドルを超え、収益も五億ドルを確保した。当時のアナリストたちは同社の企業評価を九〇億ドル超と判定していた。同社のウェブ・サイトは、「二〇〇四年以降、当社は毎年対前年比二倍の収益を挙げている」と豪語していた。

同社の議決権の一二%をティールが持っている。その価値は一〇億ドルはあるだろうと見積もられている。「所有と経営」が一致している好例である。

そもそも同社は、ペイパルが開発した「イーゴル」(Igor, 後述する)という、本人確認が容易なソフトを基軸として、ティールと、数人のスタンフォードのエンジニアたちが立ち上げた会社である。

料金を支払う側と、料金を受け取る側の間に立って、支払いを代行するのがペイパルの基本的業務である。同社は、世界で二億人以上、一五〇〇万以上の店舗で利用されている、便利で安全な決済サービスとして、現在では巨大な市場を確保している。[15]支払う側はクレジット・カードによる場合が多い。その際、カードで支払おうとする人がカードの本当の持ち主かを確認する作業が仲介者には不可欠である。

いまでは絶大な市場支配力を誇るペイパルであるが、創業以来、つねに不正使用の多さに苦しめられてきた。「本人になりすます」ことや、「マネー・ロンダリング」に使われたり、電子カードの「暗証番号」が「フィッシング」(phishing)されたりして、カード会社や商店の信頼を著しく損ねる詐取事件が跡を絶たなかった。

ペイパルのマーケティング担当次長であった前述のエリック・ジャクソンは、『ペイパルの戦争』(Jackson［2012］)の中で、二〇一〇年頃までは、毎時二三〇〇ドルの損失がユーザーたちの不正で発生していたので、顧客の信頼が揺らぎ、会社は倒産の危惧を抱いていたと述懐している。

当時は、クレジット・カードが顧客の信頼を得ていた時代であった。その時代に、カード会社とユーザーの間にペイパルが割って入ったのである。しかし、未熟なペイパルには、詐欺師たちにつけ込まれる余地が多くあった。カード会社がすでに克服していた不正による被害を、決済の仲介をすると謳って新規に参入してきたIT企業が、再び生み出してしまったとカード業界から疎まれることは、仲立ちを業務の柱に立てたいペイパルにとっては致命傷であった。

こうした不正防止の技術開発に大きく寄与したのが、ペイパルの共同創設者で同社のCEOも務めたマックス・レヴチン[16](Max Levchin, 1975–)であった。

レヴチンは、ペイパルの技術者であったデーヴィッド・ゴーズベック(David Gausebeck)と共同で「キャプチャ」[17](CAPTCHA)を搭載して、「なりすまし」を見破る「ゴーズベック・レヴチン・テスト」というソフトを開発し、詐欺防止に大きく貢献した。

このテストは、アラン・チューリング(Alan Turing, 1912–54)の発想からイメージされたものである。アラン・チューリングは、本物の人間を騙せるほど、コンピュータが進化しうることを証明するために、本物か偽物かをテストする方法を、軽い意味で提示したのだが、これは、「チューリング・テスト」として、大きな影響力を持ち、科学的にも人間を騙せるコンピュータを改良する努力が積み重ねられるようになったのである。

◈詐欺防止ソフトのイーゴル

ペイパルは、一九九八年一二月にシリコン・ヴァレーのパロ・アルト（Palo Alto）に創業し、二〇〇二年に「イー・ベイ」（eBay）に買収されてその子会社になっていたが、二〇一五年七月に、イー・ベイから分離独立した。創業当時、電子メールアカウントとインターネットを利用した決済サービスを提供する会社は、同社だけではなかった。「バンク・ワン」（Bank One）銀行の「電子マネー・メール」（eMoney Mail）、「ペイ・ミー」（PayMe）、「ペイ・プレイス」（PayPlace）、等々、の同業社たちが並立していた。しかし、クレジット・カードの番号を搾取する「なりすまし詐欺」に苦しめられた同業他社が相次いで撤退を余儀なくされた。結果的にはペイパルだけが生き残った。ペイパルのみが果敢にこうした詐欺を撲滅するソフト開発に成功したからである。ただし、そうは言っても、そのソフト開発には米国政府の捜査当局との協力態勢をとりつけたことが貢献したという事実は残る。

二〇〇一年六月、二人のロシア人が、ネット送金会社のアプリを利用して、クレジット・カードの番号をフィッシングした。その詐欺で二人組が稼いだ額は一〇万ドルであった。彼らは、フィッシングをしたのは自分たちであると当の会社に告げ、被害を拡大させないために、自分たちをサイバー被害防止対策係として雇ってくれないかと要求したのである。企業から通報を受けたＦＢＩが囮捜査で犯人たちを逮捕した。

「なりすまし詐欺」に対して、ペイパルの技術責任者のマックス・レヴチンは「生きるか死ぬかの戦いを続ける」と宣言し、七五人もの技術者をその戦いに投入した。開発作業には政府組織も協力していた。創業後一四か月にしてペイパルは六〇〇万人のユーザーを獲得していたが、全取引の一%超が詐欺に遭っていた。ネットに加入していない店の詐欺罹災率が〇・七%以下であったことからも、ペイパルは社会からの非難に曝されていた。そうした非難を浴びながらも、ペイパルは、ユーザーたちのアカウントを徹底的に調べ上げた。

二〇〇一年九月に、シアトルの「連邦裁判所」(Federal Court in Seattle)で公判が開かれた。このとき、検察官たちが公判で利用したデータは、創業後二一か月という、幼児、ペイパルが提出したものであった。

幸運にも、ペイパルの苦闘に感激した強力な助っ人が現れた。米国「海兵隊」(The Marine Corps, ザ・マリーン・コーと発音する)出身で、三六歳、体重一一〇キロの巨漢、ジョン・コザネック(John Kothanek)という人物である。彼もまたベンチャー企業への投資家であり、イー・ベイに多額の投資をしていた。

一九世紀後半、米国には伝説上のアウトロー、ジェシー・ジェイムズ(Jesse James, 1847–82)という銀行や列車を襲う強盗がいた。南北戦争(一八六一~六五年)後、仲間を率い、二五件以上の強盗と一七件もの殺人を犯した重罪人でありながら、民衆からは英雄とさえ称えられた男である。映画にもなった(18)。

コザネックは、この大悪漢に匹敵する詐欺師を追い詰めているのが、ペイパルであると言い切り、同社のフィッシング排除のソフト開発に参加した。彼は、怪しげなアカウントを見つけ出すソフトを開発し、それをイーゴルと呼んだ。イーゴルという名は、二〇〇〇年に、ペイパルを含むネット企業を荒らし回ったロシア・マフィアの名前からとったものである。

イーゴルは、ペイパルが蓄積した送金依頼データを徹底的に分析した。送金や入金に共通のパターンはないか、アカウントに登録された住所が正式のZIP（Zone Improvement Plan＝米国の郵便番号制度）コードとずれていないか、等々、のパターンを分析して、詐欺行為を摘発するノウハウを蓄積し続けた。それは、犯罪者集団との戦いであった。犯罪者集団もまた、イーゴルの方式を学習し、その網から逃れる手段を学習し続けていた。コザネックは『ニューズウィーク』誌に語った。「彼らも私たちを分析していた。でも、私たちの方が優れていた」と。

こうして、二〇〇一年七月段階になると、ペイパルの詐欺罹災率は、〇・五％以下と劇的に下がった。この成功によって、同社は、FBI、郵政監察官（postal inspector）、全国の地方警察所との連携を強化するようになった。

同社の話では、二〇〇一年にシカゴ、ヒューストン、ナイジェリアでの犯罪を未然に防いだ。二〇〇〇年のクリスマス当日、多数の市民が騙されて三五〇ドルずつ支払わされることにもイーゴルの警告ベルが鳴った。二〇〇一年には、ソニーが発売して世界的に有名になっていたゲーム機、「プレイステーション2」の品不足を利用して、「在庫あり。売ります」との詐欺広告を出したカリフォルニア州オレンジ郡（Orange County）のゲームサイトを、連邦警察と地方警察との協力で摘発したという実績を挙げた[19]。

ユーザー数が一・七億人にまで増えた二〇一七年末になると、罹災率は〇・三二％にまで低下した。ネット以外の通常の商取引での罹災率平均が一・三二％であることからすれば、ペイパルの安全性は格段に優れていた。

二〇一七年時点の同社の取扱件数は四〇億件数であり、動かした金額は二兆三五〇〇億ドルもあった。

同社が詐欺防止に費やした費用は三億ドルであった。[20]

◈ＣＩＡのＩＱＴファンド

周知のことだが、インターネットの前身は「アーパネット」（Advanced Research Projects Agency Network=ＡＲＰＡＮＥＴ＝高等研究計画局ネットワーク）である。このプロジェクトが、今日でも巨大な影響を示している「パケット通信」[21]を史上初めて実用化した。

この「アーパネット」は、米国防総省の「アーパ」（ＡＲＰＡ、後のＤＡＲＰＡ＝Defense Advanced Research Projects Agency ダーパ＝国防高等研究計画局）の資金援助で運営されていた。これに、大学や民間の企業が共同研究者として参加していたし、いまもそうである。[22]毎年、「ダーパ」主宰で開催されている「ロボット・チャレンジ」には、どう見ても軍事用兵器としか言いようのないロボットまでもが出品されている。[23]

特筆すべきは、ＣＩＡ（Central Intelligence Agency＝中央情報局）もベンチャー企業育成用のファンドを運営しているという事実である。それも、「Ｉｎ－Ｑ－Ｔｅｌ」（ＩＱＴ）という奇妙な名前がつけられたファンドである。名前は、英国の諜報員、「ジェームズ・ボンド」（James Bond）を主人公とした人気映画「００７」シリーズに出てくるＭ16の「補給係将校」（Quartermaster）を指す「Ｑ」と「情報」（Intelligence）をもじったものである。つまり、Ｑの周りを「情報」が囲い込むイメージが表現されている。"Intelligence"という単語を「Ｉｎ」と「Ｔｅｌ」に分割し、その中に「Ｑ」を入れ込んだ形が「Ｉｎ－Ｑ－Ｔｅｌ」であり、「ＩＱＴ」がその略称である。[24]

ふざけた名称であるが、その意味するものは深長である。情報戦の後方任務を担当している企業（Ｑ）

をＣＩＡが保護するように包み込んでいるという意味合いである。

現在、シリコン・ヴァレーで産声を上げ、世界を席巻しているＩＴ企業の多くが、ＣＩＡのこのファンドの支援を受けている。すべてを秘密裏に進行させる組織であると一般に認識されているＣＩＡ自らがそのことを吹聴している。

「テクノロジーへのＣＩＡの影響」（CIA's Impact on Technology）というタイトルでそのことが語られている[25]。以下、要約的に紹介する。

ＣＩＡにはあらゆる職業の人が集まっている。伝統的な資料収集、資料分析家と並んで、医療、ＩＴ、グラフィック、等々、の分野の専門家、さらにはヘアー・デザイナー、大工、裁縫師までいる。いずれも国家の安全を維持するのに必要な人材である。

そうした多才な人材が、リチウム電池、ペースメーカー、携帯電話、デジタルカメラ、乳がん診断用の画像（マンモグラフィ）、人の顔面認識、等々、多くの最新技術を生み出した。

義肢の補綴設計もCIAがロバート・バロン（Robert Barron）の下で開発した特筆すべき技術である。

そして、有名な「グーグル・アース」（Google Earth）の技術も、ＩＱＴファンドが支援して生み出された。二〇〇三年二月、三次元の地理画像処理技術を持つ「キーホール」（Keyhole）社をＣＩＡの関連機関が総動員態勢で支援し、今日の世界中の衛星写真が入手できるようになったのである。

以上が、ＣＩＡ自身によるＩＱＴの活動の一部の紹介である。

そもそも、ＩＱＴを立ち上げたのは、ギルマン・ルイー（Gilman Louie, 1960–）であった。彼は、ＩＱＴの命名者である。彼は３Ｄゲーム作成の達人であった。当時はまったく無名であったキーホールの将来価値をいち早く見出し、ＩＱＴファンドの資金を同社に投資する決断をしたのも彼であった。キーホールを買収したことによって今日の隆盛を築いたグーグルに対して、彼が巨大な影響力を保持しているのも当然のことである。

二〇一六年の夏、彼は「ナイアンティック[26]」(Niantic) の創業者のジョン・ハンケ (John Hanke, 1966–) を誘って、いまや飛ぶ鳥を落とす勢いを持つようになった「ポケモンＧＯ」(pokémon GO) を立ち上げたのも彼である。彼らは、グーグル、任天堂、ポケモンなどからの出資を引き出した[27]。ＩＱＴの関与をここでも見て取れる。

ＩＱＴの広報誌によれば[28]、ＩＱＴは毎年、一〇〇〇社ものスタートアップの可能性のある企業を選び、一社当たり、五〇万~三〇〇万ドルを供与している。新技術開発に成功した企業には、ＩＱＴは、協力する既存の大企業による買収も斡旋する。もちろん、国防上重要な新技術開発を優先して援助する。支援金は米国民の税金によるものなので、使い道や効率については厳重に監査されると広報は説明している。

ＩＴ長者をメディアは無邪気に持て囃しているが、ＣＩＡが大きく関与してきたという事実を、過少評価してはならない。

第1章　高株価を武器とするフィンテック企業

1　創業者支配の強化

◈沸騰するIPO人気

ＡＩ（人工知能）ブームの中で、ヒーローとして持て囃され、名前もずばり「ヒーローズ」（HEROZ）という情報解析を主たる業務とする新興企業（スタートアップ）がある。創業二〇〇九年と若い。

同社が保有するコンピュータの将棋ソフト、「ポナンザ」（PONANZA）が、二〇一七年四月一日、日光東照宮で行われた将棋の第二期電王戦二番勝負の第一局で佐藤天彦（さとう・あまひこ、一九八八年－）名人を破った。現役タイトル保持者が将棋ソフトに公の場で敗れた初めての日である。その翌月、五月二〇日、姫路城で開かれた第二局でも「ポナンザ」は佐藤名人を破った。そのニュースは世界を駆け巡った。「ポナンザ」を開発した「ヒーロー」は一躍、ＡＩ開発の寵児となった。

その寵児が、二〇一八年四月二〇日、東証マザーズ[1]に「新規株式公開[2]」（Initial Public Offering＝ＩＰＯ）に踏み切った。案の定、同社株を買いたいという投資家が殺到した。あまりにも人気が上がり、ＩＰＯの初日は、取引価格が確定しなかった。公募による売り出し価格は、四五〇〇円であったが、投資家が買いたいという価格はその程度のものではなく、はるかに高いものであった。初値がついたのは、じつに三営業日に当たる四月二四日であった。初値は売り出し価格の一〇・九倍もの高さであった。売り出し価格に対する初値の比率を「初値倍率」という。

IPOのルールが現在のもの（ブックビルディング方式[3]）になった一九九七年以降の最大の初値比率をヒーローズが示したのである。それまでの記録は、ITバブル期であった九九年の「エム・ティー・アイ[4]」の九・一倍が最高であった。ヒーローズは一九年ぶりにこれを更新したのであるが、IPOがもたらす株価の乱高下を阻止するために導入されたはずの「ブックビルディング」の信頼性は揺らいだ。ヒーローズのIPOを引き受けた主幹事の「SMBC日興証券」によると、上場にともなって同社が期待していた資金調達額は八・九億円程度であった[5]。『日本経済新聞』の記事によると、申し込み額の合計は一・四兆円規模であったという[6]。

しかし、かつての「入札方式」の欠点を思い起こさせるような上場後の株価の乱高下があった。これは、名だたるIT企業のIPO後の株価の動きと同じであった。

IPOの予約価格よりも初値の方が高くなる（初値倍率が高くなる）と、公募価格で新株を手に入れた投資家は、後にそれを高値の初値で売却する。当然、株価は荒い値動きを見せる。関連の情報会社が、高い初値を囃し、投資家がその情報に煽られる。ネット社会がその傾向を増幅させ、市場はバブルに向かって突き進む。

バブルとは、崩壊の怯えに捕らわれながらも、投機家たちが、価格上昇の気配を感じるや否や、そうした物件に飛びついてしまうことを表す現象である。

ネット社会は、多くの投資家がマザーズ市場の新興銘柄、それもIPO銘柄の購入・売却によって一攫千金を期待するという風潮を強めてしまった。情報屋たちは、新しく起こった気配を少しでも感じさせる銘柄を「テーマ株」として持て囃《はや》す。煽られた投資家が値上がりしすぎた株を買ってしまう（天井を引く）と、株価は一転、急落する。新興株式市場では、幾度もその悲喜劇が繰り返されてきた。しかし、自分はそのようなへまをしないという奇妙な過信がバブルを引き起こしてしまったのである。

◈グーグルのIPO

テーマ株が大きく値を飛ばし、それを買った投機家たちが、実際には儲けをまだ手にしていないのに、保有株の値上がりで多幸感（ユーフォリア）を抱く状態を、投機家の間では「祭り」という言葉で表現している。買えば誰しも儲かり、上昇相場がまだまだ続くという思い込みに投資家は捕らわれがちである。暴落局面は必ずくると、ほとんどの人は知っている。しかし、手仕舞いできない心理状態に投資家の多くが陥ってしまう。これがバブルである。

IPOは、「株式」の新規公開のみを指す。この点を間違ってはいけない。新興企業の多くは、投資家にとっては未知数である。新興企業が資金を調達しようとすれば、投資家にきちんとした自社情報を伝えなくてはならない。それが株式市場である。株式を新規公開するに当たって、新興企業は、証券会社を介して、投資家に自社をアピールするしかない。そのためにも、IPOの手続きを証券会社の要求に従って粛々と行う。この手続きを終え、IPOがまずまずの成績を挙げるようになれば、当該企業と投資家の距離は縮まり、その後に、社債発行などが可能になるというのが、ネット社会が蔓延する前のＩＰＯの役割であった。しかし、いまは、そのような暗黙のルールは作動していない。

ＩＰＯは、米国発の株式取引所がフィラデルフィアで開設された一七九〇年に形を整えた。以後、各国がそれを模倣した。そうしたこともあって、ＩＰＯは米国政府による制度改革に追従してきたという歴史がある。

最近のＩＰＯを見るときに、気をつけなければならないのは、公開される株式が一種類だけではないという事実ある。「ユニット発行」というものがそれである。普通株と、その購入権（現物株ではない）をユニットとして発行されることが結構ある。ユニット発行で使用された株式を「種類株」という。

ＩＰＯの初値倍率のみに注目して、簡単にＩＰＯは儲かるといった安易な宣伝文句がＩＰＯ業務を担う関係者たちからしばしば出されているが、こうした風潮はよろしくない。ＩＰＯを仕掛ける企業も、それを引き受ける証券会社も、力関係の格差を利用した取引が行われている。この点は見過ごされてはならない。

例えばグーグルが行った種類株の新規公開がある。二〇〇四年八月にＩＰＯを行ったが、その際、同社の創業者たちの支配権を残すために、議決権に差のある「クラスＡ株」と「クラスＢ株」の二種類の株式を用意した。クラスＢ株は、クラスＡ株の一〇倍の議決権を持っていた。クラスＢ株は創業者とその仲間たちに配分され、クラスＡ株は一般の投資家に割り当てられたのである。詳しくは後で再度説明する。

グーグルが、「米証券取引委員会」（ＳＥＣ）にＩＰＯを申請（実施ではない）したのは、二〇〇四年四月二九日のことであった。二七億ドルの資金調達が目標であるとグーグルの申請書には書かれていた。日を引くのは、ラリー・ペイジ（Lawrence “Larry” Page, 1973–）とセルゲイ・ブリン（Sergey Brin, 1973–）という二人の創業者の会社における支配的な議決権を維持するために、公開株に差別を設けることの正当さを、先例の『ニューヨーク・タイムズ』の議決権の扱いに、求めたことである。(7)

グーグルは、ＳＥＣに提出した申請書で、一九九八年の創業以来六年にして、初めて自己の業績を発表した。二〇〇三年度の売上げは九億六〇〇〇万ドル強であった。二〇一七年度のグーグル本体の通期の売上高が一〇〇〇億ドル弱あったことを思えば、まさに爆発的な拡大である。

創業者の二人は、同日、申請書と同時に投資家に向けた手紙を公表した。「創業者から株主に向けて」（“Owner's Manual for Shareholders”）と題した手紙の内容は、非常に傲慢なものであった。

「私たちは、長い間、株式の非公開企業として営業してきて、そのやり方で成功してきました。今回、公開企業になりましたが、これまでと同じような経営姿勢を続けます」「企業が外部からの圧力に屈して、四半期という短期の期間ごとに市場の期待に応えようとしてしまえば、長期的な機会を犠牲にしてしまいます。そのようなことがあまりにも多いことに私たちは不満に思っています」と。

つまり、長期的な視点でグーグルを経営したいので、議決権は創業者二人が保持しておきたいと宣言したのである。

さらに、この手紙は、二〇〇〇年に新たに参加した新ＣＥＯのエリック・シュミット（Eric Schmidt, 1955–）への威嚇をも含むと見なしうる。

創業者の二人は、シュミットを加えた「三頭政治」などしないと宣言したのである。(8)

ＳＥＣに提出した申請書にも傲慢な内容が記載されていた。検索事業への新規参入者と戦うために、現金四億五四九〇億ドルを軍資金として用意していること、引受機関として投資銀行二行を指定したが、公開は、この二行のイニシアティブでなく、グーグルのイニシアティブで全株を落札の対象にする「逆オークション形式」で行うとした(9)。

創業者の飽くなきシェア独占意欲が悪びれもせずに率直に表明されたのである。

IPOによって、グーグルが調達できた資金は約一九億ドルであった。

◈グーグルの株式分割

二〇一二年三月、グーグルは、同社初の株式分割計画を発表した。これは、「議決権のない株式」を発行することである。具体的には、クラスA株一株に対して、議決権のない「クラスC株」を新たに発行して割り当てる。この手続きが完了すれば、グーグルの株式数は、発行されたクラスC株数だけ増えることになる。理論的には株価は半値近くに値下がりするはずだが、人気が高い同社株なので、グーグルが保有する株価合計は増加する。つまり、他の企業を買収する際に、自社株を買収先の企業の株式と交換する際に有利になる。株式分割という事実上の増資によって、株式交換の原資は増える。まさに株式分割は株式増資であり、企業買収によって現金を生む「打ち出の小槌」となる。

A株の増資だけで、企業買収や役員報酬のための株式贈与に使ってしまえば、いかにB株という、A株より一〇倍もある議決権を持つ強力な株を創業者だけが独占的に保有していても、いずれ、相対的に創業者の議決権は薄められることになる。このことを、創業者の二人は、株主に宛てた前記の手紙で率直に認めた。

「従業員への定期的な株式報酬の支給や、株式を使った買収は、長い期間が経過すると、当社の二重株式構造を希薄化させて、経営意欲を蝕む可能性が高くなる」。そこで、新たに発行する議決権のないC株は、「株式報酬など専用のものとして使う予定である。そうしないと、私たちの支配構造が弱まってしまう」と。

露骨な表現でC株発行の必要性（創業者だけにとっての）を株主相手に公言したのである。

案の定、この計画を阻止する株主訴訟が、グーグルが登記をしているデラウエア（Delaware）州の「衡《こう》平法裁判所」（Court of Chancery）に起こされた。「衡平法」とは柔軟な法解釈で差し止めや救済措置を定めた法である。訴えたのは、マサチューセッツ州「ブロックトン市退職者委員会」（Brockton Retirement Board）という年金基金である。

同基金の訴えは、二人の創業者が五六・三％の議決権株式を維持することで、「鉄拳」（iron-clad grip）をさらに盤石にしようとするものだという非難であった。しかも、買収で使い切らない株式を売却することで、彼らはさらに自己の所得を増やそうとしていると批判した(10)。

グーグルが、株式分割案を発表したときのグーグルのA株も価格は六五〇ドル前後であった。それから二年後、株価は一一三三ドルと暴騰し、株主訴訟も和解した。

そして、二〇一四年で、予定通り、グーグルは、差別的なC株をA株と抱き合わせさせることに成功した。

◈フェイスブックのIPO

グーグルの成功がフェイスブックの株式戦略のモデルとなった。二〇一二年五月一八日、フェイスブックが、種類株を交えたIPOを実行したのである。これは、いろいろな意味で当時注目された。

予定されていた公募・売り出し価格は三八ドルであったが、初値は四二・〇五ドルと、それを上回った。初値で計算すると、IPO直後の同社株の時価総額は約一一五〇億ドルと当時の水準ではマクドナルドを上回る巨大なものとなるはずであった。しかし、それは一瞬で消えた。四日後の五月二二日の終値は、三一ドルと、公募価格を七ドルも下回ってしまった。翌日の五月二三日、フェイスブックのIPOは失敗だという評価が早くもCNNから下された。

IPOの当日、ナスダック（Nasdaq）のシステムに不具合が生じた。

IPO取引は、ナスダックでは通常午前九時半に開始される。ところが、フェイスブックのIPOを十一時に開始するとトレーダーたちにアナウンスした。その十一時がきた。しかし、取引は始まらなかった。さらに三〇分経過して、やっと取引ができることになった。散々待たされたトレーダーたちが一斉に売買を開始した。しかも大量の取引であった。最初の三〇秒という短い間に、八〇〇〇万株を超える取引が集中してしまった。

売買注文が短い間に殺到しすぎて、多くの取引が完了できなくなった。しかも、買い注文を出しても、提示された価格を上回る値で買いが成立したという取引結果が出されるというミスが多数生じた。

当日（金曜日）は、なぜそのような不具合が生じたのかの原因は分からなかった。翌週の五月二一日（月曜日）になってナスダックは、「メア・カルパ」（mea culpa）と言われる謝罪をした。しかし、トラブルの原因は「技術上のエラー」というものであった[11]。

二〇一二年のフェイスブックのＩＰＯが失敗に終わった原因を『ガーディアン』(*The Guardian*) 紙は五つ挙げている[12]。

①　**高すぎる**　実態から遊離した数値のみが喧伝された。ＩＰＯを進めたいと願うフェイスブックと幹事を引き受けた銀行が囃しすぎた。一年前よりも利益が一〇〇倍にもなりそうだとの宣伝は誇大すぎた。

それまではフェイスブックの人気を示す株価予想は、二八～三五ドルであったのに、ＩＰＯ直前になると三五～三八ドルにまで上昇した。関係機関の宣伝の効果であった。それを受けて、フェイスブックは、公募価格として三五ドルを希望するようになったのである。

②　**多すぎる**　フェイスブックは、あまりにも大量の株式を販売しようとした。アジアでの人気が高く、株式購入予約は、売り出し株式数の二五倍あると見られていた。そこで、売れると錯覚したフェイスブックはＩＰＯ直前になって、売却予定の株数を二五％増の四・二一億株とした。投資家も人気のある企業のＩＰＯなら、当日はもとより、直前でも入手もしくは予約が難しくなるかも知れないという思いから、できるだけ多数の株式を購入したがるものである。

③　**買いすぎた**　不合理なＩＰＯ人気に煽られて、投資家たちはフェイスブックの新規公開株を買いすぎたことに気づくことになった。とくに、フェイスブックが、ＩＰＯ利得を早期に得ようとして、四〇ドルを少し出た価格で売り抜けようとしていたことが判明し、買いすぎたと自覚した投資

家たちがフェイスブック株を売りに出た。それを食い止めるために、公募価格の三八ドルを割りそうになったとき、幹事銀行が買い支えるという状況が生まれた。

④ **内部者による株売却**　二〇一二年のフェイスブックＩＰＯの特色は、それまでフェイスブックを支えてきた出資者たちによる持株の大量の売りが出たことである。中でも「ペイパル」（PayPal）の創業者で、フェイスブックが創業した二〇〇四年に外部者として出資し、フェイスブックを支えてきたピーター・ティール[13]（Peter Thiel, 1967–）が持株の大半を売却したことがＩＰＯ直後の株価下落に拍車を掛けた。ティールはＩＰＯ前には七七〇万株を売却する予定であると語っていたのに、ＩＰＯ直後には一六八〇万株を売却した。結果的に二〇〇四年にフェイスブックに投資していた当初の五〇万ドルが約一〇億ドルに大化けした。

ＩＰＯ時に売られたフェイスブック株の一〇％が創業時からの同社への出資者によるものであった。これは、「グルーポン」（Groupon）や「ジンガ」（Zynga）など、当時のＩＴ企業のＩＰＯ時の同様の売りが一％以下であったことからすれば、非常に特異な数値であった。

⑤ **確実な収入源を持つには遅すぎた**　現在のフェイスブックの破竹の成長ぶりからすれば、『ガーディアン』紙のこの五番目の指摘は間違っていたが、当時の雰囲気はそうではなかった。同紙の記事によると、フェイスブックのＩＰＯの失敗は、不安定な広告収入のみに求めていたことが、投資家の失望を誘ったからである。同紙の主張によれば、同社はもっと早く「株式を公開する株式会社」（public company, パブリックカンパニー）になっておくべきであった。そうすれば、同社は株主を意識して、きちんとした収入源を確保していたであろう。しかし、株式を公開しなかったために、

不安定な広告収入にのみ依存する体質になってしまったのであるというのが『ガーディアン』紙の認識であった。

同紙は批判した。ＩＰＯをするために、フェイスブックは、ユーザーが「一〇億人いる企業」(billionaire company）で地球人口の七分の一の顧客を持っていると喧伝していた。しかし、急増するユーザーは本来、移り気質の持ち主たちである。彼らを引き留める確実な収入源を持たないかぎり、フェイスブックの株式はつねに売り圧力に曝されることになるだろう。これが『ガーディアン』の批判であった。

◈ＩＰＯ失敗後のフェイスブック株価人気

フェイスブックの株価は、二〇一二年五月のＩＰＯの失敗後、一年以上も低迷が続いていた。二〇一三年八月になって、やっと公開価格の三八ドルに達し、その後は一本調子の上昇で二〇一四年七月末には約二倍の七六ドル強になった。当時の時価総額は一九四〇億ドルとなり、ＩＢＭの一九六〇億ドルに迫った。これは、二〇一三年一二月、「Ｓ＆Ｐ総合五〇〇種」に組み入れられたことも大きな誘因になった。この組み入れによって、フェイスブック株は五四％も上がった。史上空前の低金利と、二〇一二年の『ガーディアン』紙の予測に反して、モバイル・ブームがフェイスブックの株価上昇を後押ししたということもある。ちなみに、この時点のグーグルの時価総額は（二種株合計）が、約四〇三〇億ドルであった。

英国に本拠を置く「アリアンツ・グローバル・インベスターズ」(Allianz Global Investors）の上級ポートフォリオ・マネジャーのウォルター・プライス（Walter Price）は指摘していた。

「世界がモバイルに向かっていることを人々は理解するようになった。モバイル分野で費やす時間では、フェイスブックに関するものがもっとも多い」と。

しかし、この時点では、まだフェイスブックの株価高への不信感は根強かった。「フォート・ピット・キャピタル・グループ」（Fort Pitt Capital Group）のシニア・アナリストのキム・フォレスト（Kim Forest）は嘆いた。

「実物資産を持ち、一〇〇年続いた老舗企業と、明らかにバーチャルな資産しかない企業が同水準の時価総額で取引されるのは、狂気の沙汰である」と。

そうした批判がある中で、フェイスブックの存在価値をアナリストたちが認識し出したのが二〇一四年後半以後であった。「クリアプール・グループ」（Clerapool Group）のチーフ・マネジメント・アナリストのピーター・ケニー（Peter Kenny）は、これからフェイスブックの時代になるであろうと率直に述懐した。「小売り、ソーシャルネット、その他の日常生活のあらゆる面がフェイスブックの中に一まとめされている。多くの人々が日々その中に入り込もうとしている。それは、これまでは想像もできなかったほどの威力を持つプラットフォームである。このことに投資家の多くが眼を向け始めている」[14]と。

時代はその予言通りになった。いわゆる「ガーファ」（ＧＡＦＡ）がアッという間に出現したのである。ガーファは史上最大の独占的巨大企業である。しかし、彼らは、ガーファ間の障壁を侵さない。基本的な点できちんと棲み分けている。これは、前述のピーター・ティールの「経済的には同じ土俵で競争しない」という哲学を地で行ったものである。[15]

◈制限つき株式

経営陣への報酬の一部を自社株で支給するという仕組みに多くのＩＴ企業が傾斜し出した。ただし、渡される自社株には多くの制限がついている。この種の株式は「制限つき株式」（Restricted Stock Unit＝ＲＳＵ）と呼ばれている。[16]

この性質を持つ株式を発行する計画は「権利確定計画」（Vesting Schedule）と呼ばれる（邦訳語はまだ確定されていない）。

英語の"vest"は、邦語では「（権利を）授与する」という意味である。株式の世界で「権利」というと、実際に売却が可能になることを指す場合が多い。

「ストック・オプション」（Stock Option）の場合だと、付与された株式を「売買できる」ようになることを指す。

ストック・オプション制度とは、企業が役員や従業員に、予め決められた価格で自社株を購入し、その株式の価格が上昇した時点で売却することが許される株式のことを指す。当然、予め決められた購入価格を上回るようになった時価で売却すれば、この株式を付与されていた当人は利益を得ることになる。これは、役員や従業員に金銭的インセンティブを与えて企業への忠誠心を高めることを、経営者が狙うために施行されるようになった制度である。米国では一九八二年から一般的に普及し、[17] 日本では一九九七年の商法改正から導入された。[18]

しかし、通常、"Vesting Schedule"と言うときには、ＲＳＵの行使が可能になる時期を指す。

ＲＳＵのほとんどは、入社時、プロモーション時、など、特定のタイミングで役員や社員に対して割り当てられる。しかし、前述のように、株式が一挙に付与されるわけではない。だいたい二～四年の分割で付与される。付与すると約束しても、約束が実行される保証はない。付与する側は、付与される相手の働きぶりとか、忠誠心の示し方一つで、約束を反故にする権利を持っている。現実に付与されることが明確になった時点で、約束の株式を自由に処分できる「権利」が発生するのである。

実際に現物で付与されたことが“vest”である。付与の相手先である社員が約束のRSUを現実に付与されたことが「権利を得た」と表現される。

権利を得たということは、会社側が約束した株式の付与を取りやめる（買う側が「買い戻し権」を行使すると表現される）ことをしないということでもある。

◈グーグルのスンダー・ピチャイ

非常に有能な人材を、他社にヘッド・ハンティングされるのを防止し、自社への忠誠心を高めさせるために、RSUを有効に使うというのがIT創業者の手法である。その意味を込めて、有力IT企業の幹部の報酬制度は、固定された給与ではなく、株式報酬を原則としている。その具体例をグーグルの最高幹部のサンダー・ピチャイ（Sundar Pichai, 1972–）に見よう。

グーグルは、二〇一五年八月、自社組織を再編成した。新会社「アルファベット」（Alphabet Inc.）を頂点として、傘下に旧来のグーグルなどの関連企業を配置したのである。

それまでのグーグルのCEOであったラリー・ペイジは、アルファベットのCEOに就任した。そして、グーグルの新しいCEOは、永年、ペイジの「副官」を務めてきたサンダー・ピチャイ上級副社長が引き継いだ。

ピチャイは、インドのチェンナイ(Chennai, 旧マドラス)で生まれ、「インド工科大学カラグプル校」(Indian Institute of Technology, Kharagpur)で工学士の学位を取得し、その後、「スタンフォード大学」で理学修士(MS)、「ペンシルバニア大学」で経営学修士(MBA)の学位をそれぞれ取得した。冶金学・工学・経営学を修めた経歴もあり、「マッキンゼー」(McKinsey & Company)に入社。その後、二〇〇四年にグーグルに採用された。

グーグル内で、彼は、「クローム」(Chrome)の開発を主導し、「Gメール」(Gmail)、「グーグル・マップス」(Google Maps)の開発をも支援した。

彼は、さらにアンディ・ルービン(Andy Rubin, 1963–)に代わって、二〇一三年に「アンドロイド」(Android)部門の責任者になった[19]。

グーグルの「リーダーシップ育成及び報酬委員会」(the Leadership Development and Compensation Committee)は、サンダー・ピチャイに、二〇一五年一月に一億ドル相当の株式を給付した。さらに、二〇一六年以降は、二年ごとに二・〇九億ドル相当の株式を給付し続けると決めた。つまり、毎年一億ドル相当をピチャイは給付されることになった。驚くべき高額の報酬である。彼が他社に引き抜かれることのリスクを考えると、この程度の報酬を引き留め手段としてピチャイに支払うことは妥当であると「委員会」は説明した。

アルファベットの株式の当時の時価総額は五〇〇〇億ドル水準であったので、毎年、一〇〇億ドルもの高給が株式でピチャイに支払われることになったのである。この点については、二〇一八年一一月二〇日に大きく報道された日産自動車会長のカルロス・ゴーン（Carlos Ghosn, 1954–）の役員報酬問題が象徴的である。

株式で支払われるということは、会社が増資し続けなければならないことを意味する。もし、株価が年々上がらなければ、それは、他の株主の権利を希薄化してしまうことである。ただし、希薄化しても、時価総額が上がり続けば、株主の資産そのものは増えるので、ピチャイに株式が渡ることへの一般の株主の不満は和らぐ。

しかも、株式で報酬を支払うことは、経営者にとって現金支出を伴わないので、コスト的には何ら痛痒を感じさせるものではない。

すべては、株価が上昇し続けている「ＩＴブーム」のなせる業なのである。[20]

◈フェイスブックへの株主訴訟とC株

創業者の企業支配権を強化するために種類株が使われることは前述したが、C株について、若干つけ足しておきたい。例をフェイスブックのC株にとる。

二〇一六年時点で、創業者のマーク・ザッカーバーグは、議決権の六〇％も握っていた。そのままでも、彼が支配力を維持しつつ、自社株を使ったM&Aや人材の獲得を進めるという体制はできていた。その体制をさらに強化してもよいと株主総会のお墨つきをザッカーバーグは得た。一度は頓挫していたC株を改めて発行し、既存株主の保有株一株につき二株を割り当てるという彼の方針が承認されたのである。

同社は、二〇一六年時点で、普通株（A株）の他に、議決権が一〇倍のB株を発行済みであり、B株の大半をザッカーバーグが保有していた。

C株の発行計画は、同年の四月にザッカーバーグが発表していたのだが、これは、企業統治の観点から問題があるとして一部の株主がフェイスブックを提訴するなど、反対の動きが出ていた。その反対を、彼は、同年六月の定期株主総会で封じ込めたのである[21]。

長年引きずっていた懸案の訴訟も二〇一八年二月二六日にやっと和解した。フェイスブックが二〇一二年五月のIPO前に、業績見通しを巡る懸念を隠していたとして株主が起こしていた集団訴訟がそれである。和解金は三五〇〇万ドルであった。

訴えていたのは「アーカンソー州教員退職制度」(Arkansas Teacher Retirement System) とカリフォルニア州の「フレズノ市従業員退職協会」(the City of Fresno Employees Retirement System) を中心とする株主であった。訴えによると、フェイスブックはIPOの前、モバイル端末の普及によって売上高が減る可能性を懸念し、銀行に業績見通しを引き下げるよう通告していた一方で、外部にはその懸念を隠していたとされる[22]。

2　創業者への反発

◈ワッツアップの買収

C株に見られるような露骨な創業者支配は、創業者の傲慢を生む。その傲慢さが、社内の貴重な人材の流出を招く。それは、ワンマン支配がほぼ例外なしに招き寄せる亀裂である。フェイスブックもその例外ではない。それを示す端的な事例が「ワッツアップ」（WhatsApp）幹部のフェイスブックからの離反である。

まずフェイスブックによるワッツアップの買収から述べよう。

ワッツアップというアプリは、メッセージ通信用のものである。一対一だけでなく、複数人でのメッセージ交換もできる。メッセージ交換がメインの機能ではあるが、インターネット電話、ビデオ通話も可能である。二〇〇九年に提供を開始し、二〇一六年二月二日時点でユーザー数が一〇億人を超えた[23]。

いまでは、全世界で利用されていて、日本にも進出しようとしているが、日本では八〇％ものシェアを持っている「ライン」（LINE）が立ちはだかり、日本市場には入り込めていない。

現在では、次第に「Eメール」が使われなくなっている。メールアドレスと件名を入力した後に、おもむろに本文に入るというEメールの仕組みは面倒であると、ユーザーたちが思うようになったのである。それには、スマホ一つでサッと送れるメッセンジャー・アプリの登場が大きく関連している。PCを持たない人たちが増え、友人とコミュニケーションをとるだけのためには、面倒なEメールよりも、ラインのような手軽なメッセージ交換アプリがユーザーに好まれるようになったのである。

業務連絡が、固定電話からFAXの使用に移り、さらに、それまでは相手に失礼だとされていたEメールが、平気で使われるようになるとは、二〇年前には誰にも思いもよらないことであった。時代は、丁寧な礼儀よりも手軽な通信手段を重宝するように変化してしまった。その伝からすれば、ラインやワッツアップが、業務連絡手段として、次の主流になるのは必然的な流れであろう[24]。

フェイスブックによるワッツアップ買収が、二〇一四年一〇月六日に完了した。買収は株式交換でなされた。フェイスブック株価の値上がりを反映し、最終的な買収額は、当初の一九〇億ドルから三〇億ドル膨らみ、約二一八億ドルになった（当日のフェイスブック株価の七七・一七ドルで換算）。

買収に要した資金の内訳は、現金が四五億九〇〇〇万ドルと全買収額の二五％程度にすぎなかった。残りは、フェイスブックのA株一億七八〇〇万株とワッツアップ社員に対する「制限つき株式」（RSU）四五九四万株（四六〇〇万ドル相当、四年間の分割払い）であった。これは、買収が株式で行われる典型例であった。

ワッツアップのジャン・コウム（Jan Koum, 1976–）は、買収後、フェイスブックの取締役にも就任したが、同氏の年間報酬は、わずか「一ドル」というふざけたものであった。しかし、買収後もフェイスブックに留まるなら、RSU二四八五万株を、ストック・オプション（二〇億ドル相当）として受け取る契約内容であった。これは、買収完了日の二〇一四年一〇月六日のフェイスブック株の市場価格基準で約一九億ドルに相当していた[25]。

その四三〇〇万株はフェイスブックのA株であった。全株式に占める比率は二・六％であった。二〇一七年四月、コウムはフェイスブック株の全額を売りに出しており、当時の株価で換算すれば、約五〇億ドル相当であった。二〇一六年四月以降の一年間で、三七億ドル分の株式が売却されていた[26]。

◈亀　裂

二〇一八年四月三〇日付の『ワシントン・ポスト』紙に、ジャン・コウムがワッツアップ社を退社する決意をしたという記事が掲載された[27]。

同氏は、ワッツアップの通信メッセージに関する方針を巡って、親会社であるフェイスブックと衝突したという。

フェイスブックが、ワッツアップの個人データをコウムの了承なしに勝手に用いたり、ワッツアップがメッセージの暗号化（encryption）に腐心してきたのに、その基準を弱めたりしようとすることに、コウムの不満が爆発したのである。

ワッツアップ・ユーザーたちの個人データを断固守り抜くというのが、共同創業者のブライアン・アクトン（Brian Acton, 1972–）と共に、コウムの矜持であった。彼らは、フェイスブックに企業買収される際に、その点の合意をフェイスブックからとっていた。コウムは、二〇一六年には暗号化のレベルをさらに強化した。それほどまでしてユーザー情報を秘匿しようとしていたコウムにとって、二〇一八年三月に発覚したフェイスブックから個人情報が第三者に渡ったことで世界中を騒がしたという事態は、衝撃的なものであっただろう。

フェイスブックは、コウムの願いを踏みにじり、ワッツアップ買収の効果を上げるべく、ワッツアップの収益性向上を執拗にコウムに迫っていたと、調査会社「ＧＢＨ」の技術担当主任研究員、ダニエル・アイヴズ（Daniel Ives, 1983–）が、同紙に語っている。

当然、ワッツアップとフェイスブックとの間に深刻な亀裂が生じていた。

アクトンは、二〇一七年一一月に同社を退社した。

確かに、フェイスブックによって買収されたときのワッツアップの収益は、年間二〇〇〇万ドル以下でしかなかった。当時、すでに一〇億ドルを超える収入を確保していたフェイスブックが、ワッツアップを買収した後、収益を上げるべく、収益源を企業広告に求めるべきだとコウムに要請したのも無理からぬことであった。

しかし、ワッツアップの二人の共同創業者、ジャン・コウムとブライアン・アクトンは大の企業広告嫌いであった。このことは創業時からのワッツアップの信条であった。

企業広告を最大の収入源とするフェイスブックの営業方針は、ワッツアップの創業者たちには馴染めないものであった。二〇一二年、二人の創業者は連名でワッツアップのブログに彼らの想いを載せた。「もっと広告を見たいと興奮して起床する人などいない。明日も広告を見たいと思って就寝する人などいない」「オンライン広告は、美意識を壊し、知性を侮辱し、思考を妨害するものである」と。

彼らは、自分たちがユーザーに提供を願う個人情報をできるかぎり最少にする努力を払い続けてきた人であった。ユーザーの電話番号だけを登録してもらうようにしたのは、その想いからであった。したがって、彼らは、データ蒐集に血眼になっているフェイスブックに、ワッツアップのユーザーを委ねることに怯えていた。フェイスブックに買収された後、彼らはワッツアップがフェイスブックに従属しない、自分たちのデータをフェイスブックに渡さないと言明していた。ユーザーには、「これまでと同じように、皆様の交流を妨げる広告に、皆様を曝すようなことはありません」と、買収された後にブログで説明していたのである。

しかし、買収から一八か月後、データを共有しないという、フェイスブックとの約束は反故にされた。フェイスブックは、電話番号だけを登録させる方針を変えるようにワッツアップに圧力をかけ、すでに買収していた「インスタグラム」（Instagram）などとデータを共有させて、ネット広告を増やす戦略を進めてしまった。

いったんは、コウムもフェイスブックの方針を限定的ではあれ、受け入れる意思を示した。

二〇一六年二月二日、ジャン・コウムは、企業側の要望にも一定程度応える用意があるとの意思を次のような言葉で表現した。

ワッツアップは企業や団体と一般消費者をつなぐツールの試用を今年から開始します。引き落としが、もしかして詐欺ではなかったかと銀行に尋ねたり、フライトの遅延について、航空会社に確かめたりできるようにします。現在、そうした要件について、私たちは、Eメールや電話を利用していますが、ワッツアップでもっと簡単に、余計な広告やスパムに煩わされずに用を済ませられたら良いはずだと考え、そのためのツールの試用を始めることにしました。(28)

しかし、この発言の中で、「余計な広告」(29)や「スパム」(30)に煩わされずに用を済ませたいという表現には、フェイスブック的な広告戦略はとらないとの意思を再度表明したものと受け取ることもできる。だが、この抵抗はフェイスブックによって無視された。

「欧州委員会」（European Commission＝ＥＣ）は、二〇一七年五月一八日、ワッツアップを買収する際の説明において「不正確で誤解を招く情報を提供した」として、フェイスブックに一億二二〇〇万ドルの罰金を科した。

欧州委員会によると、フェイスブックは二〇一四年のワッツアップ買収に関する審査で、両社のユーザー・アカウントを自動的に使用することはないと同委員会に対して説明していたが、その二年後の二〇一六年、両社のアカウントを二つのメディアで相互に使用できるようにしてしまった。

フェイスブックは、二〇一四年の発表に偽りの内容を記す意図はなかったとの弁明文を発表し、この問題については、「今日の発表により、この問題は終わりを迎える」との声明を出した。委員会は買収そのものについては承認した(31)。

欧州委員会の承認を受けてからは、フェイスブックは、それまでの慎重姿勢をかなぐり捨てた。

二〇一八年一月、フェイスブックは、「ワッツアップ・ビジネス」と名づけた新しい収益手段をワッツアップに押しつけた。企業に自己アピールをワッツアップのメーセージ機能を利用してユーザーに送ることを許してしまったのである。プロフィールのみを伝えるという限定をしてはいるが、これは創業者たちが反対していた広告そのものであった。

インドでワッツアップの機能を利用して、スマホ決済業務に乗り出すように仕向けられたことも、ワッツアップの創業者を憤らせた(32)。

「エンドツーエンドの暗号(33)」(end-to-end encryption)を実際に装備する際に、最大の衝突があった。コウムが激怒したのは、心血を注いで二〇一六年四月に完成させたこの暗号化の新しいタイプのもの(34)をフェイスブックの経営陣が反対したことに対してである。

フェイスブックは、あまりにも厳しすぎる運用が、ビジネス社会では疎んじられるとして、暗号化のレベルを下げる圧力を、ワッツアップにかけたのである。

コウムは退社の決意を固めた。アクトンを含む同社の幹部の多くは、すでに、二〇一七年一一月に退社していた。

アクトンは、フェイスブックのライバルであり、セキュリティと個人情報を守る点ではるかに熱心な「シグナル」（Signal）社に五〇〇〇万ドルを寄付し、同社の非営利団体「シグナル・ファウンデーション」（Signal Foundation）の会長に納まった。そして、「地球上でもっとも信頼されるコミュニケーションの場を創ることが最終的な目的である」と『ワシントン・ポスト』紙の記者、エリザベス・ドウスキン（Elizabeth Dwoskin）に語った。

BBCも二〇一八年五月一日にコウムの退社を報じた中で、アクトンのことについても以下のように紹介した。(35)

アクトンは、退社後、他の元経営幹部らによるフェイスブック批判に加わっていた。「ケンブリッジ・アナリティカ」によるフェイスブックのユーザーデータ不正使用疑惑を明るみに出した一連の報道に端を発して、二〇一八年三月に誕生した「フェイスブックのアカウントを消去しよう」（#deletefacebook）というソーシャルメディア上の運動も支持してきた。

第2章 積み上がった金融資産
――フィンテックを押し上げる巨大マグマ

1 異次元を常態化させた日銀

◆五〇〇兆円を超えた日銀の総資産

黒田東彦（くろだ・はるひこ、一九四四年―）日銀総裁が、「量的・質的金融緩和政策」（Quantitative-Qualitative Easing= QQE）という「質・量」ともに「異次元」の超金融緩和に踏み切ったのが、二〇一三年四月であった。史上初の超金融緩和ではあったが、この政策は、実施に踏み切った当初は、期限が二年と限定されていた。二年の期限内に、マネタリーベース（通貨供給量）や長期国債[1]、「上場投資信託[2]」（Exchange Traded Fund= ETF）などの保有額を二倍に拡大することや、長期国債買入れの平均残存期間[3]を二倍以上に延長することなどが挙げられていた。しかし、QQEは二年で終えられることなく、二年の期限を過ぎた二〇一六年二月には、「マイナス金利付き量的・質的金融緩和政策」として延長された。

二〇一八年三月（二〇一七年度末決算）、日銀の総資産残高は五〇〇兆円を超えた。資産の大半は長期国債で占められていた。総資産は、前年度末と比べ三八兆円強増加（プラス約八％弱）し、五二八兆二八五六億円となった。総負債残高も、預金（当座預金）を中心に前年度末と比べ三八兆円弱増加（プラス約八％）し、五二四兆三三六三億円となった。この額は、QQEが開始された日の直前の総資産の約三倍にものぼる。資産規模は、二〇一八年度中にも日本の名目GDP（国内総生産）を上回ることがほぼ確実になった。まさに「異次元」の急増ぶりである。[4]

日銀の資産規模は、「米連邦準備制度理事会」（Federal Reserve Board=FRB）の資産よりも大きい。FRBの資産は、二〇一八年三月時点で四八二兆円であった。しかも、その額は今後、年々減少させられていくはずである。同時期の「欧州中央銀行」（European Central Bank=ECB）の資産は五八一兆円であった。これも今後、減額されることが必至なので、いまや、日銀は抜きん出た巨額の資産額を保有する中央銀行となった。しかも、日銀は、まだ国債買入額を増やす意向を示している。[5] これでは、国債の日銀引受そのものではないかとの誹りは免れない。

◈日銀の「銀行券ルール」

日銀には、引き受ける長期国債の総額を、日銀券の流通残高以下に収めるという政策目標があったはずである。これは、日銀が自主的に定めた「銀行券ルール」と言われているものである。

日銀の貸借対照表では、国債の引受額は資産に、銀行券の発行残高は負債に計上されている。日銀は、金融調節の手段として、金融機関から国債を買い上げることによって、その機関に資金を供給している。これまでは、この引受額に上限を設けることで、日銀引受になる可能性を、日銀は自主的に封じていた。そうした重要な役割を持つ銀行券ルールは、二〇〇一年三月に「量的金融緩和政策」（Quantitative Easing=

QE)[6]の採用に踏み切ったときに、国債購入を際限なく増やさないことが日銀の「金融政策決定会合」で決められたルールである[7]。

しかし、国債買入だけでは景気浮揚力に乏しいと判断した日銀は、二〇一〇年一〇月、「包括的金融緩和策」と称して、「資産買入基金」を創設した。金融機関の保有する資産を買い取って金融機関に資金供給を増大させるための基金であった。この基金による買入は、国債以外にも、社債、CP、ETFなどが追加された。しかし、基金はすぐに底をついた。基金そのものが国債の買い増しの制約になってしまった。そして、二〇一三年四月に導入されたQQEによって、この基金は廃止された。これは、国債買入枠を拡大させるためであったと推測される。

この基金の増額基調を辿ると、二〇一三年の「異次元」のQQEが突然に提起されたものではないことが分かる。

二〇一二年九月一九日、基金総額が四五兆円から五五兆円に増加、うち、国債買入限度額は二九兆円から三四兆円に増額。同年一〇月三〇日には、総額をさらに六六兆円、国債も三九兆円に増額。同年一二月二〇日、それぞれ七六兆円、四四兆円と急ピッチで増やされた[8]。

二〇一三年四月のQQEでは、国債の大胆な買い増しのために日銀券ルールの適用を一時停止することが決められた[9]。

2 億万長者と貧困層の増加

日銀による大量の国債買い上げの結果、市中に出回る通貨は、二〇一三年四月からの五年間で約三六〇兆円も増えた。日本のGDPが五〇〇兆円であることと対比させれば、この数値の異常さは突出している。日銀によって生み出された通貨が、株式や不動産などの資産価格を押し上げた。

その結果、多数の「緩和長者」が出現した。二〇一六年の年間所得が一億円を超えた長者は全国で二万五〇〇〇人、二〇一一年から六〇%増えた。うち、半数は株価上昇による収入増であった。資産一〇〇〇億円超の目も眩む大資産家は五年前には四人しかいなかったが、一六年には一七人に増えた(10)。

◈貧困層の拡大

一九九五年に東京丸の内に創業した、「ヒューマントラスト」という、フィンテック企業としての色彩も持つ人材派遣企業がある。

事業内容は、「日雇い」などの短期間派遣(いわゆるスポットワーク)事業、給与相当額の一部を就業当日に引き出せる「キュリカ」(CYURICA)サービスの提供、等々、多様な事業で急成長した企業である。仕事の斡旋にはスマホが多用されている。

キュリカは給与相当額の一部を勤務当日に渡す、「給与即日払いサービス」のことで、年間を通して終日稼働する同社のATMから所定労働時間内給与の八〇%程度の金額を引き出せるシステムである。

キュリカは、二〇〇八年一二月に立ち上げられ、消費者金融会社の「アコム」との提携から出発し、二〇一四年四月からは「セブン銀行」、二〇一六年四月には、「三菱東京UFJ銀行」(当時の銀行名)、二〇一七年七月には「イオン銀行」のATMも使えるようになった[11]。

二〇一八年にはキュリカを導入した企業は約一〇〇社、利用者は一一万人に達した。利用者が増えている原因を、同社の阪本昌之社長は、「貯蓄のない非正規雇用者が増えていることにあるのではないか」と『日本経済新聞』に答えている。

事実、「異次元緩和」から五年を経過した二〇一八年、資産価格が上昇している裏には、賃金水準を上昇させてもらえず、雇用調整方針の対象者として、簡単に雇用から放り出される非正規社員が増える一方であるという現実がある。

「金融広報中央委員会[12]」の調査によると、二〇一七年の単身世帯の平均貯蓄額は、二〇一二年から二四二万円増えて九四二万円になったが、単身世帯の貯蓄額の順位表を作ると、中央値世帯の貯蓄額は三二万円で、五年前の中央値一〇〇万円から大幅に減ってしまった。金融資産ゼロの世帯が全体の四割を超えている[13]。

◈貧困ビジネス

前記のことを報じた『日本経済新聞』は、フリマアプリの「メルカリ」に一万円の日銀券の現物を、一万三〇〇〇円で出品した男女四人が、二〇一七年一一月に逮捕されたことも、記事にしている。メルカリは二〇一七年四月に現金出品を禁じたが、その後も紙幣を加工した「オブジェ」として出品する例が跡を絶たない状態である。多重債務者が、止むに止まれずに購入したのであろうと同記事は推測している。

この種の取引は、単なる笑い話で済む問題ではない。今後、フィンテックの名の下に、様々の決済手段が生まれ、利用されることになるだろう。そのことを金融の進歩であると受け取る専門家たちが増えてきた。まだ現金支払いに拘っている日本人は、フィンテックという新しい時代に取り残されてしまうだろうとの声が、評論家だけでなく、日銀からも、聞こえてくる。しかし、フィンテックという多様な決済手段が生まれてくることは、それほど歓迎すべきことなのだろうか?

決済手段ごとに決済日は異なる。決済日のこの時間格差を利用した「貧困ビジネス」が今後、雨後の筍のようにはびこることになるだろう。

前述の、一万三〇〇〇円で出品された一万円札を購入する人は、多重債務者であろうと推測するだけでは不十分である。高金利にもかかわらず、眼の前に現金が欲しいといっても、一万三〇〇〇円で出品された現金をどのような手段で該当者は購入するのであろうか。

欲しい現金を、現金で購入することなど、まずありえない。購入する手段は現金以外のものであるはずだ。とすれば、クレジット・カードによる購入がもっとも可能性の高い方法であろう。とりあえず、クレジット・カードを使って購入する。カードで買った一万円の現金を、高利貸し業者に払うのである。しかし、後日にやってくるクレジット・カードの決済日には、一万三〇〇〇円の現金が必要になる。つまり、現在の一万円を将来の一万三〇〇〇円の現金で購入するのである。三〇〇〇円も損をして。しかし、多重債務者は、先のことよりいまの現金が欲しい。こうして、クレジット・カードによる現金購入が際限なく繰り返される。いずれ、この人は破産する。しかし、破産に追い込んだ現金出品者たちは、これら貧困者から巨額の利益を搾り取っていることになる。まさに貧困ビジネスである。

メルカリは、硬貨・紙幣でも希少価値の高いものについて出品を希望するユーザーの要望に応えて、二〇一七年二月、一度は、現行紙幣の出品を認めた。貨幣の希少性を理由にして、額面価値以上の価格での出品を認めていたのである。「ヤフー」のオークションサービス「ヤフオク！」でも同様の出品が認められていた。しかし、社会からの厳しい批判を受け、メルカリとヤフオクは現行の紙幣や硬貨の出品を原則禁止にする方針を打ち出した。

メルカリ以外にも、クレジット・カードで業者の指定する商品を購入すると、業者がこれを現金で買い取るという「貧困ビジネス」がある。まずカードで商品を購入する時点では、現金は要らない。しかし、購入した本人は一刻も早く現金が欲しい。業者による買い戻しは現金である。例えば一万円の商品をカードで購入し、ただちに業者が現金八〇〇〇円で商品を買い戻してくれれば、カードを持つ本人はとにかく八〇〇〇円という現金を手に入れることができる。それは損することが確実な取引である。しかし、他から借り入れができない多重債務者にとっては、眼前の現金が必要なのである。

メルカリも一瞬のことではあるが、こうした貧困ビジネスに荷担したという事実は消し去ることはできない。

メルカリについては、ポイントの利用のされ方という問題もある。売上金をメルカリのポイントとして購入代金に利用できるという点である。つまり、現金をメルカリが出品者に支払うのではなく、商品購入に使えるポイントを積み立てていくシステムである。これは、現金収入がゼロに等しい生活困窮者には大きな魅力である。

例えば、生活保護受給者がその対象になる。生活保護受給者が金銭を入手した場合、それは収入としてカウントされるため、受給額が減る要因となってしまう。実質的な損失が明確であっても、現金収入は「副収入」として、当局に把握される。

しかし、もしなんらかの方法で、物品を手に入れた生活保護受給者が商品をメルカリで売り、それを現金化せずに、ポイントとして積み立てれば、生活保護受給には、本来認められない「副収入」となる。

田畑淳は言う。「こうした活動が大規模になると、現金がどこにも登場しないまま、ポイントと商品だけが飛び交う『メルカリ経済圏』が政府の把握しきれない地下に発生してしまう」ことになる。(14)

現金の出品を禁止しても、貧困ビジネスは執拗に存在し続けるであろう。商品券を額面価値以上で売る行為は多様な形で広がりを見せている。「チャージ済みＳｕｉｃａ」を売るケース、「ｉＴｕｎｅｓカード」「図書券」等々がそれである。

「大手のネットサービス業者がこうした違法性のある行為に手を貸すことは、『地下経済』の爆発的な発達を招きかねないという危惧」がある、「いったん地下経済が発達してしまうと、法の公正はゆがめられ、税収は減少し、不正を企む輩が大手を振って世の中を跋扈《ばっこ》する」ことになる。

◆カード・ローン

メガ銀行が精力を注いでいるカード・ローンも貧困ビジネスの一つである。ゼロに近い金利水準時代に、比較的金利が高い無担保融資のカード・ローンは、メガ銀行の業績を下支えしてきた。しかし、二〇一八年の半ばになるとカード・ローンの貸し倒れの危機が心配されるようになった。

銀行は、無担保で銀行カードによる貸付を利用者に対して行っている。その際、返済保証業務を引き受けるノンバンクに手数料を払って返済の保証をしてもらう。利用者が返済できなくなったときには、これらノンバンクが返済する。メガ銀行は傘下に保証業務を行うノンバンクを抱えている。「三菱ＵＦＪフィナンシャル・グループ」（ＦＧ、改名以前）は「アコム」、「三井住友ＦＧ」は「ＳＭＢＣコンシューマーファイナンス」（旧プロミス）、「みずほ銀行」は「オリエントコーポレーション」を傘下に置いている。

これらノンバンク三社の貸し倒れ関連費用が、二〇一七年度に約一四〇〇億円と対前年度比一三％増となり、貸し倒れの現実感が日増しに高まってきた。

無担保ローンに関しては、二〇一〇年の「改正貸金業法」で、総量規制として、顧客の年収の三分の一を超えて貸し付けてはならないとの法改正がなされた。しかし、銀行は「貸金業者」ではないことから、銀行のカード・ローンは、総量規制の対象から外されていた。銀行のカード・ローンは、銀行全体で六兆円弱と二〇一〇年からの八年間で約八割増えたのである。顧客層も低年収層に広がっている[15]。

「全国銀行協会」が二〇一八年一月に公表した「銀行カード・ローンに関する報告」がある[16]。「電通」と提携したインターネットによる調査で、全国の二〇～六九歳の男女八万人を無作為にリストアップし、その中から一万人を対象に概観調査を二〇一七年一一月二八日～一二月一日に実施、続いて、その中から三〇〇〇人を選んで、同年一二月一日～一二月五日に詳細調査を行ったものである。

それによると、銀行カードを利用したい人の比率は男性の方が高かった。男性が二四・三％、女性が一七・〇％であった。男女ともに、意外に高い比率であった。

年齢層では、男女ともに二〇歳代が一位（男三二・四％、女二五・九％）、第二位が同じく三〇歳代（男二六・一%、女二〇・三%）であった。

銀行カード・ローンの経験者の六一・五%がクレジット・カード・ローンの経験者でもあり、四一・七%が消費者金融の経験者であった。

銀行カード・ローン利用者の四〇・五%が年収四〇〇万円以下の層であった。四〇一〜六〇〇万円以下の層は二五・二%であった。調査では、若い低年収層が手軽にウェブ・サイトを利用しているということが分かった。

ただ、気になるのは、銀行カード・ローン利用者の半数が、銀行員から借入額の増額を提案されていることである。これは、銀行側が非常に積極的に銀行カード・ローンの拡大を指向していることを物語っている。増額提案を受けた人の六割が銀行側の増額要求を受け入れていた。

かつて、「サラ金」地獄が世上を騒がしたときに、サラ金業者の多くが銀行の傘下に入ったノンバンクであったことが槍玉に挙がった。消費者金融が厳しく行政指導されるようになった現在でも、なおその構図に大きな変化はないことを、全国銀行協会の調査は示している。

3 フィンテックと投資の短期化

◆バーゼル銀行監督委員会の危機認識

本書第4章第1節でも触れているが、「バーゼル銀行監督委員会」（Basel Committee on Banking Supervision＝

ＢＣＢＳ）が懐いているフィンテックに対する危機感について述べておきたい。その危機感とは、投資がフィンテックの普及に伴い短期的衝動によって煽られることに関するものである。投資の大きな流れが特定の分野に集中してしまうと、世界の金融システムの不安定さが増幅してしまうのではないか？　この危機意識を持って、同委員会は、二〇一六年四月、フィンテックがもたらす新しいリスクの検討を行う作業部会を立ち上げ、二〇一七年八月三一日に報告書（BCBS［2017］）を提出した。

この報告書は、今後フィンテックが一段と普及する中で、従来の銀行と新しいＩＴ企業との間で想定される関係を五つの類型に分け、それぞれの類型で予想されるリスクを論じたものである。

五つの類型は以下の通り。

①既存の銀行がフィンテック技術を自分のものにしている「銀行進化型」（Better Bank）。
②フィンテック技術に長けた銀行が、そうでない既存の銀行を吸収してしまう「新銀行型」（New Bank）。
③既存の銀行とＩＴ企業とが相互にフィンテック技術を開発・提供し合う「共生銀行型」（Distributed Bank）。
④特定のプラットフォーマーが顧客を掌握して、既存の銀行とＩＴ企業とを傘下に収める「統合従属銀行型」（Related Bank）。
⑤Ｐ２Ｐのような新しい金融技術の普及によって、プラットフォームの支配力が弱まり、金融仲介機能などが消滅してしまい、まったく新しい金融概念が形成される「仲介機能のない銀行の型」

（Disintermediated Bank）。

フィンテックが、将来いつかはくるであろうが、当面はまだその状況ではないと、のんびりと構えている銀行は、とてつもない大きなリスクを背負ってしまう。フィンテックの破壊的な影響は現実のものになっている。各国の銀行と監督当局は情報を共有して、対応策を具体的に講じることが緊急に重要であると、報告書は強調した。

金融システムが、狭い技術や寡占的なプラットフォーマーズに依存してしまうこともきわめて危険なことである。

アウトソーシングは無防備に行われるべきではない。銀行が自らのコアの部分を、特定の技術のみを提供するIT企業に委ねてしまえば、銀行は顧客との接点を希薄化させ、結果的に責任の所在が曖昧になる。銀行がフィンテック企業への監督権限を失うことは非常に危険であると、同委員会は強く警告した。

銀行は、長い歴史の中で、リスクに関する認識力を磨いてきた。しかし、急に出現し、短期間で莫大な資金を手にしたIT企業は、リスクに関する嗅覚において劣る。だからこそ、銀行は、提携したIT企業への立ち入り検査や、重要文書の閲覧といった「監督する権限」（right to audit）に関する条項をIT企業との提携時には整備しておく必要があると、報告書は強調した。

今後、サイバー攻撃のリスクも飛躍的に大きくなることは確実である。その攻撃から自己防衛するのに必要な技術者や資金は非常に大規模なものになるだろう。一方のIT企業側は技術者も資金も豊富である。その意味において、銀行がサイバー攻撃を防ぐセキュリティを提携先のIT企業に丸投げしてしまう構図が生まれる。丸投げは、最重要な銀行の顧客チャンネルを巨大プラットフォーマーズに明け渡してしまうことである。そうなれば、銀行はIT企業に支配されかねない弱い立場になる。

BCBS［2017］に呼応して、変革せずに既存の銀行システムを維持することは不可能であることを論じた論文がある。日銀金融機構局の久瀬・山田［2017］がそれである。フィンテックがもたらすリスクの大きさについては、この論文の方がBCBS［2017］よりも厳しく受け止めている。

前記の類型①で言えば、強力な投資ファンドを傘下に持つメガバンク以外は、このシナリオで進むことは不可能である。既存の収益基盤は必ず劣化する。そうであっても、フィンテックという新しい領域と、既存の領域の維持という二面作戦には膨大な投資を継続しなければならないからである。このような環境下で従来通りのフルバンクを維持することは不可能な時代になると、この論文は断定している。

新しいリスクは、フィンテックとしてのIT技術を積極的に導入すれば回避できるというものではない。むしろ、IT技術の導入が新しいリスクを生み出してしまう。

IT技術に未熟な既存の銀行は、銀行の各部局がそれぞれの判断で導入した技術の管理をIT企業に委ねがちになる。勢い、全体としてバランスのとれた整合性の確保が難しくなる。個々の部局の技術と管理方法は他の部局からは見えないものになってしまう。つまり、技術の内容と管理手法が「サイロ化」してしまう(17)。

「金融サプライチェーンの延伸によるリスク管理の責任の所在を巡る問題と、リスク管理の分掌が細分化されすぎて全体像が見えにくくなる『サイロ化』の弊害が同時並行で深刻化する」し、当の銀行だけでなく、銀行監督当局にとっても、「サイロ化」の危険性は高くなる。

ＡＩやビッグデータ、さらにはカード・ローンの採用が増えることによって、審査期間が短縮され、与信額の回収も一目瞭然になる。それは金融界にとって大きなメリットである。しかし、その便利さが融資面で大きな偏りを生む。偏りは、そこで使われるアルゴリズムが金融界全体で同じものになりがちになることから創り出される。与信の偏りは、これまでは、少数の大口の与信に限定されてきたので、社会的に大きな影響をもたらすことはなかった。しかし、ＡＩによる自動審査が普及するにつれて、その偏りもまた普及してしまい、金融システム全体の「プロシクリカリティ[18]」が増幅されることになる。

それに加えて、これまでは、安定的に定着してくれていた小口資金が浮動性を高めてしまう。小口預金といっても、総体としては非常に大きな額であった。フィンテックによって多様な投資手段が駆使されるようになると、この種の巨額の資金が国際間を浮動してしまい、金融システムの根幹が揺らぎかねないとの危惧もこの久光・山田［2017］は表明している。

以上が私なりに理解した前記論文の主張点であるが、正確さを期すために、この論文の晦渋な該当個所を、いささか長文になるが引用しておく。

（中略）

リテール向け与信については、ＡＩやビッグデータの活用により、審査期間の短縮や融資実行後回収に至るまでのモニタリングの高度化等が見込まれている。もっとも、クラウド・ファンディングとＡＩによる自動審査等の組み合わせのもとで、使用されるアルゴリズムの収斂が進んだ場合には、小口分散のリテール向け与信ポートフォリオに従来にはない均質性がもたらされうる。これまでは大口与信管理の世界に閉じて取り上げられてきた特定の属性への与信集中リスクの問題が顕在化し、ひいては金融システム全体のプロシクリカリティの増幅に繋がりかねない。
また、一定の条件を満たすと予め定めておいた契約を自動的に執行するスマート・コントラクト等の活用により取引コストが逓減すれば、小口預金が、大口預金に匹敵する金利感応度や機動性を具備する可能性もある。リテールの預金者が、多国籍企業や機関投資家のように多通貨で多様な資産を対象に、資金管理や余資運用を日中ベースで容易に最適化することが可能になれば、これまで流動性リスク管理の前提とされてきたコア預金の粘着性が変容していく惧れがある。

近年のＩＴ企業による資金稼ぎやＩＰＯなどに、このプロシクリカリティの悪しき様相が頻繁に見受けられるようになったのは確かである。

◈日本でのユニコーン＝メルカリ

二〇一八年六月一九日に東証マザーズに上場したメルカリは、上場前の六月一日、株式の公開価格の仮条件を、当初予定していた二二〇〇〜二七〇〇円から二七〇〇〜三〇〇〇円に引き上げた。株価三〇〇〇円で計算した同社の時価総額は、四〇〇〇億円強となった(19)。

上場していないが、想定企業価値が一〇億ドルを超えるＩＴのスタートアップ企業が「ユニコーン」と呼ばれる。二〇一八年六月一日時点で想定されていた株の時価総額が、その四倍になるとされたので、メルカリはユニコーンになった(20)。
そして、二〇一八年六月一九日、新規上場の当日、個人投資家が殺到して午前一一時過ぎには五〇〇〇円の初値をつけた。「公募・売り出し価格」（公開価格）の三〇〇〇円を二〇〇〇円も上回ったのである。取引時間中には一時六〇〇〇円の「ストップ高」（制限値幅の上限）をつけた。この時点での時価総額は八一一九億円にもなり、新興企業で時価総額首位（約七九〇〇億円）であった「日本マクドナルド・ホールディングズ」を一瞬抜いた。

公募・売り出しの応募倍率では、機関投資家によるものが二〇倍、個人投資家が五〇倍を超えた。[21]個人投資家の応募倍率が五〇倍を超えたことは、メルカリが新規上場株の割り当て数のうち、海外向けに五％（約二〇〇万株）を回してしまったことの煽りを、個人投資家が受けたためである。当初、新規公募株発行の比率は国内と海外が半々の予定であった。これが、公募価格を三〇〇〇円に引き上げた二〇一七年一一日時点で、メルカリは国内四、海外六と海外向けに大きくシフトさせたのである。

国内の個人投資家の多くは短期的に利益を得るということだけに集中している。「初値」の天井をＩＴのスタートアップが破れないのは、個人投資家の短期指向のゆえである。このことを心配したメルカリの山田進太郎・会長兼社長は、東京証券取引所が上場を承認した二〇一八年五月一四日の翌日、米国に飛び、約二週間にわたって海外投資家への説明に回った。その結果、「フィデリティ」（Fidelity）や「ブラックロック」（BlackRock）といった長期投資を方針とする米国の大投資ファンドの関心を引きつけた。そうした米国投資家の雰囲気を察したメルカリは、六月一一日に、海外割り当てを増やす決断をしたのである。

そもそも、メルカリの公募株総数は少なかった。その少ない公募株数の半数以上が海外勢に割り当てられ、国内個人投資家は割を食ったのである。

二〇一三年以降の世界的なＩＰＯブームに日本も乗り、ＩＴ関連の企業がスタートアップとして株式市場で人気を呼んでいる。実際、初値が公開価格を上回る確率は八〇～九〇％もの高さである。公開価格で入手した株式を上場時に高い初値で売り抜けるというのが、当たり前の世界になってしまった。しかし、その後は、株価は長期間にわたって初値を下回るというのが、新規上場株の通弊になってしまっている。メルカリも、上場翌日の二〇一八年六月二〇日の終値は四九一〇円と初値の五〇〇〇円を下回った。[22]

ネット社会が進むにつれて、ＩＴ関連の企業の人気企業は、上場しなくても、資金調達ができて、上場する取引所を選り取り見取りできるようになった。逆に、日本だけでなく世界の取引所は、自分のところに上場してもらおうと、懸命に企業側に擦り寄っている。

一例が種類株の上場緩和である。創業者の議決権を盤石にするような新興企業の種類株の上場を、これまでの取引所は忌避してきた。しかし、東証など少数の取引所を除いて、世界の取引所は、それまでのルールを大幅に緩和して、種類株の上場を勧誘するようになってしまった。

二〇一四年「アリババ」（阿里巴巴）は種類株を「ニューヨーク証券取引所」（ＮＹＳＥ）に上場させた。「香港取引所」にとって、これは痛手であった。中国のスタートアップ企業が地元を素通りしたのである。香港取引所は二〇一八年四月、種類株のＩＰＯを認めるようにルールを変更した。早速、翌月の二〇一八年五月三日、「小米」（シャオミ）が上場を申請した。これは、七〇〇億ドル（七兆八〇〇〇億円）と、二〇一八年のＩＰＯの時価総額で世界最大の資金調達になる。

英国も、「金融行為監督機構」（Financial Conduct Authority= ＦＣＡ）が二〇一八年七月に国有企業向けの特別優遇措置を施行した。サウジアラビアの国有会社「サウジアラムコ」のロンドン市場への誘致を図った

のである。(23)

◈IPOからM&Aに傾斜

ブームではあるが、東証のIPO基準は結構厳しい。ハードルは高く、時間も要する。基準には、「形式基準」と「実質審査基準」がある。

形式基準とは、株主数や流通株式数に関する基準。

実質審査基準とは、企業のリスクや健全性に関する基準。

この二つの基準を満たしてIPOを実現するには、最短でも二〜三年はかかると言われている。しかも、ひとたび上場してしまえば、増資の手段は少なくなり、資金調達のハードルも高くなる。つまり、上場は、企業にとって大きな賭となる。

株価を維持するためにも、IPO後は、株主から短期的な成果を求められる場合が多い。ITの新興企業は、株式を上場した後は、中長期的な視点での企業経営が難しくなる。新しい事業に移ることも株価を意識して経営者はためらってしまう。

こうしたリスクを反映して、近年、スタートアップ企業の経営者は、IPOではなく、大企業からのM&A要請に応じて、進んでその傘下に入ろうとするようになった。

米国では、二〇〇〇年以降、スタートアップ企業による資金調達件数で見ると、M&AがIPOを上回り、資金調達の件数としては、八〇〜九〇%がM&Aである。

スタートアップ企業を取り巻く外部環境の激しい変化に対応するためには、これまでの倍の速さで事業を拡大しなければならない。ＩＰＯに頼ってしまえば、膨大な上場コストと並んで同じく膨大な時間を必要とすることを苦痛と感じている創業者が増えている。

ＩＰＯの場合、実現するまでの期間の監査報酬、弁護士報酬、証券会社の引き受け手数料等々、年間五〇〇〇万円ほどの費用がかかると言われている。実現までに二年はかかるので、二年間で一億円ほどの費用が必要になる。

それに対して、M&Aにかかる費用は、仲介してくれたファンドマネジャーへの手数料（譲渡価格の五％が通常の水準）と弁護士費用だけで済む[24]。

M&Aは、円滑に交渉が進めば最短数か月で成立する。ただし、初めから事業継続の意思がなく、業績が好調な間に大企業に対して高値で売り抜けしようと考える創業者も結構多くいる。売り抜けた後、新規事業、それも短期間で株価が上がりそうな事業に関心を転々と移すという創業者も数多く見られる。

『日本経済新聞』による、M&A助言会社、「レコフ」の資料では、二〇一八年一～五月の未上場企業の買収[25]件数は、前年同期比三割増の二六件と、同社が調査を始めた二〇一二年以降で最高のペースで、買収総額は一六九億円と二・五倍に増えた。

しかし、M&Aは、経済の活性化を阻止してしまう側面もある。世界的にはすでに圧倒的な成功を収めた巨大企業が、若い弱小企業を傘下におさめて将来の競争相手の芽を摘むということが頻繁に行われている。これでは、寡占化が進むだけである。

米国では、グーグルやアップルなどの大手企業がスタートアップ企業を次々に傘下におさめていて、「勝者総取り」という批判が根強い。

中国でも、アリババ集団などの買収攻勢が強く、技術や顧客が大企業に取り込まれてしまい、中長期的な成長要因が摘み取られるのではないかという危惧の声も挙がっている[26]。

まさに、前述の久瀬・山田［2017］によって表明された危惧がものすごい勢いで現実化しているのである。

◈日本の株式投資型クラウド・ファンディング

本書の複数の個所で少しずつ触れたが、日本における「クラウド・ファンディング」の特徴について説明しておきたい。

クラウド・ファンディングとは、いろいろなアイデアを具体化するプロジェクトを持つ人や組織（起案者）が、専用のインターネット・サイトを通じて、世の中に呼びかけ、その呼びかけに共感した人々から広く資金を集める方法である。

インターネット決済の広がりにともなって、世界中で多くのクラウド・ファンディング・サイトが生まれている。日本では、二〇一一年の東日本大震災の被害地を救おうとの復興プロジェクトに資金的に支援する形で、一気に勢いを増した。各種プロジェクトに個人の浄財を寄付するという習慣は昔から世界各地にあった。日本では、寺院の再建・修復に寄進した人の名前が寺院に刻まれていた。

クラウド・ファンディングは、出資者へのリターンの供与の方法によって区分すれば、四つの型があるとされている。

① **寄付型** 集めた資金を全額寄付に充て、リターンはなし。
② **投資型** 出資者が、プロジェクトから生み出される利益から配当という形でリターンを受け取る。
③ **融資型** 出資者が、利子という形のリターンを受け取る。
④ **購入型** 出資者は、返礼として、モノ、サービス、権利という形での特典を受け取る。[27]

投資型の一つとして、二〇一五年には、「株式型」が日本で解禁になった。これは二〇一四年に、ベンチャー型新規企業の資金調達を支援する形で、「改正金融商品取引法」[28]が作成されたことによる。

矢野経済研究所の調査結果によると、二〇一七年六月末時点におけるクラウド・ファンディングを扱う企業数は一七〇社程度である。このうち独自にウェブ・サイトを開設している企業は七〇社弱、専業者のASP[29]やプラットフォーマーズを利用した自治体や一般企業などのウェブ・サイトは一〇〇強あった。

二〇一六年度の国内のクラウド・ファンディング市場規模は、新規プロジェクト支援額ベースで、前年度比約九七％増の約七四五億五〇〇〇万円強であった。

類型別では、購入型が約六二億円、寄付型が約五億円、投資型（ファンド型）が約三億円、貸付型が約六七二億円、株式型が約四〇〇〇万円と推計された。もっとも規模が大きい類型は貸付型で、全体の約九〇％を占めていた。

次いで、購入型。資金面では約八％の二位だが、年間で延べ約五〇万人が支援、当業界の中でももっとも支援者が多かった。他の二つはまだ成熟からはほど遠い。

ただし、投資型（ファンド型）では、大型案件が達成されると大幅に増加するので、一挙に市場の前面に躍り出る可能性はある。

二〇一七年度の国内クラウド・ファンディングの市場規模は前年度比で約四六％増の一〇〇〇億円程度であった。(30)

二〇一五年の「金融商品取引法の一部改正」（金融商品取引法改正）によって、営業が可能となった「株式投資型クラウド・ファンディング」はリターンとして非上場企業の株式を取得できるという点にもっとも顕著な特徴がある。

海外ではすでに存在していたのに、日本では二〇一七年以降になって、遅まきながら国内初の株式投資型クラウド・ファンディングのサービスが始まった。

これまで個人が非上場企業の株に投資できる機会はかぎられていた。しかし、この株式投資型クラウド・ファンディングの登場により、インターネットを通じて個人が少額でも非上場企業の株式に投資できるようになったのである。

個人が、ベンチャー企業に投資して応援していく機会は多くなく、「エンジェル投資家」やベンチャー・キャピタルがその役割を担っていた。

シリコン・ヴァレーには、成功した起業家たちが後進の起業家に資金を投じたり、経営のアドバイスをしたりする伝統がある。こうした人たちがエンジェル投資家と呼ばれている。

そうした投資は、シリコン・ヴァレー関係者だけでなく、広く、富裕な個人がスタートアップ企業を支援するという形で行われるようになった。(31)そして、インターネットの普及によって、個人もエンジェル投資家の一員になることが可能になった。

ただし、リターンは、対象となる企業がＩＰＯに踏み切るか、Ｍ＆Ａによる売却によって、株式が現金化できるまで待たねばならない。

逆に言えば、ＩＰＯやＭ＆Ａといった出口がないかぎり、取得した非上場企業の株式は自由に売却できないのである。

金額についても、企業側と投資家側の両者に厳しい制限がつけられている。

この制度を使って企業が調達できる金額は、年間に一億円未満、投資家が投資できる金額は、一社当たり五〇万円までという制限がある。こうした制限は、別に日本にかぎられたわけではなく、英米でも同じようなものである。[32]

◈フィンテック企業であるバンク・インボイスの資金調達

二〇一六年四月に設立された「バンク・インボイス」（Bank Invoice）というフィンテック企業がある。東京都中央区を拠点に、「フィンテック企業として、企業間のデータ連携の仕組み[33]を提供し、経理業務がない世界を実現します」と標榜するスタートアップ企業である。

請求書の原本を電子化し、メールのように送受信する。従来の紙やＰＤＦファイルとしての請求書のやりとりと違い、送る側と受ける側が同一の請求データを共有する。そうした仕組みによって「経理業務の九五％の削減を目指す」としている。[34]

同社の自己算定による売上高予測は、二〇一九年三月決算で一・五億円、二〇二一年三月期で六・一億円であり、二〇二二年以降にＩＰＯ実施の予定である。

「日本クラウドキャピタル」が運営する株式投資型クラウド・ファンディングの「ファンディーノ」(FUNDINNO)において、二〇一七年四月二四日に募集を開始し、即日に応募上限額である一五〇〇万円を達成、同年五月二日に一四六〇万円で「約定」が成立した。これは、日本初の株式投資型クラウド・ファンディングの約定成立であった。約定とは、注文が成立したことである。約定したものを取り消すことはできない。ファンディーノ自体は二〇一七年四月にサービスを開始したサイトである。この調達資金でシステム開発を完了したバンク・インボイスは、同じファンディーノを通して、二〇一七年一一月三〇日に再び資金募集に踏み切り、この第二回目も即日に応募上限額の六〇〇〇万円の資金調達に成功した。これは、その時点における株式投資クラウド・ファンディングの最高額であった。[35]

投資型クラウド・ファンディングは二つに区分される。「ファンド投資型」と「株式投資型」である。前者は「第二種金融商品取引業」、後者は「第一種金融商品取引業」。

本節で説明している日本クラウドキャピタルは後者の部類に属する。同社が「第一種少額電子募集取扱業」[36]の登録承認を得たのが二〇一六年一〇月、ファンディーノという名称のプラットフォームを立ち上げ、投資家の登録申請の受付を開始したのが、同年一二月と営業承認後わずか二か月後であった。さらに、その四か月後、大変な人気で、株式投資型として第一号の資金募集がバンク・インボイスによって行われた。

松尾順介は言う。

「ここで、注目されるのは、これらのプラットフォームの開設から、まだ日が浅いにもかかわらず、すでに相次いで資金調達の事例が現れていることである。特に、株式投資型に関しては、非上場企業の株式取得を一般の投資家が選択するかどうか、疑問視される向きもあったが事実はそうでないことを物語っているように見える」[37]と。

松尾は、「DANベンチャー・キャピタル」（二〇一五年五月設立）社長の出縄良人（でなわ・よしひと、一九六一年—）からの聞き取り調査結果を述べている。

株式発行によって資金調達をしたい新興企業は二〇万社程度あるので、株式投資型クラウド・ファンディングの「市場のポテンシャル」は大きい。具体的には地域金融機関が自行の預金で新興中小企業の株式に投資するのがいいのではないかと出縄は自説を述べた。

また、バンク・インボイス社長の手島太郎（てしま・たろう、一九七六年—）の言葉も紹介している。専門性の高い新興企業への認識が総じて低く、ベンチャー・キャピタルですら正確な知識を持っていない。しかも、ベンチャー・キャピタルは投資の早期の回収を望んでいるので、事業発展の支援資金にはならない。その意味でクラウド・ファンディングの意義は大きい。少なくともIPOを実施できるようになるまで、投資家が長期間にわたって支援してくれるからであると。

松尾順介は結論する。

第一に、クラウド・ファンディングには企業の将来性を見抜く「目利き力」が必要である。

第二に、プロの投資家と異なり、個人の投資家は換金ニーズが高いので、株式の流動性不足の解消の仕組みを創る必要がある。

第三に、投資型の場合、資金提供者と資金調達企業との間の長期的な関係を築いておくべきであると。

その通りであろう。バランスのとれた判断力がネット社会から急速に失われているのではないかという危惧を持たざるをえない現状が放置されたまま、調整の利きにくいクラウド・ファンディングの隆盛を、「さあ！　フィンテック時代がきた！」と手放しで喜ぶ風潮は危険である。

第3章 金融の異次元緩和と出口リスク

1 ブロックチェーン・ブーム

◈持続するであろう仮想通貨人気

「ビットコイン」に代表される「ブロックチェーン」ブームはまだまだ続きそうである。科学の粋を集めて出現した新しい技術が、確実に世の中を一変させると、メディアが人々を煽っている。

人々の関心の高まりとともに、仮想通貨への投機熱も過熱気味になっている。ジェット・コースターのように激しい価格の乱高下を繰り返す「ビットコイン」が人々の口の端にのぼっている。そのブームに乗って、他の「デジタル通貨」も「アルト（またはオルト）コイン」（別のコインという意味）と呼ばれて、次々と登場している。

しかし、このブームは一種の「ユーフォリア」（Euphoria=多幸感）である。ユーフォリアという言葉には、「このまま、ことが進めば、必ずバブルに向かうので、気をつけよう」という意味の警句が込められている。過去、幾度も見られたユーフォリアが、いま頂点に達している。

仮想通貨を生み出した発想とか数学的処理の歴史的価値は、否定されてはならない。しかし、新しい技術を開発した人たちの善意や夢を、思わぬ方向で壊す恐ろしさを現実社会はつねに隠し持っている。世紀の大発明であるデジタル通貨やブロックチェーンが、経済一辺倒のいまの社会に埋め込まれてしまえば、現在でさえ人々の間に横たわっている「大きすぎる資産格差」がさらに拡大してしまうであろう。

多くの解説書が触れているように、ビットコインの最大の功績は、ブロックチェーン（分散型台帳）技術の発明にある。

取引記録が書き込まれた「台帳」（ブロック）を、ある時点で記録し、取引参加者がその正当性を確認する。さらに新たな取引がつけ加わった時点で、新台帳が作られる。それを確認する作業が延々と続けられて、過去の台帳が次々と鎖（チェーン）のようにつなぎ合わされる。

このように、仮想通貨を使った取引に関する「すべての台帳」を、参加者全員が共有するというのが、ブロックチェーンの仕組みである。

現在、もっとも一般的な取引は、銀行を中心点に置いたものである。銀行の持つ信用を最大の保証として、金銭や小切手、約束手形などが交換されている。取引を記録する「台帳」は、中心点である銀行のみが管理する。その意味において、現行の取引は、「中央集権型台帳」と名づけられる。

この型の取引と異なり、ブロックチェーンは、銀行を中心点に置かない。お互いに名前も顔も知らない人たちがネット上で取引する。取引時間は非常に短く、取引コストも従来方式の一〇分の一以下である。

ブロックチェーンが優れているのは、このような技術を利用可能なものにしたことである。

銀行を中心点に置かないブロックチェーンと、その産物である仮想通貨（デジタル通貨）は、市中銀行の総本山である中央銀行にとって、自らに対立する存在のはずである。ところが、中央銀行で仮想通貨発行の研究が進められているという。中心点の排除を基本的技術とする「分散型台帳」を「中央集権型台帳」に統合していこうとする願望が中央銀行に芽生えているらしい。[1]それもかなり大きな望みを持って。その願いは、トラブルの絶えない仮想通貨を排除したいとか、仮想通貨を使った不正な送金を阻止したい等々の次元のものではなさそうである。

「中央銀行デジタル通貨」発行の狙いは次の二点にあるものと思われる。

一つは、「マイナンバー制度」の導入に見られるように、通貨当局が、市民のすべての動向をより綿密に把握しておきたいこと。

二つ目は、景気刺激策として即効性があるはずの（と中央銀行で信じられている）通貨増発が限界点にきている現状を、中央銀行の責任において、打破したいことである。

しかし、現在の銀行券を維持したままで、中央銀行がデジタル通貨を発行すれば、必ず失敗する。中央銀行の当座勘定に預けられている市中銀行の預金に、マイナス金利を課せば（中央銀行が預金に利子を払うのではなく、逆に利子を取り立てる、つまり課金する）、銀行も市民も、日銀券などの現金に逃避し、取引が現金決済のみになってしまいかねないからである。それを防ぐには、従来の中央銀行券（日銀券）を廃止し、デジタル通貨のみ発行する、というシステムにしてしまえばよい。マイナス金利下では、現金という待避手段を失った銀行や市民は、デジタル通貨を手許に止め置くのではなく、なるべく早く使ってしまおうとするであろう。こうして、通貨が滞留することなく市中に循環する。それが購買力を増やす。その結果、物価は上昇し、生産活動も活発になる。そうした貨幣数量説的立場を、中央銀行デジタル通貨発行論者はとっている。

日本だけでなく、世界には、マイナス金利の効用を強く主張する論者は結構多い[2]。景気が停滞しているのは、企業や消費者が、通貨を使わない（手放さない）からであるという認識がそこにはある。彼らが共通して持つのは、企業、銀行、個人が、通貨を使ってくれさえすれば、商品が買われ、消費の好循環が起こり、景気が上向く、といった思考回路である。

この考え方は、論理の矢印の方向を反対に理解してしまっている。景気が悪いのは、市場に流通する通貨量が少ないからである。通貨を増大させると同時に、金利をできるだけ引き下げて、通貨を保有する意欲を企業や個人から失わせ、彼らをして通貨を手放させせば、流通する通貨量が増加し、それが財の購入に向かうので、景気は回復するはずだ、とマイナス金利論者たちは考えている。

しかし、正しい矢印の方向はその反対である。通貨が流通しないから景気が悪いのではない。景気が悪いから通貨が流通しないのである。景気が悪いときに、しゃにむに通貨を増発しても、通貨は、企業や個人の懐に滞留するだけで、生産的投資に向かわない。将来が不安だから、企業も個人も通貨を手放さない。通貨は保蔵されたままで、生産や商業活動の領域に入らない。

通貨は、他の財とはまったく異なる性質を持っている。減価速度が遅いというのがそれである。通貨も、他の財と同じく減価する。しかし、減価してもその速度は他の財（とくに消費財）に較べて著しく低い。

現在の一万円は、一〇年後でも一万円として通用する。しかし、現在保有している財を保有し続けておれば、一〇年後には半分以下の価値しかなくなっているであろう。財の減価率は通貨に較べてはるかに高いのである。

貨幣（通貨）は、実体ではなく、人々が等しく受け渡しする観念の産物（ギリシア語でいうノミスマ＝合意の産物）である。(3) 銀行券は単なる紙切れにすぎないが、額面（名目価値）で通用する。そういうものであると人々に合意されたからこそ、通貨は成立している。観念の産物だからこそ、通貨は減価しない。

通貨は、「リキディティ」（liquidity）と呼ばれている。「リキディティ」は「水」であり「流動性」である。つまり、通貨は土地、家屋、自動車、等々あらゆるものに姿を変えることができる。あらゆる財の形に自らを合わせるという意味において、通貨は「水」である。通貨は、どこにでも持って行ける。その意味において「流動性」である。

自分の住んでいる地域で大地震が起こったとき、人は、家財道具を持って逃げようとするが、その中でも最重要のものは通貨である。通貨だけが、どの地の逃亡先でも受け取ってもらえるし、必需品を買うこともできる。利子とはそうした大事なものを他人に貸すという行為の報酬である。

◈通貨増発が有効になる前提

将来への強い不安から、企業も個人も通貨を手放さない。その結果、景気はますます落ち込んでしまう。このような事態から抜け出すために、公共事業を起こすというのが、戦後にとられていたケインズ政策であった。「有効需要創出政策」と呼ばれている政策がそれである。政府が赤字財政を厭わずに公共事業を行う。必要な資金は、中央銀行などの通貨当局による積極的な通貨増発によって賄われる。

民間が通貨を手放さないなら、政府が通貨を増発して公共事業を営めば、「有効需要」が生み出され、景気が上向きになる。景気が良くなって、将来の不安がなくなれば、民間投資と消費が増え、景気の好循環がもたらされる。そうした思考方法がケインズ政策であった。

しかし、ケインズ政策が有効であるためには、重要な条件が必要であった。増発した通貨が、海外に大量に流出しないという前提、つまり、閉鎖的な経済社会というのがその前提になる。ケインズ政策は、企業のグローバル化がそれほど進んでいないという環境の存在を必須の条件としていた。

いまは、その前提がない。グローバル経済が一般化して、閉鎖的な社会に舞い戻ることができない状況に、現在社会はなっている。

「異次元の金融緩和」という目を引くキャッチフレーズで、市中の国債を日銀が大量に買い入れ、それと引き替えに大量の通貨を、国債を売った組織に渡したとしても、大量に作り出された通貨には、生産に結びつく良好な行き先がない。現状では、新規に増発された通貨は、海外に流出するか、企業の内部留保に繰り込まれてしまうしかない。企業や個人に持たれている、行き場のない通貨は、銀行に預金として積み上げられる。しかし、それを預かった銀行も、投資先がないために、日銀の当座勘定に預けるだけになってしまう。

日銀にある当座勘定に預ける銀行に日銀が利子を払うのではなく、逆にその銀行から利子をとるという短期の「マイナス金利」を設定したのも、増発した通貨を滞留させずに、「貸出先を探せ」と銀行に対して強制するためであった。

当座預金勘定に限定された短期のものではなく、長期のものについて言えば、マイナス金利は、国債の日銀買い入れによって作り出される。

ここで、国債の「日銀引き受け」と「日銀買い入れ」との違いに触れておこう。日銀による国債引き受けは、「財政法第五条」によって、「原則」として禁止されている。原則という語に括弧をつけたのは、そこに抜け穴らしき臭いが漂うからである。

「財政法第五条」の文言は以下の通り。

すべて、公債の発行については、日本銀行にこれを引き受けさせ、又、借入金の借入については、日本銀行からこれを借り入れてはならない。但し、特別の事由がある場合において、国会の議決を経た金額の範囲内では、この限りでない（財政法第五条）。

日銀が国債を引き受けるということは、政府に資金を供与することである。そのような事態が続くと、政府の財政節度が失われ、財政赤字の政府をしてさらに国債を発行させ、それを引き受けた日銀によって生み出された資金がそのまま政府に流れるという形で、悪性のインフレーションが発生してしまう。日銀は新規に発行された国債の「引き受け」をしないというのが、「国債の市中消化の原則」と呼ばれているものである。長い歴史の経験から得られたものがこの原則である。

しかし、日銀が絶対に国債を引き受けないかと言われれば、第五条の「但し」書きが抜け穴のような役割を果たす。日銀の広報では次のような説明がなされている。

日本銀行では、金融調節の結果として保有している国債のうち、償還期限が到来したものについては、財政法第五条ただし書きの規定に基づいて、国会の議決を経た金額の範囲内に限って、国による借換えに応じています。こうした国による借換えのための国債の引受けは、予め年度ごとに政策委員会[4]の決定を経て行っています（日銀「日本銀行が国債の引受けを行わないのはなぜですか？」[5]）。

敗戦直後の日本の物価は、敗戦国の通例として狂乱的な高騰を示していた。戦時中に乱発された「戦時国債」の処理や復興基金の調達のために、政府が日銀に大量の新規国債を引き受けさせ、日銀から莫大な資金供給を受けていたことが、ハイパーインフレの原因であった。日銀による前記の説明通りである。

しかし、財政法第五条の「特別の事由がある場合、云々」の但し書きは、現在の「異次元の金融緩和」の出口が日程にのぼったときには、国債の償還をしないという選択に絶好の口実を与えかねないものである。事実、政権をとる前の安倍晋三・自民党総裁は、「日銀の国債引き受け」に言及した[6]。

この発言は、「日銀引き受け」の可能性がゼロでないことを予感させるものであった。

この点については後述することにして、次に日銀による「国債買い入れ」に話を移そう。

第二次安倍政権が機能し出した二〇一三年一月時点では、日本国債の九割は市中銀行や生命保険会社などの金融機関に保有されていた。しかし、二〇一七年六月時点になると金融機関の保有比率は四〇％を割った。逆に日銀保有比率が高くなり、二〇一八年以降、五〇％を超えるのは必定である[7]。

2 マイナス金利政策の評価

◈国債の日銀買い入れ

日銀は、二〇一三年四月から「量的・質的金融緩和政策」（ＱＱＥ）を導入した。「量的緩和」とは、市中に出回る資金量を増やすという、それまでにもとられていた手法である。これに「質的緩和」が加わる。償還期間の長い金融資産やリスク資産の買い入れを積極的に行うという緩和が質的にこれまでと異なるという意味である。

このときに構想されたＱＱＥの主要な中身を以下に列挙する。

量的緩和では、日銀が供給するマネタリーベースを年間六〇〜七〇兆円増やし、二〇一四年と一五年の二年間でそれまでの一三八兆円から二七〇兆円に倍増させる。また質的緩和では、四〇年債を含むすべての長期国債の買い入れ条件を、償還までの期間（平均残存期間）をそれまでの三年弱から七年程度まで延長するとともに、「上場投資信託」（Exchange Traded Funds＝ＥＴＦ）を年間一兆円規模で新規に購入することにした。さらに、日銀の長期国債保有残高を銀行券発行残高以下に制限するという「銀行券ルール」についても、一時的に停止し、無制限に買い入れることにした。国債の買い入れとは通貨増発のことである。まさに「異次元」の通貨増発（金融緩和）の開始であった。

二〇一四年一〇月には、目標の物価上昇率二％の達成が難しいとの理由で、さらに通貨増発規模を拡大した（追加緩和）。マネタリーベースの増加量を、さらに八〇兆円に増やし、長期国債の買い入れ量も年五〇兆円から年八〇兆円に引き上げ、国債の平均残存期間も、七年程度から一〇年程度まで延ばし、ETFの購入額も年三兆円に激増させた[8]。

二〇一三年四月から開始された第一次QQEからほぼ三年半経過した二〇一六年末、国債買い入れを梃子とするマネタリーベースは、QQE開始直後の一四〇兆円弱から四〇〇兆円となった[9]。異様とも言える通貨の膨張ぶりであった。それでも、二％の物価上昇目標は達成できなかった。

資金量に重点を置いた金融政策は、限界にきているので、ただちに止めるべきだとの世論も強くなっていた。日銀が国債の最大保有者となってしまっており、このまま国債買い入れによる資金量増加の継続などはできないのではないか、との批判も出るようになっていた。

事実、日銀の国債保有比率は、二〇一六年九月末時点で三七％と、二位の保険・年金基金の二五％、三位の預金取扱金融機関の二二％を大きく凌ぐ高いものになってしまっていた[10]。

こうした世論に応じるべく、日銀は、二〇一六年九月に、「イールドカーブ・コントロール[11]」（Yield Curb Control＝YCC）を導入した。資金量増大を目標とするのではなく、金利コントロールを主たる政策にする、という宣言を出したのである。しかし、これは単に言葉の言い換えにすぎなかった。一〇年国債の利回りをゼロ前後にするという目標を設定したものの、実施されたのは、それまでのような国債の大量買い入れによる資金散布でしかなかった。結果的に長期金利がゼロ前後になっただけのことである。

長期国債の利回りをゼロにするためには、二〇一六年度時点で一二〇兆円の通貨増発が必要であった。新規発行国債の買い入れ予定額三七兆円、長期金利をゼロ前後に保つ手段として、金融機関からの長期国債買い入れ分八三兆円がその内訳であった[12]。

ここには、三つの落とし穴があった。

一つは、新規発行の国債を三七兆円も買い入れするという計画の恐ろしさである。新規発行の国債を市中銀行が財務省から買い入れするや否や、日銀がそっくりそのままその新規国債を市中銀行から購入するという計画は、禁止されている「日銀引き受け」そのものではないのか？　日銀から資金が直接に政府に渡らないだけで、同額を市中銀行に資金供与することに変わりはない。市中銀行は、すぐさま日銀が買い上げてくれることが保障されているので、いくらでも新規に発行された国債を買う。政府は、新規国債を発行すれば、歯止めなく財政赤字を埋めることができるのである。なんのための財政法第五条なのか？

二つは、日銀は額面を超える価格で長期国債を買っているということの恐ろしさである。日銀の当座勘定に預けられた市中銀行の預金に対して、利子を払うのではなく、税のようなものを課金すれば、その預金は短期のマイナス金利になる。

しかし、長期金利もマイナスにするには、預金に課税すればよいというものではない。日銀が市中銀行から長期国債を額面よりも高い価格で買い取ることによって、長期国債の利回りをマイナスにするしかないのである。

例えば、一〇年物利付国債の額面価値を一〇〇万円、「利率」（クーポン）を年間〇・一％であったとしよう。満期の一〇年までこの国債を保有しておれば、満期時には額面（一〇〇万円）＋一〇年間のクーポン（一万円）の計一〇一万円を保有者は入手できる。この種の国債を日銀が銀行から一〇一万円で買い続ければ、すぐさま市中に流通している同種の国債価格も一〇一万円になる。この国債を一〇一万円で市場から買った人は、一〇年後には額面一〇〇万円とクーポン総額一万円を得ることができるが、実際には一〇一万円をすでに支払っているので、実質的な利子（「利回り」という）はゼロとなる。

ここが重要なポイントである。長期国債の買い入れによって長期利子率をゼロ、あるいはマイナスにするためには、日銀は長期国債を額面以上の価格で購入しなければならないのである。日銀の買い入れによって、市中の国債も額面よりも高い価格で流通している。しかし、日銀が満期まで保有している国債は、日銀の買い入れ価格よりも低い額面の償還金しか受け取られない。長期的には、日銀は償還差損を覚悟しなければならない。額面と買い入れ額の差額は「要償却額」として確実に日銀の損失になるのである。

三つは、買い入れたい長期国債が市中銀行から払底してしまうことである。長期金利のマイナス幅を維持するにせよ、拡大するにせよ、そのために日銀は、市中銀行から長期国債を買い続けなければならない。この状態が続くかぎり、市中銀行の手持ち国債はゼロになってしまう。そうさせないためには、政府が新規国債を発行し続け、市中銀行がそれを購入し続けなければならない。しかし、そのようなことは、政府財政の健全化という建て前上、できることではない。つまり、現行の長期のマイナス金利を長期間にわたって維持することは不可能であると断定せざるをえない。

以上、三つの落とし穴に日銀が落ちることは必至である。

事態は、落とし穴どころではない、もっと深刻なものである。日銀は、二〇一七年六月二日、保有する資産が同年五月末時点で初めて五〇〇兆円の大台を突破したことを発表した。その規模は、対ＧＤＰ比で九三％まで膨らみ、同じ中央銀行の米ＦＲＢ（Federal Reserve Board= 連邦準備制度理事会）の二三％、ＥＣ

B（European Central Bank= 欧州中央銀行）の三八％と比べても突出していた。日銀資産の八五％（四二七兆円強）が買い入れた国債である。(13)

この「異次元の」世界が中長期的に維持されるには、奇跡を待つしかない。

◈日銀乗換

日銀が保有している大量の長期国債が満期を迎えても、財務省は償還金を日銀に支払うことは、「異次元の金融緩和」の恩恵を政府が受けているかぎり、まず考えられない。飽くなき資金供給を市中に対して行わなければならない経済政策を維持するためには、通貨減少につながる施策を実施するわけにはいかない。日銀もまた満期がきた国債の償還を政府に求めにくい。

ここで、「日銀乗換《にちぎんのりかえ》」という奥の手が登場してくる可能性が出てくる。

「日銀乗換」とは、日銀の保有する国債が償還期限を迎えても、日銀が現金での償還請求を政府に対して行わずに、国の発行する新たな国債に乗り換えることである。すでに、財政法第五条で見たように、日銀が国債を引き受けることは財政法により禁止されているが、但し書きに「特別の事由がある場合において、国会の議決を経た金額の範囲内では、この限りでない」との文言が書かれている。「日銀乗換」は、この「特別の事由」を適用したものである。「日銀乗換」の対象になる国債は一年物の割引短期国債であり、一年後には現金で償還されるというのが原則になっている。(14)

しかし、この乗換は国会の承認を必要とするという制約があるが、与党の数が野党を圧倒的に上回り、政府と日銀とが密着しているという近年の政治状況があるかぎり、乗換は幾度も繰り返されるであろう。

とは言え、いずれ日銀は、「出口」戦略をとらねばならない時期に直面する。そうなれば、必ず通貨回収、金利上昇、国債の大量償還、「異次元の金融緩和」で異常に膨らんだ通貨が引き起こすであろうハイパーインフレの恐怖、等々に日銀は苦しめられることになるだろう。

「デフレ脱却後のことも考えれば、これまでの日本国債の返済負担から逃れられないことを肝に銘じなければならない。だからこそ、日本国債の残高の増加は抑えなければならないのである」との土居丈朗の二〇一五年段階での言は、現在ではますます現実味を持つようになった。(15)

3　流動性の罠

◈FRBのQE

二〇〇八年後半の世界的な金融恐慌の直撃を受けて、世界中の金融機関が破綻の淵に立っていた。同年末から各国の政策金利は数%台から急速に一%を切るようになった。低い金利の公的資金を、傷ついた金融機関に貸し付けて、取り付け騒ぎを沈静化させることが、世界の中央銀行の大目標であった。とにかく金融機関を救済することが先決であった。

金融恐慌が発生する前は、バブルを抑制するために、高金利が金融市場を支配していた。しかし、金融機関の倒産という深刻な事態になると、超金融緩和の政策が世界的に採用された。このような危機的状況下では、史上最低とでも言える低金利の通貨増発を超法規的に集中して行わなければならなかった。言うまでもないことだが、金融危機時の通貨増発は、けっして景気刺激のためではなかった。ただ、金融機関を救済するためのカンフルとしての金融の超緩和しか通貨当局の脳裏にはなかった。これが、「量的金融緩和政策」（QE）と言われるものであった。

米国のFRBは、二〇〇八年一一月、「非伝統的金融政策」（Non-Traditional Monetary Policies）の第一弾（後にQE1と呼ばれたもの）が行われた。それは、金融危機の原因であったサブプライムローンの処理として、MBS（Mortgage-Backed Securities＝不動産担保証券）を一・二五兆ドル、米国債を三〇〇〇億ドル購入するなど、一年半の間に計一・七兆ドルもの債権を購入するものであった。[16]

第二弾のQE2は、二〇一〇年一一月から二〇一一年六月までの八か月間にわたって、一か月当たり約七五〇億ドルのペースで計六〇〇〇億ドル分の米国債の追加購入が行われた。QE1とQE2の三年間で、FRBのバランスシートは三・二倍に膨らんだ。[17]

第三弾のQE3は、雇用を刺激して景気を回復させるため、二〇一二年九月に導入された。MBSを月額四〇〇億ドル購入し、二〇一二年末までは、「オペレーション・ツイスト」（Operation Twist）を並行して行った。

この時点での米国の「オペレーション・ツイスト」は、FRBが長期国債の買い入れによって、その価格を吊り上げ、長期金利を低下させて、投資需要を増やす。他方で、短期国債を市中に売却して、価格を低下させ、短期金利を上昇させることによって、通貨供給量を統制するという手法である。短期金利を上げることによって、ドルの海外流出を抑えることができるという狙いがここにはあった。「オペレーション・ツイスト」では、月額四五〇億ドルが投じられた。[18]

ＦＲＢを構成する「連邦準備銀行」（Federal Reserve Bank, 一二行ある）には、「フェデラル・ファンド」（Federal Fund= ＦＦ）という市中銀行に預託を強制した準備金がある。普通「ＦＦ金利」と呼ばれているものは、この準備金の利子ではない。この準備金には利子はつかない。各市中銀行がフェデラル・ファンドの預託金額を維持するために、市中から資金を調達するときの短期金融市場の金利が「ＦＦ金利」である。

市中銀行は、連邦準備銀行に預ける準備金の金額の維持が義務づけられている。準備金の額が不足すれば、市中銀行は、他の市中銀行から利子を払って借りなければならない。逆に、資金に余裕のある場合には、それを他の市中銀行に貸して利子を得ようとする。市中銀行間のそうした短期資金のやりとりの場である短期金融市場の実勢金利がＦＦ金利と呼ばれるものである。連邦準備銀行は、公開市場操作によって、ＦＦ金利をＦＲＢが決定した政策金利に誘導する。

二〇〇八年の金融恐慌前までのＦＦ金利の変動幅は大きかった。

一九九〇年七月頃のＦＦ金利は八％台だったが、一九九二年九月になると三％台に下落し、一九九五年二月には一転して六％台まで上昇した。

サブプライム住宅ローン危機が生じた二〇〇七年には四％台。以降、ＦＦ金利は〇％台に向かって下がっていった。二〇〇八年一月に三％台、同年二月に二％台、一〇月になると一％台、そして、一二月に史上初の〇％台に突入したのである。[19]

ＱＥ３は、二〇一二年九月から二〇一四年一〇月まで継続した。この間、合計一兆六六〇〇億ドルもの国債とＭＢＳを買い入れたことになり、二〇一四年一〇月時点のＦＲＢの総資産は四兆五二〇〇億ドルにまで膨らんだ。

この段階で、FRBは本格的なQEを中止することになった。しかし、史上最高額の債務をFRBが抱えてしまったことの恐怖は巨大なものである。

その負債はGDPの二〇%を超えた[20]。

溢れるほど増えた資金の貸出先を求めて、先進諸国の巨大銀行は新興国に向けて膨大な資金を流し込んだ。BIS(Bank for International Settlements＝国際決済銀行)によれば、新興二〇か国・地域の企業の債務総額は、二〇〇八年末の九兆ドルから二〇一六年三月末には二五兆ドルと三倍近い額にまで膨れ上がってしまった。この間、これら地域のGDPは一・五倍しか増加していないのである[21]。

新興国二〇か国・地域の企業の債務総額二五兆ドルの額は先進諸国の企業の債務総額三五兆ドル前後と比べていかに突出したものであるかが分かるだろう。しかも、この膨大な額のほとんどは先進国からの短期的利益を狙った投資ファンドである。膨大な額が瞬時に先進諸国に引き揚げられて、新興国の企業の連鎖倒産を引き起こし、それが最終的に先進国企業の倒産につながる可能性が大きいことは、一九九七年に生じたアジア通貨危機が示している[22]。

いま、世界は「流動性の罠」(Liquidity Trap)に陥っている。景気が停滞しているときに、生産的投資を増やすべく、通貨当局が利子率を下げるというのが、金融緩和政策の建て前である。しかし、金利低下が一定水準を下回り、しかもそういう状態が急激に到来したとき、通貨需要が無限大に大きくなるという局面が生み出されることが往々にしてある。ただし、爆発的に増える通貨需要は、生産的に投資するためではなく、投機的利益を得るために作り出されたものである。金利がゼロになってしまえば、通貨を持つことにコストがゼロになるように、増発された通貨がそのまま投機に使われるだけになってしまう。これこそ、まさに「流動性の罠」なのである。

◈欧州のマイナス金利

ＦＲＢがＱＥ政策を休止すると宣言した二〇一四年から、ユーロ圏の中央銀行であるＥＣＢが、金融の超緩和を開始した。この金融緩和は、「非標準的金融緩和」（Non-Standard Monetary Policy＝ＮＭＰ）と呼ばれた。[23] ユーロ圏に属していないスイス、デンマーク、スウェーデンの中央銀行もこれに従った。従来の金利を維持すれば自国の為替高になり、金融だけでなく生産そのものにも打撃を被る恐れがあったからである。金融機関救済のための低金利政策が為替安競争の様相も呈することになった。[24]

すでに、二〇一二年七月、デンマーク中央銀行が一時的にマイナス金利を導入した。しかし、これは、ＮＭＰと言えるものではなく、急激なデンマーク・クローネ高を緊急に阻止したかったからにすぎない。現在でもそうだが、ユーロ圏の様々の軋みがユーロ安を引き起こすと、ユーロの保有者は、すぐにユーロ圏ではない北欧諸国の通貨を「安全通貨」として購入するという傾向がある。[25]

ＥＣＢは、それまでの危機に陥っていた域内金融機関を救済するための公的資金の投入政策を止め、二〇一四年六月に、今度は経済の長期的なデフレ現象に対処する方向に政策転換した。それまでの「金融緩和」（Monetary Easing）から「信用緩和」（Credit Easing）に転換したのである。[26]

信用緩和とは、社債や証券化された商品などのリスクのある資産を中央銀行が民間から買い入れたり、直接融資することで、金利を急速に低下させ、民間の資産価格の上昇を促す金融政策のことである。信用緩和という表現は、ＦＲＢのベンジャミン・バーナンキ（Benjamin Bernanke, 1953–）議長の命名による。これは、それまで一般的にとられていた量的金融緩和（Quantitative Easing= ＱＥ）と区別するための造語である。

ＦＲＢのＱＥ政策を説明した前記の項でも触れたが、ＱＥとは、金融恐慌で瀕死の状態にあった市中銀行を中央銀行が救うべく、銀行のバランスシート改善に資する方策のことである。ほとんどリスクのない短期国債などを公開市場操作によって中央銀行が購入し、その操作によって増発された通貨を市中銀行に渡し、そのうえで、市中銀行に対して、中央銀行の当座預金に預けることを中央銀行が市中銀行に要請したものである。ただし、ＥＣＢはＱＥという用語を使いたがらない。「資産買い取り計画」（Asset Purchase Programme= ＡＰＰ）との表現を用いている。[27]

安全な資産である短期国債の買い取り計画ではなく、比較的リスクの高い資産をＥＣＢが買い取る計画が信用緩和と表現される。そうした資産の買い取りは、中央銀行のバランスシート上で資産項目に計上される。中央銀行がリスク資産を買い取ることによって、リスク資産の市場を下支えすることになる。それは、この段階では、あくまでも金融恐慌で傷ついた銀行が抱え込んでしまった不良債権価格の暴落を防ぐ目的を持つものであった。

そして、局面は次に移った。金融恐慌で受けた市中銀行の傷はほぼ治った。しかし、恐慌時の倒産の恐怖心の去らない市中銀行は、まだ融資に怯えていた。この怯えをとってやり、投資を増やさせる変更にＥＣＢは方針転換せざるをえなかった。

そこで、ＥＣＢが着手したのが、「預金ファシリティ金利」（Deposit Facility Interest Rate）にマイナスをつけることであった。

預金ファシリティ金利とは、ユーロ圏で使われている用語である。ユーロ圏の市中銀行は、一時的に過剰となった資金をECBに預ける(預けさせられる)。この中央銀行預け金には通常、プラスの金利がつく(日本では付利と呼ばれている)。この金利が、市中銀行の貸出金利の下限となる。預金ファシリティ金利をECBが引き下げれば、市中銀行の余剰資金はECBに預けられるのではなく、市場の運用に回されることになる。その結果、市中銀行による貸出金利は低下する。

ECBは二〇一四年六月にマイナス〇・三%の金利を域内銀行に課した。ただし、この課金は、法定準備額を超えた資金に対してなされたものである。法定準備については、従来のプラスの金利を認めた。ユーロ地域ではないスイスも同年一二月、スウェーデンは二〇一五年二月にマイナス金利を導入した。これは、ユーロ圏と違って、自国通貨高を阻止したいからである。

ECBの政策の重要な一角を占めているのがTLTRO(Targeted Longer-Term Refinancing Operations＝条件つき長期資金供給オペ、テルトロと日本では発音されている)である。信用緩和の一環として二〇一四年六月から実施され、二〇一六年三月まで継続された。

TLTROには、先行政策があった。先頭のT(Targeted)をとったLTROがそれである。「条件つき」ではない「長期資金供給オペ」である。二〇一一年、ギリシアをはじめとしたユーロ圏の南欧諸国の債務危機を救済すべく、債権の流動性を高めるために採用された政策であった(ユーロ安の影響を逃れるためにデンマークが一時的にとったマイナス金利政策は翌年である)。それまでは、ECBはユーロ圏内の市中銀行に一年程度の短期資金の供給を行っていた。債務危機を救済するために、一年ではなく三年程度の長期資金を提供するようになったのは、二〇一一年からであった。

債務危機を乗り切る緊急政策であったので、資金供給は無制限に近かった。貸付条件も緩やかなものであった。TのないLTROは二〇一一年一二月に四八九一億ユーロ（当時のレートで約六八兆円）、二〇一二年二月には五二九五億ユーロ（約七三・六兆円）という巨額の融資が実行された。[28]

債務危機の緊急事態は、ギリシアを除いて、ひとまず終息した。FRBがQEの終了を宣言したことの影響もあったのだろうが、二〇一四年、ユーロ圏も日本なみにデフレ阻止政策に力点を移すことになった。LTROは先頭にTをつけたTLTROという「条件付き」のものに編成替えされた。

条件はつけられたが、TLTROは、政策金利に〇・一％上乗せしただけの低金利で最長四年の長期資金を融資するもので、第一段階は、二〇一四年九月、一二月の二回で約八二六億ユーロ（約一一・五兆円）、第二段階は、二〇一五年三月から二〇一六年六月までの四半期ごとに実施され、計約四〇〇〇億ユーロ（約五五・六兆円）であった。この第二段階では当初は金利ゼロでの貸出だが、実体経済への融資で一定の条件を満たせば、融資額の最大〇・四％がECBから銀行に支払われるという「マイナス金利」的な措置がとられるという優遇ぶりであった。さらに、二〇一六年六月、九月、一二月、二〇一七年三月の四回にわたって実施された第三段階では計約二三〇〇億ユーロ（約二六・四兆円）の実行額であった。[29]

ECBは、二〇一八年一月以降、「資産買い取り計画」（APP）による月間購入額を半減させると、二〇一七年一〇月の政策理事会で決めた（月間六〇〇億ユーロから三〇〇億ユーロに）。これは、金融緩和の「出口」戦略をECBが模索し始めた兆候であるのか否かは、現時点では分からない。たとえ、APPが終了しても、ECBは「必要なら」市中銀行への再投資をする（投資残高は保つ）と明言しているからである。

　ＥＣＢのマイナス金利は〇・四％と先進国中最大である。しかも、上で見たように、ＴＬＴＲＯはマイナス金利付き資金供給を続けてきた。こうした点を考えると、ＥＣＢは出口戦略を模索するどころか、貸出実績を基準とした資金供給体制を整備して行くものと思われる。

　ユーロ圏には、周知のように、通貨発行規律を厳しく求める「ブンデスバンク」（独連邦銀行）と南欧の金融の超緩和の継続を求める対立がある。しかし、右翼的なポピュリスト勢力が急速に増殖している政治情勢を踏まえれば、マイナス金利の実施方法を手直ししつつ、ＥＣＢによる市中銀行への資金供与は継続されるだろう。

　以上、日米欧が二〇一三年以降、程度の差はあるが、同時に採用してきた「異次元の金融緩和」状況を見てきた。過剰という言葉でさえ控えめな表現に見えるほど、通貨は、歴史的にも例を見ない天文学的な数値で、発行し続けられている。少なくとも世界の指導者たちは、通貨収縮という用語をタブー視している。そのくせ、現在の通貨爆発の結末に怯えきり、誰もその恐れを口にしない。パニックが、現在の体制を破戒してしまうであろうことを、予感しているからである。

　ＦＲＢやＥＣＢなどの世界の通貨当局によって、「金融安定理事会」（Financial Stability Board＝ＦＳＢ）という組織が、二〇〇九年にジュネーブで組織された。事務局はＢＩＳ（Bank for International Settlements＝国際決済銀行）に置かれている。文字通り、国際金融の安定化を図る専門家会議である。

　このＦＳＢが、ＡＩ導入による金融機関の省力化の規模を予測し、ロボット化のメリットを踏まえたうえで、気になる警告を発した。ＡＩへの過度の依存が、「金融ショックを増幅する」可能性が高い。ＡＩ

への依存が、将来に危機を深刻化させる恐れがあるとのレポートを発表したのである。[30]
通貨の歴史上異例の爆発は必ず国際的な対策を必要とするが、通貨当局が一斉に同じ方向の判断をしてしまえば、金融恐慌の破壊度は、それこそ史上空前の大きさになるだろう。フィンテック論がかまびすしい現在、ＦＳＢの警告は、一笑に付されるべきものではない。

第4章 新しい型のIT寡占と情報解析戦略

1 目白押しの新技術

◈フィンテックを支える多様な技術

「金融」（Finance）とIT「技術」（Technology）との融合が「フィンテック」（FinTech）であると簡単に言われている。しかし、フィンテックを単一に定義づけることは難しい。フィンテックとされる技術は、非常に多様で、大きな広がりを見せているものだからである。桜に例をとると、長い間、国民的人気の面で頂点にあった「ソメイヨシノ」も、寿命が近いとされ、近々、新品種の若々しい「ジンダイヨシノ」と交代せざるをえなくなるだろう、との観測がしきりに出されている。「ソメイヨシノ」が従来の金融組織であり、「ジンダイヨシノ」がフィンテックであるというふうになぞらえることも可能である。フィンテック到来待望論はそういう立場をとっているのであろう。しかし、これは正しくない。

フィンテックを金融の個別的な種別として理解することには無理がある。フィンテックとは新品種ではなく、新しい「生態系」として理解されなければならない。幸い、経済社会の分野では、生態系に匹敵する「エコシステム」（ecosystem）という用語がある。「エコシステム」とは、一つの企業の構造ではなく、経済社会全体がどのような構造になっているのかを表す言葉である。[1]

近年、と言ってもほんのこの数年のことであるが、フィンテックを推進する、いろいろな技術が一斉に芽を吹き出した。(a)「P2P」（peer-to-peer, ピア・トゥ・ピア）、(b)「プラットフォーム」（platform）、(c)「ブロックチェーン」（block-chain）、(d)「アルゴリズム取引」（Algorism Trading）、(e)「インシュアテック」（InsurTech）、等々、これまで聞いたこともない新語が次々と作られてきた。まさに百花繚乱の状態を呈している。

それぞれの技術は、フィンテックという一語で括られているが、独自の性格を持ち、多様な環境を生んでいる。

このような用語のすべては、周知のものだが、本書の論旨の展開には必要な用語なので、(a)～(e)の各項目について最小限の説明をしておきたい。

(a) P2P　システムの管理者とその監督を受けるユーザーという上下関係でなく、システムに参加するのはすべて対等の人たち（ピア）である。中央に位置する管理者（例えば、中央銀行）からユーザー（銀行）たちが放射線状に配置されるのではなく、複数の端末（コンピュータ）間で通信することを特徴とする通信方式である。

この方式では、端末数が膨大になっても特定端末へのアクセスの集中を避けることができる。特定のサーバに接続するだけでは、サーバがダウンするとすべてのクライアント（ユーザー）の機能が停止してしまう。P2Pであれば、その被害は分散される。さらに、プライバシーについても、P2Pでクライアント同士が直接情報をやりとりするので、サーバを経由する場合よりも、安全である。しかし、クライアントの情報を一元的に管理しようとしたり、認証を必須の要件とする場合には、P2P方式は不向きである。

(b)プラットフォーム コンピュータにおいて、ソフトウェアが動作するための土台（基盤）として機能する部分のことである。通常、ソフトウェアは特定のプラットフォーム向けに開発されているので、そのソフト（アプリ）は、対応するプラットフォームでのみ動作する。

プラットフォームを提供する側は、「プラットフォーマー」（Platformer）と呼ばれる。マイクロソフト（Microsoft）はその先駆けである。その後に急激に通信分野で勢力を伸ばしたのが、GAFA（ガーファ）である。GAFAの後には、「BAT」（バット）と言われる、「百度」（バイドゥ）、「アリババ集団」「騰訊」（テンセント）という、いずれも中国企業が続いている。

(c)ブロックチェーン 内容としては、P2Pと重なる、ビットコインの中核技術（サトシ・ナカモトが開発）を原型とするデータベースである。ブロックと呼ばれる順序づけられた記録（Distributed Ledger＝分散型台帳）を連続させる技術を指す。ひとたび記録されると、ブロック内のデータを過去にさかのぼって変更することはできない。この方式が、近い将来、フィンテックの基本的技術になるだろうと語られることが多い。

しかし、参加者たちは、同一の取引をし、同一の演算を実行するだけで、実際には相互に切り離され、P2Pで想定されているような真の共同作業など行われていないのが実態である。ブロックチェーンには、人々の間の相互支援の態勢を過去よりも希薄にさせる可能性が強い。

(d)アルゴリズム取引　コンピュータを基盤とするシステムが、株式などの売買を、人間の手を通さずに、価格や契約量などの数値を判断して、自動的に行うことをいう。株式を売買する人は、証券会社などが提供する自動システムの中で、好みのものを選ぶ。

しかし、こうした自動取引は、注文の処理速度が目視できないほど迅速となり（〇・〇〇二秒＝二ミリ秒）、取引量も以前よりも大幅に増えたこともあって、株価の乱高下幅を大きくしてしまっている。

ちなみに、「アルゴリズム」というのは、コンピュータで演算を行う際の「計算方法」のことである。九世紀のバグダードで活躍したアル・フワーリズミー（Al-Khwarizmi）という数学者がいた。彼の著書『インド数字を用いた計算法』が一二世紀頃にラテン語に翻訳された。その題名が *Algoritmi de numero Indorum* であった。題名の先頭の単語、「Algoritmi」（アルゴリツミ）がなまって「アルゴリズム」と発音され、これが、現在のコンピュータ用語になったという説が有力である。代数学を「アルジェブラ」（algebra）というのも、彼に由来している。このように、彼はヨーロッパの数学に巨大な影響を与えた。「1、2、3」というアラビア数字をヨーロッパに伝えたのも彼である。

(e)インシュアテック　「保険」（Insurance）と「技術」（Technology）を組み合わせた造語である。これまでになかった保険商品の開発、顧客向けサービスの改善、後方業務の改革などがその内容である。

保険は「大数の法則」という発想を根幹としている。加入者全体の事故（死亡）発生率や保険金支払額から算定された保険料が、加入者から一律に徴収してきた。

しかし、例えば生命保険会社が、個々人の生活習慣を把握し、その分析結果を保険料に反映するようになれば、良くない生活習慣を持つ人の保険料が高額になってしまうことが起こりうる。これまでの保険ビジネスは、病気にかかる可能性の低い加入者と可能性の高い加入者を一括りにすることで、本来なら後者が担うべき負担を前者がカバーすることで成り立っていた。インシュアテックによって、各人ごとに適正な負担をすることになる。確かにそうとも言える。しかし、このことが行きすぎてしまうと、保険会社に集積されているデータによって、高額な保険料を課せられることを告げられた人は、保険に入らなくなるだろう。そういった問題が社会的に広く生じることになる。それでよいのだろうか？

◈フィンテックの破壊力

フィンテックは、既存の金融サービスの構造を速いスピードで変容させている。その変容の凄まじさは、「破壊的」（disrupting）と称されるほどである。その変容のスピードが速いことを危惧する国際決済銀行（Bank for International Settlements＝ＢＩＳ）の中に置かれている「金融安定理事会」（Financial Stability Board＝ＦＳＢ）事務総長のスベイン・アンデレーセン（Svein Andresen）は、一刻も早いフィンテックへの対応策をとることが世界の通貨当局の責務であると、フィンテックに関するシンポジウムの基調演説で述べた。もはや、フィンテックの実体を観察し、研究という段階に留まり続けるのはよくない。いま必要なことは、フィンテックをどのように監督すべきかの一致点を、世界の金融監督当局の間で作り出すことだと、彼は強調した。(2)

アンデレーセンによって、それまでのＦＳＢの報告は、現状認識だけであったとして触れられたのが、Carney［2017］、Andresen［2016］であった。

アンドレーセンは断言した。急激に勢いを伸ばしているフィンテックが成熟してしまう前に、フィンテックを監督する方向性について世界的な合意を得ておく必要があると。そして、いまがそのぎりぎりのタイミングであると。

各国は、金融の暴走を防ぐべくこれまでも協力してきた。そうした過去の経験を、新しく出現したフィンテックの監督に活かさなければならないのは当然である。しかし、従来の金融技術とは違う側面をいくつも持つフィンテックを監督すると一口に言っても、どこから手をつけていけばいいのか。既存の金融システムもそうだったが、フィンテック自体に自動安定化装置が備えられているわけではない。否、フィンテックの方が不安定であると言える。

これまでの金融が不安定だったのは、債権と債務とのミスマッチによることが多かった。債務償還時に、それを可能とさせる債権が決定的に不足することが金融危機を引き起こしていた。

債権・債務のミスマッチを起こす最大の原因は「レバレッジ」である。元手の数倍の投機が可能になるというシステムがそれである。フィンテックの方が、インターネットにおけるプラットフォーマーとの親和性があるので、「クラウド・ファンディング」[3]（crowdfunding）を集めやすい。そのことから、フィンテックの方が、既存の金融機関よりも、レバレッジの比率が高いであろうと思われる。

フィンテックの資金集めは、既存の金融機関以上に、評判に左右される。とくに意思決定に決定的な影響を与えるデータが、家計に関わる部分が大きいほど、資金を集めたい組織は、浮動的な個人の感情に敏感にならざるをえない。つまり、資金を集めやすい組織は、総じて評判がよい。評判の悪い組織には資金は集まらない。

評判のよいフィンテックは、既存の金融機関には破壊的な脅威として映る。資金が、既存の金融機関の手を通さずに、個人から該当の組織に直接に流れるからである。しかし、よい評判を集めることのできない組織は、深刻な資金不足にぶつかり、既存の金融機関よりもはるかに弱いものになる。

ケインズが指摘したように、投資は、これまでも「美人投票」的な心理を反映するものであった。しかし、フィンテックの時代には、その傾向がもっと強くなり、信用構造を脆弱なものにしてしまう可能性が強い。

SNS（ソーシャル・ネットワーキング・サービス）に大きな影響力を持つ「プラットフォーマー」が巨大化してしまった現在、寡占的なプラットフォーマーによるデータ提供の仕方次第で、個人から資金提供を受けたい組織の評判が決定されてしまう。

フィンテックに資金の融通を円滑にする機能があることは否定できない。しかし、それはデータの質に左右される。人々の間の評判は起伏が激しい。その側面を重視すれば、フィンテックが「不良債権」(non-performing loans) を増加させる可能性も無視できないのである。わずかなミスが、悪い評判を拡大させてしまい、大規模な企業倒産に導くことがフィンテックには伏在している。企業倒産だけでなく、「システミック・リスク」[4]が生じてしまう。アンドレーセンは、このことを危惧した。

2　巨大プラットフォーマーへの危惧

◈ソーシャル・メディアに傾斜する人々

「インターネットと米国民に関する調査」を、研究の目標の一つにしている「ピュー・リサーチ・センター」(Pew Research Center) という研究所が米国にある。設立は二〇〇四年で、首都ワシントンに拠点を置いている(5)。

このセンターが、二〇一七年九月八日に、調査結果を公表した。

それによると、米国民の約三分の二が、ニュースの一部(すべてではない)をソーシャル・メディアから得ていた。

ソーシャル・メディアによってニュースを得る年齢層を見ると、五〇歳未満の層では七八%の人がソーシャル・メディアに頼っていた。五〇歳以上では五五%と、若い年齢層より低かった。それでも、二〇一六年の四五%に較べると大きく伸びていた。五〇歳未満については、二〇一六年と同じ数値であった。

非白人全体の七四%が、ソーシャル・メディアからニュースを得ていた。この数値も、二〇一六年の六四%から伸びている。

興味を引くのは、トランプ大統領が多用することから増えた「ツイッター」(Twitter) の利用者である。

ツイッターを利用している人たちの七四％が、ニュースをツイッターから得ていた。この数値も二〇一六年の五九％から大きく上昇した。

ニュースだけでなく、その他の情報を得るために利用されるプラットフォーマーは、フェイスブック、ツイッター、「スナップチャット」（Snapchat）等々であった[6]。

ＳＮＳ全体の媒体としては、フェイスブックが圧倒的なシェアを持っていた。ＳＮＳ利用者の四五％もの人たちがフェイスブックを使っていた。二位はユーチューブ（YouTube）の一八％、三位がツイッターの一一％であった。三つの合計は八四％とまさに寡占状態にあった[7]。

ソーシャル・メディアの世界が、前記のような寡占状態にあり、しかも圧倒的多数の人々が、ニュースを含むあらゆる情報の送受信を、これら一握りの寡占企業に依存しているという状態は、恐ろしいことである。もし、情報が操作されてしまえば、人々の思考方法がこれらのソーシャル・メディアによって支配されてしまいかねないからである。

◈史上類を見ないグーグルとアマゾンの寡占状態

ガーファの中では、グーグルとアマゾンが、過去の歴史には見られなかった新しい種類の寡占状態を作り上げてしまった。

これまでも寡占的巨大企業はあった。しかし、過去の巨大企業は、特定の分野における寡占であった。「エクソン」（Exxon）は石油を、「マクドナルド」（McDonald）はハンバーガー、「ウォルマート」（Walmart）は日用品、とそれぞれ売る財を決めている企業である。それに対して、ＩＴ企業は様々の分野に手を広げている。

アマゾンは世界一の大河を自分の名前にし、「A」から「Z」まで伸びるロゴを持つ。つまり、すべての財を備えるという決意表明をしている。しかも、その矢印は顧客の満足を表す笑顔を表現している。

グーグルの名称も意味深長なものを持っている。その由来は諸説あるが、登記の際に、「グーゴル」（Googol）と書くべきところを、“Google”と書き間違えて、そのまま登記してしまったというのもある。「グーゴル」というのは、一〇の一〇〇乗という巨大数のことである。無数の知識にナンバーをつけて、検索できるソフトを作るというのが、創業者のローレンス・ペイジ（Lawrence Page, 1973–）とセルゲイ・ブリン（Sergey Brin, 1973–）の目標であったと言われているが、現実には、もっと、とてつもなく大きいものになった。自動運転、携帯電話（manufactured phone）、「死」の克服[8]、等々、創業時には公表しなかった広範なプロジェクトに乗り出している。

この点においては、アマゾンも同じである。あらゆる財を揃えるという創業時のスローガンよりも、アマゾンは、はるかに広範な新分野に進出している。アマゾンは、最新映画からドラマ・アニメまで様々な映像コンテンツをパソコンや、スマートフォン、タブレットに配信する「アマゾン・インスタント・ビデオ」サービスの提供、米国の有力な日刊紙『ワシントン・ポスト』の買収、「ドローン」の設計、「クラウド・サービス」[9]（cloud service）の提供、等々にまで業務を拡大し、世界中の小売店を閉鎖に追い込んだだけでなく、既存の情報産業にも破壊的影響を及ぼしている。

現在の巨大寡占ＩＴ企業は、人々を支援するということを目標に掲げている。

彼らは、朝、人々を起こし、日中も人々の側に居て、離れることはない。人々は、知らず知らずのうちに、彼らの機器を手放さなくなるように仕向けられている。室内で、路上で、乗り物の中で、赤ん坊をあやしながら、友人同士の会話中でも、機器に見入っている。「位置情報ゲーム」に見知らぬ人同士がキャラクターを集めるために群がる。[10]

ＩＴ寡占企業は、人々のすべての記憶領域、情報領域の「リポジトリ」（repository）にならんとしている。コンピュータ用語としてのリポジトリとは、「ソフトウェアの機能や仕様を格納しておくコンピュータ・システム内の小さなデータベース」を指す。[11]

ＩＴの寡占的巨大企業は、ユーザーに、深く考えもせずに、情報を得たり、ゲームをする際に、自分たち（プラットフォーマー）に依存する性向を形成しようとしている。この繰り返しの中で、人々の思考様式が一定の方向に定式化させられてしまう。こうした諸点に鋭い警告を発した一人に、フランクリン・フォー（Franklin Foer, 1974–）がいる。[12]

◈ティム・バーナーズ＝リーの警告

ティム・バーナーズ＝リー（Tim Berners=Lee, 1955–）は、「WWW」（World Wide Web＝ウェブ）の開発者として知られた人である。ウェブのアイデアが公にされたのが、一九八九年三月一二日のことであった。その満二〇年に当たる記念すべき二〇一八年三月一二日に、開発者のバーナーズ＝リーが、寡占化している巨大ＩＴ企業を批判する発言をした。

支配的なプラットフォーム企業は、自らを防衛するために、競争相手を阻む壁を作ることができる。挑戦者になりそうなスタートアップを買収して、そこから一級の人材を獲得する。さらに、ユーザーたちのデータを蒐集していて、競争上で優位に立つ。こうした事情によって、次の二〇年間は、技術革新が鈍ってしまうと私は思う……ほんの少数の企業が、思想や意見をコントロールできるということは危険である。そのことは規制されるべきだ……ウェブは武器になりうる。それらは大きすぎて、阻止することができないものになってしまった。[13]

IT分野における顕著な業績を挙げた人の中で、ITの寡占状態を批判したのは、バーナーズ＝リーだけでない。彼よりも前の二〇一七年七月一五日、「テスラ」（Tesla Motors）のCEO、イーロン・マスク（Elon Musk, 1971–）も、「全米知事協会」（National Governors Association）夏季大会での講演で、次のような発言をして参加者たちを驚かせた。

AI技術の最先端に私は接しているが、私たちはAIに対してもっと注意を払うべきだ。私は、以前から警鐘を鳴らし続けてきた。ロボットが街を練り歩いて人々を殺し始めるだろうと。実際にそのことが起こるまで、人々はその危険性に気づいていないのだ……一般論として言えば、規制は望ましくない。しかし、AIはその例外だ。AIは規制されなければならない。AIの規制が必要だと人々が気づくまで待つと、手遅れになってしまう……AIは人類文明にとって根源的なリスクである。[14]

イーロン・マスクの「ロボットが人を殺し始める」という危惧は、良心的なAI開発者が共通に持つものである。事実、二〇一八年四月五日付の『ニューヨーク・タイムズ』紙は、多数のグーグル従業員が、米国防総省のプロジェクトへの協力を止めるように、会社に求める請願書に署名したと報じた[15]。

このプロジェクトは、AI技術と画像認識技術に関するものだが、その成果が「ドローン」兵器に利用される可能性があるというのである。

この請願書には、三一〇〇名を超える従業員の署名が添えられていた。このプロジェクトは、「プロジェクト・メイヴン」(Project Maven)と呼ばれているものである。

この請願書には、「私たちは、グーグルが戦争ビジネスに加担すべきではないと信じている」。「プロジェクト・メイヴン」を中止したうえで、今後、グーグルとその受託業者が軍事技術を開発することは絶対にないとする明確なポリシーを策定、公開し、実施することを求める」と書かれていた。

米国の軍事に関わる部門と協力している大手IT企業は、グーグルだけではない。『ニューヨーク・タイムズ』の報道によれば、アマゾンは画像認識技術を国防総省に提供している他、マイクロソフトもクラウド・サービスを軍事及び防衛関連機関に提供しているという[16]。

3　進化した世論解読術

◈データ解析企業、ケンブリッジ・アナリティカ

バーナード＝リーの警告が出されてからわずか四日後の二〇一八年三月一七日、クリストファー・ワイ

リー（Christopher Wylie）という二八歳の人物が、『ニューヨーク・タイムズ』と『オブザーバー』に、自らの勤務先であるデータ解析企業「ケンブリッジ・アナリティカ」（Cambridge Analytica）を告発する証言をした[17]。

それは、二〇一六年の米大統領選でトランプを勝たせ、英国のEU離脱（Brexit=ブレグジット、Britainとexitを合わせた造語）を決めた国民投票などで策動したのではないかと噂されていたケンブリッジ・アナリティカが噂通りに行動し、その際、フェイスブックから流出した何千万人もの個人情報を使っていたという告発であった。

過去にはない膨大な量の個人情報が、選挙民の投票行動の予測を行う強力なアプリ開発に大きく貢献していたというのが告発の主たる中身であった。

ケンブリッジ・アナリティカは、大富豪で、ヘッジファンドを経営するロバート・マーサー[18]（Robert Mercer, 1946–）が設立時の大口出資者であり、二〇一七年まで彼の強い影響下に置かれていた。

同社は、ロンドンを本拠として二〇一三年に設立した比較的新しいデータ解析企業である。ワシントン、ニューヨーク、南米、東南アジアなどで選挙民の投票行動の分析・予測などを営業の基本にしている。トランプ大統領政権の初期の頃、大統領の政策アドバイザーとして権勢を揮っていたスティーブ・バノン（Steve Bannon, 1953–）も同研究所の主たる関係者であった。

同社を内部告発したワイリーによれば、同社は二〇一四年頃、米国や英国の選挙民に関する個人情報を不法に蒐集し、その情報に基づいて、選挙民を誘導するメールを出したり、投票行動を予測できる強力なアプリを作り上げていた。二〇一五年までには、五〇〇〇万人を下らぬ膨大な個人情報を得ていたという。

膨大なデータは、闇雲に蒐集されたのではない。蒐集には「これがあなたのデジタル・ライフです」（Thisisyourdigitallife）というアプリを使って集めたものである。

これは、ケンブリッジ大学のアレクサンドル・コーガン（Aleksandr Kogan, 1985–）によって考案されたものである。このアプリは、心理学を応用して人々の性格分析を行うものであり、コーガンは分析の受検者たちから料金をとっていた。コーガンは、ケンブリッジ・アナリティカとの連携の下で、「グローバル科学調査」（Global Science Research＝ＧＳＲ）を設立していた。彼の会社による性格分析を受けた人たちは、料金を払ったうえに、受検者のデータは学問を進展させるために使わせていただくという説得に応じて、自らの個人情報をこの会社に無料で渡していた。その人数は数十万に及んだ。

データは受検者たちのものだけではなかった。フェイスブックの利用者でもあった受検者たちの「フェイスブック友達」（Facebook Friends）と言われる「友達の友達」の膨大な広がりを通じて、同社は、米国大統領選挙や、「ブレグジット」に関する国民投票でトランプ側、ＥＵ離脱賛成派に選挙民が傾く土台を作り上げていたのである。(19)

二〇一八年四月四日の時点になると、フェイスブックからの情報流出は五〇〇〇万人分どころか八七〇〇万人にものぼることが判明した。(20)

◆富を追う科学

話を前記のロバート・マーサーに戻そう。

彼が共同経営をしていた「ルネッサンス・テクノロジー」は、ＡＩを駆使する世界有数のヘッジファンドであり、日本の株式市場でも積極的に売買をしていることでも注目されている。[21]

同ファンドは、一九八二年、物理学者として著名なジェームズ・サイモンズ（James Simons, 1938–）によって設立された。サイモンズは、「クォンツ（quants）理論[22]」を基に、自動売買が可能であるシステムを構築して、このファンドを設立した。有数のヘッジファンドに成長した同社は、数学、物理学、統計学などの各分野の専門家を多く抱えている。

サイモンズは、リーマンショックの煽りを受けて、二〇一〇年にこのファンドのCEOを辞めたが、投資活動は続けている。それまでは、億万長者の数学者として、金融の世界では大スターであった。実際、リーマンショック直前の二〇〇八年には年率八〇％もの投資収益を挙げたのである。[23]

投資家に転身する前のサイモンズは数学者として抜きん出た業績を挙げていた。とくに幾何学の分野で、一九七六年、極小曲面の研究に対して、「米国数学会」（American Mathematical Society＝AMS）の「オズワルド・ヴェブレン幾何学賞」（Oswald Veblen Prize in Geometry）を受賞している。[24]

以下、ユーチューブの「ナンバーファイル」（Numberphile）チャンネルの動画[25]（二〇一五年五月一三日、公開）で自らの半生を語った内容の一部を引用する。

私が三七か三八歳の数学者として脂がのっている頃（一九七五年）、米「国家安全保障局」（National Security Agency＝NSA）で暗号解読の仕事を四年間引き受けました。私はこの仕事に就くことで、コンピュータとアルゴリズムを勉強することになり、後の成功につながることになります。

あるとき、父親が大金を得ることになりました。そこで、私は父に「資産運用をしてみないか？」

と持ちかけたのが、ヘッジファンドを興したきっかけです。でも、最初の二年間はとくに運用モデルなどなく、ただ、運任せで運用していました。しかし、幸運にも、大きな利益を得ることができました。そしてあるとき、価格の動きを見ていて、動き方に何かしらパターンがあるように考え、これは数学的または統計的に予測できるのではないかと感じるようになりました。そして、様々の分野の研究者を雇い、共同で予測モデルを作り始めました。このモデルは、予測した内容を実際に試してみて、得られた結果から、さらに改善を行うというものであり、現在では「機械学習」と呼ばれるものに相当します。長年の研究と試行の結果、私たちのモデルは、何が起こっても対応できるような状態にまで調整されており、より強力になっています。

一九九四年に私の妻が財団を立ち上げ、私もそこで働いています。この財団は、主に基礎科学の分野に対して、資金を寄付することだけを目的に設立しています。他にも、米国内の数学教育の改善を目的に、優れた数学教師に対して、一万五〇〇〇ドルの報酬を与えるような活動なども行っています。このような活動が今後の科学研究の進展につながっていくことを期待しています。

サイモンズは、金融危機の嵐が吹き荒れた二〇〇八年、他の著名ヘッジファンド運用者四人とともに米議会に呼び出されて訊問を受けた。他の四人とは「クォンタム・ファンド」(Quantum Fund)の共同創業者ジョージ・ソロス(George Soros, 1930–)、「ポールソン・アンド・カンパニー」(Paulson & Co.)のジョン・ポールソン(John Paulson, 1955–)、「ハービンジャー・キャピタル・パートナーズ」(Harbinger

Capital Partners）のフィリップ・ファルコン（Philip Falcone, 1962–）、「シタデル・セキュリティーズ」（Citadel Securities）のケネス・グリフィン（Kenneth Griffin, 1968–）であった(26)。

◈人間の感情を排するヘッジファンドの戦略

ヘッジファンドを最初に設計したのは、アルフレッド・ジョーンズ（Alfred Jones, 1900–89）である。一九四九年に設定された第一号のファンドは、割安な株の買い（long=ロング）と同時に、割高な株の空売りをする（short=ショート）という株式の「ロング・ショート戦略」であった。

当時としては、この手法は常識を破るものであった。彼は、買い持ち（ロング・ポジション）だけしかしないという、それまでの株式投資の常識的な発想から抜け出していた。「ロング・ポジション」に「ショート・ポジション」を加えるということは、相場が「下がる」局面を強く意識していたことを意味する。強気相場はいつまでも続くものではない。必ず反転するときがくる。そのときのために「ショート・ポジションをとっておく」ということである。実物の株がないのに、現在の株価三〇〇円の株を三か月先に渡すという約束をして、三〇〇円を得る。三か月後のその株の価格が二〇〇円に下がっておれば、その時点で現物株を二〇〇円で買い、約束の相手にそれを渡せば、返済の義務は果たせる。そして、一〇〇円が儲かる。下げ相場の局面でこの手法を使えば、リスク・ヘッジになるだけでなく、儲けも可能である。これが「ショート・ポジション」である。

しかし、これでは、安全性を確保できるが大きく儲けることはできない。そこで、彼が採用したのは、安全度の高い銘柄に他人から借りた資金を動員してレバレッジを掛けるという手法を採用したのである。

これが、ジョーンズの新しい投資戦略であった。「ヘッジ」という意味はリスクを避けるということである。「ヘッジファンド」という言葉は、ここから生まれた[27]。

その後、様々の名で呼ばれるヘッジファンドが現れ、ヘッジファンドの運用総額は、二〇一七年末の三兆二〇〇〇億ドル台、二〇一八年末には三兆四〇〇〇億ドルを突破すると予想されている。

少なくとも、リーマンショックが生じる前の二〇〇七年のピークからの一〇年間でヘッジファンドの運用総額は二倍以上になっている。二〇〇八年末には、運用額が四分の一にまで激減していたことを想えば、三兆ドル超という額はとてつもない大きな規模である[28]。史上空前の金融緩和が続いたという事情があるにせよ、二〇一〇年頃から世界中で取り組まれてきた金融規制など、完璧にと言っていいほど吹き飛んでしまった。

しかし、個々のヘッジファンドの盛衰は激しい。この一〇年間で、世界のランキング一〇位内に止まり続けたのは、「ルネッサンス・テクノロジーズ」だけである[29]。

その理由を、合田幸恵は、次のように理解した。

謎の多いヘッジファンドとされる同社の創業者は天才数学者ジェームズ・シモンズ氏で、既に引退していますが、人間が陥りやすい感情や認知バイアスをすべて排除し、まるでロボットのような運用を創業以来貫いてきたのが特徴です。同社は数学、物理学、統計学などの博士号を持つ社員を一〇〇人以上抱えていますが、チームには経済や金融の専門家はいません。人間の思い込みは正しい判断を鈍らせるとして、経済のファンダメンタルズ分析や人間の経験を一切運用に取り入れないからです。

最近では大手ヘッジファンドが最先端のＡＩ（人工知能）の技術者をGoogleやAppleから引き抜いたり、ＡＩの世界的権威を集め、完全ＡＩによるヘッジファンドを設立したりする動きが世間の注目を集めています。古い投資理論や人間の判断に基づくことに限界を感じ、機械学習やディープラーニング（深層学習）などＡＩの研究成果を投資に生かそうとしているのです。

ヘッジファンド業界の大半は、自社や他社が開発した運用テクノロジー（ＨＦＴ＝高頻度取引、アルゴリズムによる自動トレード、ＡＩによるデータ分析など）を利用し、競争力強化に努めています。人間の判断を極力取り除いた運用を行っているファンドは既に全体の一〇％にものぼります。〇七年には「クォンツ・ショック」が起こりました。あるファンドの成功モデルを別のファンドが複製使用することで、いつの間にかその成功が害されていたことが明るみに出たのです。しかし、最新のＡＩは他のファンドに複製されたことを発見すると、すぐさま異なる種類のモデル（別の機械学習）に切り替えます。過去のショックを繰り返さないようなロジックの選択を、ＡＩ自らが行おうとしているのです(30)。

この言葉尻の揚げ足取りはしたくない。しかし、『儲かればそれでよいのか(31)』の共同執筆者としての私の気持ちを、この文は萎えさす。そもそも、文科系の学問は、この世の中を拝金者のみで占められることを阻止しようと頑張ってきたし、いまもそうであるという反論だけは言っておきたい。

しかし、ＡＩが現実の経済社会に組み込まれることを望むかぎり、その開発者たちは、他とは区別される差別的な方向を競い合う性情を持つらしいとの情報には、心底、恐怖を感じながらも納得してしまう。

第5章　フィンテックとロボット化

1　人手不足とロボット導入

◈労働市場の未来推計

労働力不足がこれからの日本経済を苦しめる最大の要因になる。その打開策の鍵は作業ロボットの導入にある。このことがメディア主導で喧伝されている。この種の議論にはいくつもの前提が置かれているうえに、自社ロボットの宣伝をしたいとの意識が強いので、提出された労働力不足の数値をそのまま鵜呑みして議論することにはあまり意味はない。

しかし、どのような分野でロボットが導入されようとしているのかについての情報を得ることはできる。

東京都渋谷区にあるパーソル総合研究所が二〇一六年六月に「労働市場の未来推計[1]」を発表し、結構大きな反響を呼んだ。

この数値によると、二〇二五年には約六〇〇万人の労働力が不足するという。これは、日本の現行就業者数（二〇一七年一〇月の政府発表の労働力基本調査では、就業者総数は六五八一万人）のほぼ一割に相当する。

ただし、業界全体が等しく労働力不足に悩むのではなく、情報通信・サービス業では四八二万人もの不足で苦しみ、政府サービスも二四六万人不足するが、意外にも、製造業は比較的、不足の被害は軽微である。

日本の労働力不足を補うべく流入を期待されている外国人労働者について、報告は予測している。二〇二五年では、一四三・五万人になり、現行より三四万人増やせるとしている。日本の労働力人口に占める外国人の比率は、二〇〇九年時点では〇・八%、六五万人にすぎなかったが、二〇一五年になると一・四%になり、二〇二五年では二・三%にまで上昇するものと想定されている。二〇〇九年時点の米国では一六・二%もの外国人労働力の比率があった。二〇一三年の英国でも八・二%あった。(2)

同報告を引用した前記『日本経済新聞』の記事は、「時空超え革命を」という小見出しをつけて、以下のように述べた。

三〇〇年前、今の日本と同様、生産性の低さに苦しむ国があった。英国だ。産業革命（一七六〇〜一八三〇年頃）が始まる前は賃金の高さの割には生産性が低いため、国際競争力が高まらず、綿などの工業製品は人件費が安い中国やインドと勝負にならなかった。

だが、その高い人件費こそが省人化のニーズを高め、ジェームズ・ワットの蒸気機関の改良などを後押しし、英国で産業革命が実現した要因となった。経済史家のポール・バイロクによると産業革命前夜の一七五〇年には世界の工業製品に占める中国とインドのシェアは五七％にのぼったが、一八八〇年には一五％にまで急減。同期間に英国は二％から二三％まで増やした。

三〇〇年前の英国と時空を超えて重なる日本の姿。変化に気づいた人はもう走りはじめている。(3)

ブルジョア革命によるギルド社会の崩壊局面といった歴史的大変動を制度論抜きの数量史のみで語る歴史認識には違和感を覚える。しかし、「変化に気づいた人はもう走り始めている」という言葉は、まさに、ＳＮＳの世界そのものである。ＡＩを神の座に祭り上げるプラットフォマーの役割を大新聞が担っていると言えよう。

◈ＡＩ無人工場の足音？

そして、『日本経済新聞』は、賢いロボットのみが動く無人工場の可能性すら紹介した。(4)

二〇一七年四月二四日にドイツのハノーバーで開幕した世界最大級の産業見本市「ハノーバーメッセ」の印象を「ＡＩ無人工場の足音」という目を引く小見出しで表現し、「ＡＩが運営する無人工場の姿が見えてきた」とまで述べたのである。

ＡＩを搭載したロボットは、部品表面の傷などを検知できる。どの程度の傷なら許されるかを事前に教えれば、ロボット自身が学び、精度を高める。作業者は単調かつ細かい作業を減らせる。そうした工場を賞賛した後、同記事は、将来の無人工場を予測する。

「故障の予測や人間と共同作業するロボットの開発にとどまらず、長期的には工場全体をＡＩが管理する研究開発が進んでいる。無人工場という最終形に向けて、産業機器メーカーのＡＩ研究費は膨らみ続けている」「実用化への足音が高まるＡＩを活用した無人工場。世界各地で開発競争が一段と激しくなりそうだ」と結んでいる。

「無人工場の足音」とまで書くのはいささか行きすぎの感がしないでもないが、将来の人手不足に対応するためのロボット導入の必要性ということが二〇一七年に入って声高に語られるようになったという時代の声をこの記事は代表している。

二〇一七年七月二一日に公表された内閣府の『経済財政報告』（経済財政白書）の主要テーマは日本で強まる人手不足感に関するものであった。ＩＯＴ、ＡＩにつながるロボットの導入によって、介護、卸・小売業、陸運といった非製造業の顕著な人手不足を緩和すべきであるというのが白書の主張であった。

そして、白書は、ロボットの導入が既存の企業の労働需要の減少をもたらすという一般に見られる危惧を否定し、「新商品開発」や「新規顧客の開拓」などを通じて、むしろ、雇用は増えると人々を説得していたのである。

2　ロボット化を急ぐ金融機関

◈フィンテックという新語

新しいことがらを表す言葉から日本語が遠ざけられ、カタカナ語が多用される時代になってしまった。

ＩＴ（Information Technology＝情報技術）関連になると、日本語の用語を見つけることの方が難しい。ＩＴは、二一世紀になって定着した新しい言葉である。現在から見てもそんなに遠くない二〇〇〇年という時点でも、ＩＴを国策として推進する決意を表明していた自民党政府の意気込みを挫けさせるような失態を、自民党総裁の森喜郎（もり・よしろう、一九三七年－）が演じた。森首相が、官僚から渡された記者会見用スピーチの文面にあった「ＩＴ革命」の単語を、「イット革命」と読み違えて人々の失笑を買ったほど、ＩＴは馴染みのないカタカナ語であった。

ＩＴ関連の新しい技術が外国から来たのだから仕方がないのかも知れないが、新技術を説明する業界関係者たちによって使われるカタカナ語には、その技術の魔法的な魅力だけがとくとくと語られて、批判めいた内容が盛り込まれることはまずない。

さて、表題の「フィンテック」。

前述のように、「フィンテック」（fintech）とは、「フィナンス」（finance）と「テクノロジー」（technology）を合わせた「フィナンシアル・テクノロジー」（financial technology）の略語である。フィンテックは、銀行などの金融機関とＩＴ関連の情報産業とが融合して、新しく生まれつつある産業のことである。

この新しい産業が、いかに、企業に活力を与えるか、先進諸国に較べて低い日本の労働生産性をいかに高めうるのか、しかし、そのことにとって雇用情勢はどのように変化するのか。これらの諸点が解説されなければならないのに、内容を熟知しているはずの関連企業による宣伝には、世間にバラ色の夢だけを誇らしげに語るものが多い。しかも、宣伝文の中には、ドキッとさせられる言葉がさりげなく挟み込まれていることも結構見られる。

例えば、次のような宣伝文がある。

一体導入することで、人間二～五人分に相当する仕事量に対応できるため、ＲＰＡ（Robotic Process Automation＝ロボットによる業務自動化）の普及が人間の仕事の一部を奪うという側面がないわけではありません。しかし、現場での柔軟な業務体制が重視される日本では、システム主導で業務の大部分を自動化・規格化するようなやり方は浸透しにくいでしょう。[5]

これは分かりにくい文章である。しかし、現場の労働者にとっては、非常に恐ろしい言葉が使われている。それも、いとも簡単に。

こうした「生きた労働」への配慮を無用として排斥する心理を企業経営者のみならず、一般市民の中にもできるかぎり醸成したいという意図が、ＩＴ業界に芽生えつつある。

このような意図が鮮明に打ち出されたのが、二〇一七年九月、いわゆる三メガバンクによる人員削減方針である。

メガバンクの中の最大手、三菱ＵＦＪフィナンシャルグループの平野信行社長（全国銀行業界会長）は、二〇一七年九月一九日、東京駅前の丸ビルでの講演会で次のように人員削減の方針を言い放った。

（二〇二三年度までに）九五〇〇人相当の労働量の削減を実現したい。[6]

配置転換と言わず、「削減」という、きつい表現をしたのである。

ライバルの、みずほフィナンシャルグループの佐藤康博社長は、もっと踏み込んだ発言をした。同年一一月一三日、東京・日本橋の日銀本店で行った中間決算の記者会見で、同社長は、「二〇二六年までに一・九万人を減らす」それは「配置転換ではなく、実数でこの数を減らしていきたい」（同上『日本経済新聞』）と、労働者削減方針を悪びれることもなく明言した。

残りのメガバンクの一角の三井住友フィナンシャルグループも、四〇〇〇人の削減を当初計画の二〇二〇年度でなく、一年前倒しをする方針を示した（同紙）。

三メガバンクの人員削減について、『日本経済新聞』は、以下のように、さらに詳しく報じた。

大手の銀行が、このような大規模な人員リストラを断行するのは、不良債権処理で赤字決算に追い込まれた二〇〇〇年以来のことである。

三菱東京ＵＦＪ銀行（フィナンシャルグループの傘下）だけで、二〇二三年度末までに全行員の一〇％強に当たる六〇〇〇人が減らされる。全国にある五一六支店のうち、一〇〇店を、顧客が自分でお金の出し入れや送金を行う「セルフ型」にする。

みずほの場合、パート労働者も含めて全行員の四分の一が減らされる。拠点数も二〇二四年度までに全体の五分の一に当たる一〇〇拠点が閉鎖される。

三井住友フィナンシャルグループは、ＲＰＡの導入を行員削減の理由の一つに挙げた。

大きな痛みを行員に与える、メガバンクのこのような厳しい人員削減方針に対してさえ、金融庁は不満を表明した。この程度の人員削減なら、バブル世代の退職による自然減や出向で賄えるはずのものである。このような人員削減案でことを済まそうとする銀行には、危機感が不足していると言って、大幅な人員削減を、他ならぬ官庁が強要したのである。[7]

フィンテック導入はやむをえないことである。それは認めなければならない。しかし、導入を急ぐ風潮の強まりとともに、官公庁・財界による「生きた労働」を軽視する言動が、躊躇なくまかり通るようになりつつあるのは、社会の結束を破りかねないものとして戒められるべきことである。

◈フィンテックで先行する中国

世界の四大会計事務所の一角を占めるKPMGという会社がある。[8] この会社が、「世界を牽引するフィンテック・トップ一〇〇」という報告書を毎年発表している（同社ホームページに掲載）。

二〇一七年一一月一五日に発表された同報告書によると、フィンテック関連企業における世界のトップテンのうち、じつに中国が五社も入っていた。米国でさえ三社、後は、ドイツと英国が一社ずつ。日本では、「マネーツリー」がやっと八七番目に登場したにすぎない。中国勢は上位三社を占め、あと、二社が、六、九位にランクされた。米国の三社は、四、五、一〇位であった。

一位の「アントフィナンシャル」（Ant Financial＝蚂蚁金服）は中国の「アリババ」（阿里巴巴）傘下の金融子会社で、「アリペイ」（支付宝）という電子決済サービスを提供する会社である。

アリババの金融業務が強大化した具体的な事例を『日本経済新聞』が紹介している。[9]

中国の浙江省に義烏《イウ》という人口一〇万人規模の小さな市がある。この地は、日本では「一〇〇円ショップ」が商品の主要な仕入れ先にしていることで著名な商業地である。

この地で小売業を営むA氏が、二〇一七年一一月一一日の中国の「独身の日」の大量販売を当て込んで、靴下類を大量に仕入れるための資金融資をアリババに依頼した。スマートフォンで申し込んだところ、わずか数分後に、二〇万元（約三四〇万円）までなら融資するという返事がきた。A氏は八万元を半年後に返済する旨を、再度、スマートフォンで申し込むと、その数分後には「アリペイ」の口座（電子決済サービス）に同額が振り込まれた。利息は一日当たり〇・〇四％であった。半年にしても、七・二％にすぎない。一四〇万円強の金融取引が一〇分そこそこの短時間のうちに成立したのである。銀行に足を運び、所得証明を提示するとか、保証人を立てることもなく、担保も要求されない。あまりにもあっけない取引完了であった。

これが、日本で騒がれているフィンテックの実例である。

アントフィナンシャルの最高戦略責任者（CSO）は、スマートフォンを使えば、融資申請受付に三分、融資の可否はAIを使って一秒、融資業務に携わる人員はゼロ、しかも、返済が滞るリスクが小さく、通常の消費者金融の返済遅延率よりもはるかに低い数％程度であると豪語した。

アリババが短時間で融資業務をこなせる最大の武器は、アリペイが集めた顧客の決済に関する膨大なデータをAIで瞬時に分析できることである。データの分類指標は一〇万を超え、それに基いて作られた予測モデルも一〇〇以上ある。膨大な数の顧客の、それぞれについて、資金回収の確実性、払える金利、融資枠等々を判断できるシステムが作り上げられている。

「フィンテック一〇〇」の第一位のアントフィナンシャルの株式の時価総額は、非上場のため推計するしかないが、七五〇億ドル（約八兆四〇〇〇億円）、第二位の「ツォンアン」（ZhongAn, 衆安保険）は香港で登記されていて、一〇八八億香港ドル（約一兆五〇〇〇億円）規模である。第三位の「チーデアン」（Qudian,趣店）が株式を公開したニューヨーク株式市場（二〇一七年一〇月一八日）での時価総額は七九億ドル（約八九〇〇億円）であった。これら上位三社の時価総額を合算すると、じつに、一一兆円規模になる。これら三社は、アリババ傘下の会社である。

一一兆円と言えば、とてつもない大きな数値である。二〇一七年一〇月時点での日本のメガバンクの三菱UFJフィナンシャルグループの株式の時価総額は約一〇兆円、三井住友フィナンシャルグループは約六兆円、野村ホールディングは約二兆円規模であった。日本の金融機関に対比させたとき、中小企業を最大の顧客にしているアリババのフィンテック関連企業の圧倒的な強さが理解できるだろう[10]。

中国では、「百度」（バイドゥ）、「騰訊」（テンセント）など、アリババと似た業務を営む新興巨大企業が、いくつも輩出している。

未公開であるが、推定時価総額が一〇億ドル以上の新興企業を「ユニコーン」というが、そのほとんどはIT関連企業である。

調査会社の「Sage UK」によると、二〇一七年度におけるユニコーンの企業数は、米国で一四四社、中国で四七社であった[11]。

◈現金決済を省きたい日本の金融機関

よく知られていることだが、日本の個人間では、決済に当たって現金が主体となっている。日本の現金決済の比率は、決済全体の六五％ほどで、先進国平均三二％の二倍以上になる。この数値は、ボストン・

コンサルティング・グループ[12]の調査からとったものである。この数値から見ても、現金決済を支えるATM（自動現金支払機）の設置・メンテナンス費用は想像以上に大きいことが分かる。

ATMの設置には、一台当たり三〇〇万円はする。警備費や監視システム費用だけで、一台当たり毎月三〇万円もかかる。ボストン・コンサルティングの計測によれば、ATMの管理・維持コストは年間七六〇〇億円、これに、現金輸送や現金取扱に従事する行員の人件費を加味すれば、日本の金融界全体で二兆円もの現金取扱費用がかかっていることになる。

フィンテック化が急がれているのは、このATMが金融機関の収益を圧迫していることが明らかになったからである。

日本の銀行は、現金の出し入れを簡便にする競争を行ってきた。それがATMの設置数の増大であった。せめて、多数の銀行が同じATMを協同利用すれば、ATM設置費用を節約できるかも知れない。しかし、業界の激しい競争環境の下では、それは無理なことである。

銀行によって発行される通帳は、銀行ごとに磁気を読み取る位置など、仕様が異なっていて、現在、同じ形式の仕様に統一する試みは、なされていない。通帳が銀行ごとに異なっている現状では、メガバンクが電子決済に移行するのは容易ではない。

こうした状況が存在する中、ATMを設置しないネット銀行による決済が伸びている。メガバンクは、足下に火がついたのである。

紙の通帳などいらない。いちいち紙の通帳に記帳をしなくてもいい、という客層からなるネット銀行ユーザーは、電子決済を好む。スマホでその決済がいま以上に簡単にできるようになれば、日本にもアリババのようなフィンテック金融機関が登場することは必至である。

フィンテックによるRPAの導入を銀行は早晩行うであろう。

RPAはロボットの一種である。

機械であるロボットが人間以上の仕事をするようになった場合、人間の能力はより開発されるのか、それとも急速に退化していくのだろうかという問題は、一〇〇年も前から心ある人々を悩ましてきた大問題であった。

一九二〇年にこの大問題に取り組んだ戯曲に描かれたロボットと人間との関係を見ておこう。

3 ロボット化への恐怖

◈カレル・チャペックの戯曲

両大戦間期、ナチス・ドイツに反抗していたカレル・チャペック（Karel Čapek, 1890–1938）というチェコスロバキアの劇作家がいた。「ロボット」という言葉は、カレルの兄で、ナチスの強制収容所で死んだ画家のヨゼフの造語だと言われている。ロボットは、チェコ語で「労働」を意味する「ロボタ」(robota)から来ているらしい。

カレル・チャペックは、一九二〇年に『ロッサム万能ロボット会社』（*Rossum's Universal Robots*）という題名の戯曲を発表した(13)。

ロボットという現代語を創り出した戯曲として、時代を超えて演じ続けられているカレル・チャペックの『R・U・R』（エル・ウー・エル）は、現在のAIやRPAに通じるものがある。というよりも、現在世上に流布している浅薄なシンギュラリティ論をはるかに超える深みを備えている。この戯曲が一九二〇年という一〇〇年近くも前の旧い時代に、ここまで透徹した視点を持っていることに感嘆してしまう。

この節では、戯曲で表現されているロボット観を紹介したい。

舞台は、ロボットを製造する工場である。そこの壁には、「一番安い労働力」という宣伝文が掲げられている。経営者にとって、これらロボットを導入することで、自社製品のコストを低くすることができる。ロボットの値段は一体一五〇ドルである。

工場の経営者は豪語した。人間は科学の力で自然界とは異なる生命体を作り出すことができた。その一つが人造人間というロボットであると。自社が発明したロボットは、自然が創った生命体よりもはるかに簡単な構造で、はるかに安価に、はるかに短期間に製造できる。それはれっきとした生命体である。しかも、自然が生み出した生命体よりも、はるかに、素早く、完璧に仕事をこなせる。

製造されたロボットは、人間の能力をはるかに上回る。しかも、姿、形、声、物腰、仕草、いずれをとっても、人間との区別がつかない。女性は優雅であり、美形である。男女を問わず、ロボットには、人間よりも優れた理性的知性が備わっている。

ただし、そのように優れたロボットであるが、「魂」はない（後に、製造技術の進化によって、感情や魂を持つロボットが開発されるのであるが、工場主は、魂を持たないロボットしか知らなかった）。

魂のないロボットは生に執着していない。雇用主から、「もう用済みだから粉砕機にかけて処分する」

と宣告されても、反抗もせずに唯々諾々と解体室に向かうことすらする。何のために生きるのかに頓着しないし、生きる喜びも知らない。そもそも感情がない。

ロボットを教育する学校はある。語学、数学、百科事典の知識、すべてを学校で学び、仕事をする能力を学習し、高めることもできる。

一日に一万五〇〇〇体も外国を含む各地に送り出される（販売される）。

生きた本物の人間は、進歩する技術についていけなくなった。不完全な労働力なのに、コストがかかりすぎる。したがって、あらゆる人間の仕事がロボットに置き換えられるのは至極当然のことである。しかもロボットは人間に反抗しない。人間は製造過程と工場経営に集中しておりさえすればよい。しかし、ロボット導入には深刻な問題が生じる。生きた人間の失業の増大である。

ところが、チャペックが描いた世界はその点においては楽観的なものである。

労働現場で生きた人間は急速に必要とされなくなる。しかし、生きた人間は、労働力ではなく、ロボットの管理者として生き延びる。ロボットを監視し、誘導する仕事量はそう多くはない。人間のほとんどは、賃金を下げられても、企業にしがみつく。賃金水準は、そのためにどんどん下げられていく。

それでも、雇用が維持されるかぎり人間は生きていける。低賃金であっても、生活必需品の価格がロボットによる生産によって、下落するからである。世界中の製品価格が生存を維持できる水準まで下がる。何百万体ものロボットが世界の食糧基地に送り込まれた。

現在のシンギュラリティ論者たちが得意げに語る「稀少性からの脱却」が、人間の知性を上回るロボットの登場によって可能になったのである。

人間の労働生産性を高め、製造コストを大きく低下させることを目標として、最高の知性を備えたロボットが、開発工場の手によって、世界中に送り込まれる。

工場主は、史上最高の幸せを人類に自分たちがもたらしたと豪語する。

稀少性から解放された人間は、労働を失うが、その代わり「好きなことだけをする」「自分を完成させるために生きる」「人間が人間に仕えることも、物質の奴隷になることもなくなり」「パンを得るために生命や憎しみであがなう者はもういなくなる」。

人間は、「労働者でなくなり」「タイピストであることもなく」「石炭を掘ることもなく」「忌まわしい労働で心をすり減らすこともなくなる」「自由であり、何ものにも制限されることはない」(14)。

ロボットには異性を愛する感情はない。子供も産めない。

しかし、戯曲ではロボット導入による人間にとっての致命的な運命を語る。

人間世界でも子供が生まれなくなったのである。人間は、過去に持っていたあらゆる能力を失ってしまった。何もかもロボットに委ねてしまった結果である。人間は退化した。

この恐ろしさに気づいた人間が工場には一人だけいた。戯曲では建築士として描かれている。彼は、労働をしなくなった人間の世界で、「恐怖」がなくなったことをもっとも恐れていた。なくなりつつある人間世界の恐怖を思い出すために、彼は、高い建築用梯子に登り、落っこちる恐怖をわざわざ味わって、精神のバランスをとっていた人である。

人間は、子供を育てる苦労をしなくなった。貧困に疲れて精神を老化させることもなくなった。建築士は予感していた。人間は滅びると。「実を結ばない花」は散る。

◆愛を根源的な命と見たチャペックのロボット観

そうこうするうちに、より人間に近づける意図を持って、ロボット製造の進化を担っていた博士が、新しいロボットに「憎しみ」の感情を植えつけた。

その結果、憎悪に燃えたロボット集団が、自分たちを奴隷扱いする人間に反抗し、人間を大量に抹殺し始めた。

あわてた工場主は、皮膚の色が異なるロボットを大量に作るようにした。憎しみが人間に対してではなく、ロボット同士に向かうように願ったのである。

しかし、依然として、ロボットは人間を殺し回った。

こうした状況に驚愕した「ヘレナ」（戯曲の主人公＝人間）がロボット製造法を書いた書類をすべて燃やしてしまった。子供を産めないロボットは、新しく製造されないかぎり消滅すると感じたからである。

しかし、遅かった。工場は、人間社会の国家間の対立を利用して、戦闘ロボットを多数、各国に売りさばいていたからである。

世界中で、戦闘ロボットが人間を抹殺していった。

世界で生き残った人間は、恐怖を意図的に味わうことを習慣としてきた建築士ただ一人になった。

そのときになって、人間を虐殺して回ったロボットの指導者たちが、その建築士に懇願した。新しいロボットを製造しないかぎりロボットは絶滅する。その製造法を知っているのは人間しかない。だから、新しくロボットを生産してくれと。

建築士は、ロボットに告げる。自分は人間を哀れみながらも愛してきた。その人間を殺し回ったロボットたちを自分は憎む。しかも、製造法を書いた設計書はすべて燃やされてしまった。自分は製造法を知らないと。

ロボットの指導者たちは、それでは仲間のロボットを解剖（殺す）して製造の秘密を探れと建築士に命令する。

それでは、お前を解剖すると建築士は指導者に宣告する。指名された指導者は自らの解剖を受け入れる決心をして解剖台に自ら横たわる。解剖に着手をしたものの、ロボットを殺してしまうことにおののいた建築士は自室に引きこもってしまう。

そこに、主人公のヘレナにそっくりに作られたロボット（名前もヘレナ）と、どうやらそのヘレナにロボットとして初めて恋心を持った男のロボットが入ってきた。

殺されるために工場の外に出て、生きて帰ってこなかった人間のヘレナと瓜二つのロボット・ヘレナを見た建築士は、改めてロボット製造の技術を獲得すべく、ロボットの解剖を行う決心をする。

そこで建築士はロボット・ヘレナに解剖室に行けと命令する。その命令を聞いたヘレナに恋する若者のロボットがヘレナを行かせまいと建築士を威嚇する。

しかし、ロボット製造の技術を建築士に獲得させることが緊急の課題であると思い直した若者は、ロボット・ヘレナでなく、自分を解剖してくれと建築士に懇願する。

そのやりとりを聞いていたロボット・ヘレナが若者ではなく自分を解剖してくれと若者をかばう。

ヘレナと若者の間には本物の恋の感情が生まれ、恋のためには命を投げ出すという人間が忘れかけていた美しい感情が二体のロボットの心に宿ることになった。

反乱のきっかけをロボットに与えることになった、憎しみの感情を持ったロボットを製造した博士は、自らの罪を償うべく、自身が殺される前に、急いで、ロボット・ヘレナと若者のロボットという、愛情を持った新型ロボットを二体だけ作り出していた。これら二体が博士によって製造された最後のロボットであった。

二体のロボットの「愛」の目覚めに感動した建築士は、恋人同士のロボットを工場の外に出す。

行きな、アダム。行きな、エバ。彼の妻になるがいい。

彼らが生命を生み出すであろうとの予感を建築士は抱いた。

戯曲は、建築士の神への深い祈りで終わる。

愛よ、お前だけが廃墟で花を咲かせ、生命の小さな種を風に任せるのだ……私は自分の目で見たのです……愛による主の救いを。生命は死に絶えることはありません。

第6章　煽られるRPA熱

1　RPAを生み出した環境

◈デジタル・レイバー

RPAという言葉が最近飛び交うようになった。近年の流行語は、「アクロニム」（acronym, 頭文字を並べた新語）と呼ばれる、三つの英単語の頭文字を並べた三文字からなっていることが多い。

RPAは、Robotic Process Automation のアクロニムで、「ロボットによる業務自動化」という訳語が当てられている。このロボットが、時の政権のスローガンである「働き方改革」を体現するものとして企業人の間で持て囃されているのである(1)。

人手を介せずにロボットで仕事をこなすという意味がそこには込められている。AIの指令によって動くので、「デジタル・レイバー」（Digital Labor）とも呼ばれている。

コンピュータの操作画面上に業務の処理手順を登録しておくだけで、「ロボット」が、これまで人間がしていた業務をこなしてくれる。それも、いくつかのシステムやソフトウェアをまたいで、多様な業務を人間以上の速さで苦もなくやりとげてくれる。もし、これまでの処理方法で行き詰まれば、自ら学習して改善方向を見出してくれるという、まさに、API[2]と「機械学習」を併せ持つ賢さを備えている優れたシステムであるとして、RPAが美辞麗句で喧伝されている。

企業組織では、顧客に直接対応する部門が「フロント・オフィス」、その部門を後方から支援する業務が「バック・オフィス」と呼ばれている。RPAが導入されるのは、「バック・オフィス」である。これは、人事・経理・総務・情報システム管理部門などの間接部門である。

「バック・オフィス」の業務には単純な繰り返し作業が多い。「フロント・オフィス」に比べて多人数が貼りつけられている。しかし、顧客と直接に話し合うことなく、パソコンに向かって寡黙に仕事をしなければならないこともあって、担当者が仕事に生きがいを感じる度合いは小さいと言われている。

このような部門を知的能力に優れたロボットの作業に置き換えることができれば、職場に活気をもたらすのではないかというのが、RPA納入業者の謳い文句である。確かに、今後、ロボットの能力がAIによって優れたものになるにつれて、RPAの導入は抗しがたい流れになるだろう。人間がロボットによって排除されるのではなく、もっと楽しい、やりがいのある業務、つまり、もっと感情を移入できる知的な作業に移ることができれば素晴らしい。情報を解析して、顧客に接することができれば、顧客とのコミュニケーションは、より密になる。心から打ち込める仕事に移ることは、従業員にとって望ましいことである。しかし、ことはこのように単純に進むものであろうか？

RPAは、「辞めない」「二四時間休みなく働き続ける」「変化に強く、同じ間違いを繰り返さない」とシステムの開発業者は喧伝している。[3]

ＲＰＡが脚光を浴びるようになったのは、二〇一五年半ば頃からである。肉体労働を代替する工業用ロボットが進化して、いよいよ事務労働をも代替するようになったのである。

ＲＰＡは、ホワイトカラーが多くの時間を費やして、ＰＣに向かう各種作業を軽減すべく、複数のアプリケーションを含む業務の処理プロセスを自動化することに目標が置かれた。(4)

ひとくちに「人間になりかわって」業務を実行すると言っても、このようになるまでには幾多の試行錯誤があった。複数のソフトウェアやシステムをまたいで効率性の高い作業をこなし、しかも、安価であるというロボットを作る技術は、そう簡単に生み出されるものではなかった。

自動車のネジを締める、鋼を薄く削る、接着剤を塗る等々の、作業をする工業用ロボットの製作も、高度なコンピュータ制御技術を必要とし、多くの困難さを克服した結果、可能となったものである。

◈ＥＲＰの流行とＲＰＡ導入

ＲＰＡは、インターフェース機能を大前提にして、各企業が外部との共有用に、自社の大きなソフトウェアを、いくつかの部品に切り取って、「サービスのための部品化」を行う。これが、「コンポーネント」と呼ばれるものである。「コンポーネント」は「目的」（オブジェクト）ごとに区分けされている。コンポーネントは、何回でも再利用可能なものでなければならず、それを利用するには、「インターフェース」を必要とする。

多くの異なるシステムや、ソフトウェアを横断的に結びつけることによって、参加企業のロボット機能を向上させる技術が、「ＣＯＭ」（Component Object Model）である。これは、マイクロソフト社が開発したもので、「ソフトウェアの機能を商品化して外部からの仕組みを定めた技術使用の一つである」と説明されている。[5]このCOMによって、他のコンピュータが提供する機能を、あたかも自らの機能のように組み込んで自社のアプリケーションに装備することができるようになった。

現在の多くのRPAに装備されている技術がSOA（Service Oriented Architecture, サービス指向アーキテクチャ）である。これもCOMの一種であるが、それよりもはるかに、多くの異なるシステムをまたぐ、使い勝手のよいものになっていると、一般には理解されている。

RPAを導入しなければ競争に負けるとの強迫観念に追い立てられる企業が相次いでいるが、これには、ERPという、これまた「アクロニム」の宣伝に煽られている側面がある。

ERPとは、Enterprise Resources Planning の三つの頭文字である。「企業の資源計画」とでも訳すべきであろうか。あるウェブ・サイトに掲載されている宣伝文によると、ERPとは、企業経営の基本となる資源要素（ヒト・モノ・カネ・情報）を適切に分配し有効活用する計画（考え方）で、「基幹系情報システム」を指すことが多く、企業の情報戦略に欠かせない重要な位置を占めているとある。[6]

ERPは、「情報の一元管理」を目指す中枢部門である。企業のあらゆる「ファンクション」に点在している情報を一か所に集め、さらには、ITを活用して「業務の効率化」が図られるという。

こだわるようだが、近年流行している経営戦略の用語は、前記の「アクロニム」とともに、これまでの漢字をわざわざ「カタカナ語」で言い換えられている場合が多い。「ファンクション」とは、「部課」や「業務内容」で十分ではないかと思うのだが、これまでの業務内容の重複を省くために新しく「ファンクション」に組織し直す必要があるということなのであろう。

いずれにせよ、ＥＲＰという最重要部門の指令下でＲＰＡの導入が行われることになる。例えば、以下のようになる。

企業の顧客から、あることに関する説明をメールで求められると、ＲＰＡが、その説明に相応しい内容のデータを含むであろうシステムをウェブ上で探し、そのシステムにログインして、適切なファイルを探し出してダウンロードする。それをエクセル上で加工し、加工したそのデータを社内のＥＲＰの仕様（モジュール）に沿ってさらに加工。そうした処理で絞り込んだ結果を依頼者にメールで送信する、といった手順を、一つのＲＰＡでやってのけるというものである。これらの作業は、これまで、パソコンに向き合う複数の人が相互に連絡をとりながら長時間かけて行ってきた業務である。それを瞬時に成し遂げてしまうというのが、ＲＰＡを推奨する業者の触れ込みである。

複数のＩＴシステムからなる環境を結合させて、効率性を上げる企業の努力は、最近始まったことではなく、かなり以前から取り組まれてきた。しかし、そうした取り組みは、コスト、技術制約、技術者の育成の難しさ等々、克服されるべき難点がまだ多数あり、けっして成功してきたとは言えない[7]。

人手不足の解消や、人件費の節約、人材の別の方面への転用などが、ＲＰＡ導入の理由として力説されているが、そのいずれも的を射たものではない。

おそらくは、これまで依存しすぎていた外部の人材利用に限界がきたというのが、本当のところではないだろうか。

本来の業務ではない突発的な受注が生じた場合の安全弁として、企業はＢＰＯ（Business Process Outsourcing, ビジネス・プロセス・アウトソーシング）に頼ってきていた。事実、単純な委託業務ではなく、複雑な内容を組み込んだ業務も提供できる委託会社が存在していた。しかし、ＩＴ関係の技術が急速に進歩するとともに、進歩した技術を駆使できる人材が、まず委託会社から不足するようになってきた。

将来必ずくるＡＩ社会に備えて、ＲＰＡをはじめとしたＩＴ関連の人材を、企業は、委託ではなく、自社で育成しなければならなくなってきた。

社外の特定の委託会社や人材に依存せず、自社の「オペレーション」（業務遂行）の質を維持し、「ノウハウを保持・集約しておく受け皿としてＲＰＡは打ってつけの手法」になってきた。もはや、ＲＰＡはロボットではなく、「ロボット人材」とでも言うべき存在になりつつある、としたＲＰＡ提供会社のＰＲには首肯できるものがある。

世界におけるＲＰＡ市場は急拡大している。

二〇一四年には二億一四〇〇万ドル、翌年の一五年は三億一五〇〇万ドル、一六年に四億七五〇〇万ドル、一七年には七億三六〇〇万ドルになると予想されていた。あくまでも予測値ではあるが、以降、加速度的に市場は拡大していく。一八年一一億六三〇〇万ドル、一九年一八億九六〇〇万ドル、二〇年三二億五〇〇万ドル、二一年五二億六六〇〇万ドルにもなる。(8)

フィンテックが現実化すれば、銀行や保険などの金融機関の規模が大きいだけに、ＲＰＡの導入件数も半端な数ではないはずである。

しかし、ＲＰＡの市場は、現在のところでは、コンサルタント会社によって煽られているだけのものだと言えなくもない。

◆AIを装備したと言われるRPAへの疑問

RPAが旧来の仕事場の環境を一変させてしまう、というマスコミの未来予測のあり方に警鐘を鳴らしている人がいる。LSE（London School of Economics）教授のレスリー・ウィルコックス（Leslie Willcocks, 技術・雇用・グローバリゼーション担当）である。

マッキンゼー（McKinsey）のパートナーで在ロンドンのザビエル・ルアー（Xavier Lher）のインタビューで、ウィルコックスは、RPA讃美が横行しているマスコミ界を批判した(9)。

現状では、RPAは複数のソフトウェアをまとめることはできるが、IOT関連のイノベーションを飛躍的に掘り起こす能力はない。RPAが認知能力（cognitive intelligence）を持つようになるまでには、まだまだ長い時間がかかると同教授は言う。

RPAが認知能力を持つには、人が持っている既存の知識を疑うことや、作業を遂行する物理的能力を別の仕方に自力で変えることができなければならない。自然言語を理解し、人が持つ最高度の理性的な解析を行い、人を超える深い洞察力を備えなければならない。その基準から判断するかぎり、認知能力を備えたRPAは、いまの時点ではないと、同教授は言う。

◆ビッグドッグとアトラス

恐ろしいのは、RPAが軍事用に開発され、そのRPAが「認知能力」を備えることである。

米国の「ボストン・ダイナミクス」（Boston Dynamics）社が、二〇〇五年に開発した四足歩行ロボットがある。「ビッグドッグ」である。これは、軍事用に開発されたものである。

この歩行ロボットは、「米国防高等研究計画局」（Defense Advanced Research Projects Agency＝DARPA）からの資金を受けて開発された。起伏の多い地形で物資を運ぶことができる。砂利道、雪上、砂浜、浅瀬などでも歩行できる。胴体部分を蹴られても即座に姿勢を立て直すことができ、氷上で足を滑らせても転倒しない。ジャンプして障害物を飛び越えることができる。改良を重ねた結果、二〇一〇年に公開された動画には、脚を素早く動かし時速八キロメートルの速さで走る様子が描かれている。その年、DARPAは、軍事用歩行ロボット開発を進めるボストン・ダイナミクス社に対して、さらに三二〇〇万ドルを援助すると発表した。

二〇一二年から米海兵隊で運用試験が開始された。この時点では、人間の司令官の音声指示で行動できるようにもなっていた。二〇一三年に、ボストン・ダイナミクスは、グーグルに買収された。しかし、二〇一五年一二月、エンジン音が大きく、敵に味方部隊の位置を知らせてしまうという理由で、海兵隊はビッグドッグの採用を見合わせた。
同様の軍事ロボットには、同じく四足歩行の「リトルドッグ」、二足歩行の「ペットマン」などがある。[10]
二〇一三年、同じく、DARPAの資金援助で同社が開発した二足歩行の「アトラス」は、人が生存できない苛酷な環境下でドアなどを開閉する機械式工具を使用できるロボットであった。[11]
こうしたロボットは、軍事目的で開発され続けた。それも、単にソフトウェアも設計通りに動くだけのものから、認知能力を持つ「認知できるロボット」の開発が目指されていた。
ボストン・ダイナミクスの宣伝文には、「弊社は、ロボットの可能性についての皆様の先入観を変えて見せます。移動性、敏捷性、熟練、スピード等々、目を見張らせる作業をすることができるロボットを開発しています」とある。[12]
ソフトバンク・グループは、二〇一七年六月九日、グーグルの持ち株会社「アルファベット」からボストン・ダイナミクスを買収すると発表した。周知のように、ソフトバンクはヒト型ロボット「ペッパー」を宣伝媒体に使っている。
買収額は明らかにされていない。買収劇の背景に何があったのかも公表されていない。
ちなみに、ソフトバンクは、二〇一二年にフランスの「アルデバラン・ロボティクス」を買収し、同社の技術を活用してペッパーを二〇一五年に商品化した。ソフトバンクは、ペッパーの開発段階で二足歩行の技術を得るため、「アシモ」(ASIMO)を手掛けるホンダに提携を持ちかけたことがある。[13]

◆アンドロイド

ここで、グーグルが最初に発表したスマートフォンの名前が、「アンドロイド」であったということに触れておきたい。

グーグルは、最終的には、認知能力を持つロボットを開発することを意識して、「アンドロイド」の名を冠したスマートフォンを販売したのではないだろうか？　軍事用ロボット開発に邁進するボストン・ダイナミクスを手放したのも、その夢からボストン・ダイナミクスの技術陣が逸れていたからなのかも知れない。グーグルは、二足歩行だけではなく、人間の所作も言語も、そして感情さえ理解できる夢のロボット、「アンドロイド」への自社の方向性をずっと以前から定めていたのではないだろうか？　グーグルが、「アンドロイド」というロボットを開発した「メカ」（Meka）社を買収したのは、ボストン・ダイナミクスを買収した年と同じ二〇一三年であった[14]。

アンドロイドという単語が初めて使われたのは一八八六年に発表されたフランスの小説家、オーギュスト・ヴィリエ・ド・リラダン[15]（以下、リラダンと記す）の短編、『未来のイヴ』である[16]。

この小説に関する松岡正剛の読書感想が抜群に優れたものなので、松岡に依拠して、小説内容を紹介しよう。

松岡の理解によれば、リラダンは、当時としては先駆的に、機械がもたらす社会の機能変化を小説にした人である。リラダンは、エジソンの発明に決定的な衝撃を受けていた。エジソンの発明に、リラダンは、未来技術の革命を読み取っていた。

リラダンは、電気技術が電気的人造人間を文明社会に登壇させることになるだろうという予感を抱いた。

『未来のイヴ』には、ヴィーナスのごとき完全無欠な輝く肢体を持ったアリシャ・クラリーという歌姫が描かれている。鳶色の髪、銀色の白柳のような体は申し分なく、その歌声や話し声は街中の男たちの心を捉えていた。そのアリシャにエワルド卿という貴族が夢中になった。

しかし、アリシャの魂はあまりにも凡俗で、知性に乏しかった。しかも、アリシャは、贅沢品を欲しがる女で、エワルドの精神は打ちひしがれた。

やがて、エワルドの友人、エジソン博士（実在のエジソンと同名ではあるが、小説では架空の人物）が、エワルドの心中に宿る悩みを察知することになった。エワルドも悩みを打ち明けた。「アリシャは、美しいが、愚劣きわまりない女、造物主が何かのはずみで手違いをしたとしか思えない」と。

一部始終を聞いたエジソンは、アリシャそっくりの電気人形を作って見せると約束した。人形を手渡す約束の日、エワルドはエジソンの実験室に招かれた。エジソンは、アリシャと寸分変わらない容貌と肢体を持った「女」の人形「アンドロイド・ハダリー」をエワルドに手渡した。そして、エジソンは、生きる希望を失っていたエワルドに告げた。「これで君も生きていけるよ」と。

事実、人形は、エワルドとの会話によって、どんどん知性を発達させ、「未来のイヴ」としての感性を身につけていった。

新しい人造人間が、神のような神秘的な精神を備えるようになった。二人は、深い愛に浸ることになった。機械でも、宇宙精神や地球精神を体現する高邁で精緻な感性が育つことが示された。

こうしてリラダンは文学史上初めて、機械人間の哲学を滔々と述べつつ、アンドロイドが地上に君臨しうる極上の可能性を開き、物語の最後をエワルドとハダリーとの愛が謳われていく（松岡の文章）。

が、そこでリラダンが最後の最後に用意したのは、意外な結末だった。エワルドと電子人形のアンドロイド・ハダリーが大西洋上に二人して蜜月の航海を始めてまもなく、この豪華客船が暗礁に乗り上げ、爆発炎上の後に沈没したというのである。物語はそのニュースがエジソンに届いたというところで終わる。[17]松岡正剛は、感想文の終わりの方で、二〇〇四年三月に公開された劇場用アニメ映画の『イノセンス』（*INNOCENCE*）の押井守監督の深刻な言葉で結んでいる。

われわれの神々もわれわれの希望も、もはやただ科学的なものでしかないとすれば、われわれの愛もまた科学的であっていけないいわれがありましょうか。

以上が、松岡正剛に依拠した『未来のイヴ』の紹介である。

「アンドロイド」は、「男性」を意味する「アンドロ」と「そっくり」を意味する「イド」という古典ギリシア語の合成語である。「男っぽい」という意味になるはずなのに、小説では「女っぽい」になってしまった。いずれにせよ、いまでは、「アンドロイド」は「人造人間」という意味として広く使われている。

ちなみに、「アンドロイド」とよく混同される「サイボーグ」は「人間を改造したもの」の意味であり、

「人工物によって人間そっくりのもの」を意味する「アンドロイド」とは発想がまったく異なっている。[18]

すでに上で触れたが、グーグルは、「アンドロイド」社を買収し、スマートフォン用の独自のOS（入出力や同時並行処理などを管理するプログラム）であるアンドロイドを二〇〇八年、「オープン・ソース・ソフトウェア」（OSS）として公開した。[19]

これは、グーグルの優れた予見性を証明している。新製品を世の中に出した後に、ユーザーを集めるのが、これまでの企業戦略であったのに、グーグルは、ユーザーを意図的にグーグルの望む方向に誘導し、そのうえで、育成したユーザーのニーズに合わせた新製品を発表するという戦略をとってきたのである。

これからは、昔の独占禁止法が通用する時代ではない。世界中の天才たちをグーグルの影響下に置くという、歴史上最新の独占体をグーグルは作り上げようとしているのではないだろうか。

3　バブルを呼び込むスタートアップ企業熱

◈ベンチャー・キャピタル

AI関連企業の不正事件が、マスコミの話題となった。これは、ITバブルの再燃をもたらす可能性が強いことを示すものである。ITブームに乗った「スタートアップ」企業について見ておこう。

単に「スタートアップ」とも呼ばれるこの種の企業は、新しいビジネス・モデルを標榜して新市場を開拓するベンチャー企業を指す、シリコン・ヴァレー関連用語である。「スタートアップ」は、元来の「始動」という意味を離れて、株価が未公開のうちから急騰するベンチャーの勝ち組として、投資家にもてはやされている[20]。

ほとんどのスタートアップ企業は、真剣に技術革新に邁進しているに違いないが、本当は「実業」でなく、「虚業」ではないのかと皮肉の一つも言いたくなる企業も中にはある。

ここでは企業名は出さないことにするが、ある「アプリ」で名を馳せることに成功した某企業は、創業二か月で二〇一七年一一月に株式のすべてを約七〇億円で売却した。

スタートアップ企業だと宣伝されれば、業務内容を詳しく吟味せずに、ベンチャー・キャピタルという名の投資家集団が、新興企業の株価高騰気配に群がる。全世界を被う史上空前のカネ余り状況が、投資先（短期のカネ儲け先）を血眼になって探し回る膨大な数の「投資家」を生み出している。借りる側のスタートアップ企業は、ジャーナリストたちに、自社がいかに新しい分野を開発しているかをあちこちに書いてもらうだけで、カネが群がってくる。そのときをじっと待つだけでいい。

銀行ですら血眼になって融資先を求めて、スタートアップ企業支援と銘打って相次いで投資ファンドを設立したり、競ってベンチャー・キャピタルとの提携を強化したりして、地道な企業育成路線から意図的に離れようとしている。

ハイリスクを厭わず、ハイリターンを得るべく非常に攻撃的な投資活動をするのが、ベンチャー・キャピタルの特徴である。高い成長率を期待される未上場企業に投資するだけでなく、経営コンサルティングも同時に行う。投資先企業の価値を上げるために、企業の役員会にも参加して経営指導に当たる。そのうえで、時期を見て企業に株式公開（IPO）させたり、他の「ファンド」（投資事業組合）に転売したりする。投資金額の数倍の利益を短期間に得ることが彼らの目的である。

ベンチャー・キャピタルの多くは、市民層から投資資金を集めるファンドを組織している。

日本のベンチャー・キャピタルの誕生は、一九六三年に定められた「中小企業投資育成会社法」を契機としている。

現存する民間のベンチャー・キャピタルで最古の「ジャフコ」（一九七三年創業時の名称は、日本合同ファイナンス）が野村証券グループの傘下として設立されたように、日本の民間ベンチャー・キャピタルの多くは、銀行、証券会社、保険会社といった金融機関を主要株主にしている。

三メガバンクについて言えば、三菱東京ＵＦＪ銀行系では「三菱ＵＦＪキャピタル」、三井住友銀行系では「ＳＭＢＣベンチャーキャピタル」、みずほ銀行系では「みずほキャピタル」で、社名の変更を繰り返して前記の名前になったが、いずれも、一九七〇年代に進行を速めた金融の自由化によって、銀行が、旧来の企業融資形態から、より投機的な投資業務に軸足を移してきたことによって設立されたものである。

◆クラウド・ファンディング

旧来型の融資業務だけでは、史上最低の金利水準という環境下では企業組織として生きていけなくなったことが、銀行をして投資ファンドに傾斜させた。しかし、ＡＩブームが過熱化するにつれて、カネの出し手としての地位はますます悪化している。金融市場は借り手有利な形で推移しているからである。

クラウド・ファンディングの出現は、そうした事情を背景としたものである。

クラウド・ファンディングとは、あるプロジェクトを起案した人や組織が、専用のウェブ・サイトを通じて、世の中に呼びかけ、賛同した人たちから広く資金を集める方法である。その方法が、金融機関に融資や出資を依頼することなく、資金調達のできる新しい世界が開かれたとウェブ世界では肯定的に論じられている。

しかし、クラウド・ファンディング市場の正確な規模は、不分明のままである。世界銀行ですらそのことを率直に認めている。二〇一三年の世銀報告では、世界全体でのその規模は、四〇億ドル弱から三〇〇〇億ドル前後までと、各種調査には大きな開きがあると述べている[21]。同報告によれば、一件当たりの投資額は一〇〇万ドル前後がもっとも多く、将来の市場規模は、北米は当然として、中国が飛び抜けて大きくなると予測している。世銀によれば、将来、新興諸国におけるクラウド・ファンディング市場は爆発的に拡大すると予測している。二〇二五年には、新興国全体で九六〇億ドル、そのうち中国が五〇〇億ドルを占めるというのである。

先進諸国は、二〇一二年前後にクラウド・ファンディングの環境整備を行ってきた。日本も、二〇一四年に政府が乗り出し、二〇一五年度は前年より約六八%増の三六三億円強にまで拡大した。二〇〇九年に米国で創設され、現在、世界最大のクラウド・ファンディング・サイト、「キックスター」（Kickstarter）などは、二〇一六年、七万件のプロジェクトに対し、七〇〇〇万人から計一〇億ドルの資金提供があったとされている[22]。

しかし、昨今の超低金利下、年率二桁の収益を挙げる濡れ手で粟の投資など、そうそうあるものではない。目を引く誇大広告で、手を替え、品を替えるサイトの罠にはまる人々が跡を絶たない。

◈ソーシャル・レンディングの躓きの石

二〇一七年三月、クラウド・ファンディングなどの総称であるソーシャル・レンディングの手法を駆使して巨額の資金調達を成功させながら、詐欺まがいの経理操作を行ったのではないかとの嫌疑で、ある投資勧誘を業務とするスタートアップ企業（以下、A社と表記する）が、「関東財務局[23]」から一か月（二〇一七年三月三〇日〜四月二九日）の業務停止命令を受けた。

ソーシャル・レンディングは、クラウド・ファンディングで説明したことと重なるが、ネットで貸し手と借り手をつなぐ融資仲介サービスのことである。

A社は、二〇一六年四月から投資勧誘を始めた。フィンテック・ブームに乗り、同年一一月末には一七億六〇〇〇万円もの資金が集まっていた。出資者は延べ約二〇〇〇人いたとされる。

行政処分を受けた二〇一七年三月四日時点では、集まった資金は四四億円を超えていたとも言われている。事実、同年三月三〇日のA社のサイトには、「成立ローン総額四五億一〇八一万円」とあった（翌日、削除）。

銀行の一年定期預金金利がわずか年〇・〇三％程度である超低金利時代にあって、A社は、年利一四・五％という、とてつもない高利回りを謳って資金を集めていた。

二〇一六年一一月時点で、五六本もの投資ファンドに投資していた。

二〇一六年一二月の「証券取引等監視委員会[24]」の検査で明らかになったことは、自社グループの未公開株が担保になっていたという詐欺行為である。融資先も、不動産や中小企業ではなく、自社グループ企業であった。

A社は、ファンドから借りた金を別のファンドへの償還金に充てるといった、まさに「自転車操業の状態」（監視委員会による発表）だった。A社は、ファンドから借りた資金の返済が困難になり、債務超過に陥り、一般投資家から集めた出資金を、自社の増資に充てることで債務超過の解消を図っていたのである。

A社の代表は、マスコミの影響力を非常に上手く利用していた人である。日経BP社主催の「資産承継・相続フォーラム」（二〇一六年一〇月開催）で「AIによる技術革新が実現するソーシャル・レンディングとマイクロファイナンスのマーケットの発展」と題した基調講演をしていた。『フォーブス・ジャパン』（二〇一六年一二月二四日号）と『ニューズウィーク（日本版）』（二〇一六年一二月二六日号）は、ウェブ版広告記事として、A社代表のインタビューを掲載した。その他、多くのサイトが同代表の談話を掲載していた。[25]

米国では、証券取引所の登録方法に奇策が登場して投資家の間で大きな話題となった。「ダイレクト・リスティング」（Direct Listing）である。「直接上場」と訳されている。二〇一七年九月に、ネット音楽配信大手の「スポティファイ」（Spotify）が行ったことで注目を浴びるようになった株式運用手法である。スタートアップ企業のうち、超大型の未上場ベンチャーは「ユニコーン」（一角獣）と呼ばれる。これら企業は、これまで通常のIPO（新規株式公開）を行ってきた。

通常のIPOでは、上場したい企業が主幹事になってくれる証券会社を決め、主幹事証券は、その企業の財務状況や収益性、投資家のニーズなどを勘案して、株式を公募する際の価格（公開価格）を決める。投資家は上場前にその価格で株式の購入を予約し、その後に市場での取引が始まる。株式購入を予約した投資家は、実際の株式を公開価格で入手するが、上場された後、その株式を売れば、公開価格より上回る金額を得ることが多かった。IPOがもてはやされたのは、IPO投資家が市場で株式を売却すれば利益を得られたからである。

ところが、「スポティファイ」が選択した「直接上場」は、この種のIPOとは異なる。そもそも、新株の発行（公募増資）や既存の株主への株式売却をせずに、株式の登録を証券取引所に登録だけするという手法である。こうすれば、証券会社に引受手数料を支払わなくても済むし、株式の希薄化も避けられるため、創業者などの既存株主には有利になる。

ただ、企業価値がどれくらいかという「物差し」がないままスタートすることになり、上場後に需給バランスで決まる株価は読みにくくなる[26]。

通常のIPOには、「ロックアップ」期間というものがある。企業が新規公開株を公開する前は、たいてい、創業者や役員、ベンチャー・キャピタル、親会社などの利害関係者が大量の株式を保有している。公開すれば、株式は証券取引市場で自由に売買できるので、IPOで株式を入手していた大株主は大量の株式を売却して利益を得ようとする。

しかし、上場直後に大株主が大量の保有株を売ってしまったら、売り圧力が強すぎて株価が暴落してしまう危険性がある。

こうした問題を避けるために、上場後一定期間は、大株主は保有株を売ってはいけない、というルールが定められている。これが「ロックアップ期間」と呼ばれているものである。大株主に上場後株式を売却してくる可能性が高いベンチャー・キャピタルが多数存在していても、ロックアップ期間中は持ち株を売れないので、株価への影響は限定的だと見ることができる。逆に、ロックアップ期間終了後は自由に株を売れるようになるので、ロックアップ期間終了後に株価が暴落するということも十分ありうる。[27]

「直接上場」には、ロックアップ期間がない。したがって、創業者やベンチャー・キャピタルは、通常のＩＰＯより早く株式を現金化できるし、暴落前に売り逃げすることもできる。[28]

仮想通貨の狂騒劇を見てもそうであるが、スタートアップ企業というマスコミの持て囃し方は、異常なものと言わざるをえない。ＩＴバブル期を上回る規模で、スタートアップ企業を中核とするバブル崩壊は必ずくる。日本以外の先進諸国は金融引き締め政策を採用し始めた。世界的なマネーの流れの転機はそこまできている。ＡＩの楽しい夢から醒め、現実の容赦ない実態に再度、私たちが苦しむことになるのは必至である。

第7章 簡素化される言葉
――安易になる統治

1 短くなる一方のメッセージ

◈ドナルド・トランプ現象

電車の車内では、半分以上の乗客がスマホの画面に見入っている。本を読んでいる人はほとんどいない。

多くの人が、音節の少ない短縮表現を使うようになった。小さいがパソコンを上回る多機能を持つ携帯機器が巷に満ちあふれていることが、こうした風潮を生み出したのは間違いない。

二、三行の短いメッセージが発信され、受け手がそれに納得すると、「シェア」という謳い文句で他人にそれを流し、そうした安直な知識を流布させることが、「拡散」させると表現される。

正確に経験したことを、正確に理解し、正確な言葉で、正確に他人に認識してもらえるように工夫するという、これまでは当たり前にあった習慣が、人々の生活領域から急速になくなっている。

こういった風景は、他人事のように「情けない」といって済ませるものではない。組織や社会がバランスを欠いて、極端な方向に二分されてしまう要素が、このありふれた現象に示されているからである。

メッセージを発する際に、分かりやすい言葉しか使わない風潮が一般化してきた。

一九七〇年代半ば頃に開発された、「フレッシュ・キンケイド・グレード・レベル」(Flesch-Kincaid Grade Level)という言葉の分かりやすさを測る手法がある。使用されている単語の平均音節数で、文の難易度を測るものである。短い単語を多用する文ほど、分かりやすいとされる。

AFP・COMというウェブ・サイトが、このフレッシュ・キンケイドの指標を用いて、二〇一五～一六年に行われた米大統領予備選挙における各候補者の演説を評価した。それによると、すべての候補者の中で、ドナルド・トランプ候補の演説がもっとも分かりやすかった(1)。

AFPの報告は、二〇一五年一二月一五日にラスベガスで行われた共和党の大統領候補者討論会に臨んだ九人の候補者が使った言葉を比較したものである。使った単語の少なさにおいて、候補者の中では、ドナルド・トランプが際立っていた。トランプの使った単語のほとんどは三音節以内の短いもので、それよりも長い四音節以上のものは、全体のわずか七%にすぎなかった。これは、九～一〇歳の子供でも、理解できるというものであった。トランプが使った単語は、「良い」(good)、「悪い」(bad)、「すごい」(great)など、単純で短いものばかりであった。

「私が大統領に選ばれれば、米国は、再び勝てる、勝ち続け、すごい、すごい国となり、以前よりもそのすごさを増すだろう」とか、シリアのバッシャール・アサド(Baššār Ḥāfiẓal-ʾAsad, 1965–)大統領は「悪い奴」等々の表現が、幾度となく繰り返されていた。それは、幼児のような言葉遣いであった。

このように、トランプは、簡潔で、繰り返しの多い言葉遣いによって、大衆の単純な直感に訴えかけ、彼らの心を摑むことに成功した。しかも、彼は、単純な言葉を使う自分が正直者であり、逆に複雑な言葉を使いたがる既成の政治屋たちは、聞き手を騙す技術に長けている「悪い奴」だと大衆に思い込ませることに成功した。

「良い」「悪い」「馬鹿」という、あまりにも単純な言葉の乱発で聴衆が興奮の坩堝《るつぼ》と化したということは、非常に恐ろしい事態である。

米国におけるトランプ現象は言うに及ばず、すでに、過激な発言を武器とする超保守主義者が世界中で増殖している。このまま行けば、あらゆる社会、あらゆる組織の集団が、極端な方向に向かうことになってしまいかねない。

◆カーネギー・メロン大学言語技術研究所でのトランプ評価

カーネギー・メロン大学言語学研究所のエリオット・シューマッハー（Elliot Schumacher）とマキシン・エスケナージ（Maxine Eskenazi）は、同研究所が開発した言語の難易度を測る手法を用いて、上と同じ時期の米国大統領予備選挙の候補者たちの演説をランクづけした。(2)

その技術は、話し手の使う言葉を、人に伝達しやすく、しかも内容あるものに上達させていく方法を、ネット上に登場した膨大な言語データから獲得しようとするものである。(3)

この研究者グループは、たまたま、米大統領選を素材に取り上げた報告を出したものであって、けっして個人攻撃をするのが目的ではない。このグループは、現代社会において、聴衆の心に響く言葉のデータを分析していたところ、マスコミの網に掛かってしまって、そのトランプ批判に使われたのである。(4)

カーネギー・メロン大学言語研究所の前記二人らは、二〇一六年の前記米大統領予備選挙に打って出た大統領候補者の中から五人、過去の大統領から五人を選び、選挙演説で使われた語彙の「分かりやすさ」(readability)にランクをつけた。語彙ランクの平均でもっとも分かりやすいランクを1、もっとも難しいランクを12とした。

二〇一六年の候補者の五人とは、テッド・クルーズ(Rafael Edward "Ted" Cruz, 1970–)、ヒラリー・クリントン(Hillary Rodham Clinton, 1947–)、マルコ・ルビオ(Marco Antonio Rubio, 1971–)、ベニー・サンダース(Bernard "Bernie" Sanders, 1941–)、ドナルド・トランプ(Donald John Trump, 1946–)、過去の五人の大統領とは、エイブラハム・リンカーン(Abraham Lincoln, 1809–65)、バラク・オバマ(Barack Hussein Obama II, 1961–)、ジョージ・W・ブッシュ(George Walker Bush, 1946–)、ビル・クリントン(William Jefferson "Bill" Clinton, 1946–)、ロナルド・レーガン(Ronald Wilson Reagan, 1911–2004)であった。

一〇人を比較すると、語彙ランキングでは、レーガンがもっとも高く11ランク、トランプがもっとも低くて7ランク(同報告、第1表)であった。

カーネギー・メロン大学のこの調査は、「フレッシュ・キンケイド」による計測も同時に行っているが、それによると、サンダーズがもっとも高くてランクは10、トランプはわずか4であった(同、第2表)。

トランプの発言の仕方だけを切り離して、彼の知的レベルが低いと断定してしまうことは当を得ていない。彼が大統領選に勝利したのは、「ネット社会」の特徴を熟知していたことによるものだったと理解すべきだろう。

大統領就任後も、トランプの語り口は変わっていない。

大統領就任演説で米国製造業の停滞を表現するのに使った「虐殺」（carnage）。NAFTA（北米自由貿易協定）を批判したときの言葉「大惨事」（total disaster）。女性司会者を侮辱した「軽量級」（light weight）。女優のメリル・ストリープ（Meryl Streep, 1949–）を揶揄した「過剰評価された」（overrated）奴、等々。他方、褒めるときも大袈裟な表現を多用している。「君たちは素晴らしい」（great people）がその例。『日本経済新聞』が以下のような感想記事を掲載している。(5)

感情的で単純な単語を連ねる語り口が〈非エリート層〉の心に響いたのは確かだ。だが難解な事象も短文で表現する言動は、すべての物事を短絡化させかねない。怒れる白人の中・低所得層を味方に付けたトランプ節はそんな危うさをはらむ。

マサチューセッツ工科大学（MIT）の人工知能（AI）研究グループに所属するブラッドリー・ヘイズ（Bradley Hayes）氏は昨年（二〇一六年）三月、トランプ氏のようにつぶやく（ツイートする）AIの開発に成功した。「トランプ氏の語り口調は平易なので、AIの訓練に要した基礎データはシェークスピアの一五％で済んだ」という。基礎データ完成後、数時間の訓練でAIはトランプ風の短文を書き始めたそうだ。……今も〝@DeepDrumpf〟というツイッターアカウントで〈偽トランプ節〉をつぶやき続けている（ニューヨーク、清水石珠実記者）。

2 AI社会を透視していたジョージ・オーウェル

◆『一九八四年』の「ニュー・スピーク」(New Speak)

恐ろしい監視社会を描いたジョージ・オーウェルの小説『一九八四年』が語る「ニュー・スピーク」は、近年のAI社会をすでに透視していた(6)。

小説の中の専制国家「オセアニア」は、民衆の幸福を実現させる崇高な目的で革命を実現させた社会主義国家のはずであった。しかし、革命当初こそ心の美しい革命家であっても、革命政権樹立後の権力が最初の革命指導者を腐敗させてしまった。革命政権を打ち立てたこの指導者を打倒して、新たに権力を握った「ビッグ・ブラザー」が、「イングソック」という擬似的社会主義国家を創った。

権力機構を維持することのみを目的としているビッグ・ブラザーは、国民を支配する手段として、ニュー・スピークという新言語を開発した。

ニュー・スピークは、元々の言葉の意味内容から外れて、極端に分かりやすく、短い音節のリズム感に満ちた言葉である。新言語には、単純で無内容な単語しか許されなかった。映画も、歌も、絵画も、分かりやすいということが絶対的要件にされた。言語は、単なる符号である。そこにはいかなる意味でも、権力批判の思想が入り込む余地はない。

例えば、ニュー・スピークの日常用語である「フリー」(free)には、旧い言葉が持っていた「政治的自由」「抑圧からの自由」といった意味は排除された。ただ、「雑草がない」「害虫がいない」など、「〜がない」という非常に狭い意味しか持たないものに変えられた。

人口のほぼ九〇%を占める「プロレ」（旧プロレタリアートから労働者階級という意味を失った言葉）と言われる庶民には、低水準の笑い、下品な芸能、単純なリズムで踊りたくなるような大音響の演奏、あくどいポルノ映画、等々、愚民化政策を狙った娯楽がふんだんに提供された。

この階層は、ものごとを深く考えない享楽的なミーハーにされてしまっていて、ビッグ・ブラザーの権力機構を支える基盤になっていた。

「憎悪の週間」という、お仕着せの年間行事が用意された。この週間には、仮想敵（社会主義を実現させた、前支配者）を罵倒する祭りが各地で開催された。「プロレ」が「憎悪の週間」の主たる担い手であった。

「党内局」と呼ばれる、ごく少数者のみが権力を保持しているのだが、彼ら（権力側）がもっとも恐れているのは、「プロレ」（庶民）と「党内局」との間に位置し、人口当たり数パーセントの「党外局」（中間層）であった。これら中間層は、権力の代行者であるが、その思考能力の深さによって、反権力に向かう可能性をつねに秘めていた。ニュー・スピークは、主としてこれら中間層を対象にして開発されたものである。

ニュー・スピークでは、名詞が動詞の意味にも使われる。語尾に「-ful」をつければ形容詞にも副詞にもなる。動詞の不規則変化はなく、「-ed」をつけさえすれば、すべての動詞は過去形になる。名詞の前に「ante-」をつけると「〜の前」。「post-」をつけると「〜の後」。「plus-」をつけると「とても〜」。「un-」をつけると「~でない」。

いずれの単語も、軽い意味に限定される。「ungood」は「良くない」という意味だけで、「bad」（悪い）というニュアンスはない。そもそも、「bad」という言葉自体がない。したがって、ビッグ・ブラザーが悪人であることを表現する言葉はない。

まさに、現在の「LINE」や「ツイッター」の「いいね」とか「シェア」「拡散」の言葉にニュー・スピークはピッタリと重なる。

現在のSNSの世界で頻繁に使われている「いいね」には「駄目」がない。「シェア」は、「分かち合う」という意味が消し去られ、「賛成」という意味に使われる。発信人の考え方に賛成し、その賛成を他人にも共有してもらうべく、その考え方を転送（「拡散」）する。また「拡散」も、本来の意味、つまり、凝縮されていた真理が、ばらばらに飛び散る「雲散霧消」状態になって、中身が一様にはなるが、薄いものになるという意味は、完全に消えている。

現在こそが、オーウェルを怯えさせたニュー・スピークの時代なのである。

◈『一九八四年』の「二重思考」

こうした、極端に単純化されたニュー・スピークに「二重思考」の教育が加わる。

「民主主義は善である」。その民主主義を守るためには、それを破壊する異端分子たちを抹殺しなければならない。したがって、民主主義を標榜する国家権力が、反対勢力を弾圧しても、それは容認できる、と考えるのが二重思考である。国家は民主主義の擁護者であると同時に、反体制派への弾圧者でもある。博愛と弾圧との間には大きな溝がある。この溝を超えるものこそ「愛」、小説では「国家への愛」である。愛こそが、絶対的な対立を乗り超える「善の心」である（日本讃美が保守的ナショナリズムを増幅させている現在を想起されたい）。

このように、ニュー・スピークの時代では、反対物が相互に克服されて新しい次元の世界を拓くという意味における旧来の弁証法的歴史意識に根差す「止揚」は、独裁政権によって、都合よく変形されて、愛による心の「合一」に落とし込まれる。

小説の主人公は、ビッグ・ブラザーの支配をはね除ける潜在力を持つ層が、プロレであるはずだと自らに言い聞かせ、密かに改竄された社会主義革命の真相を調べて行くうちに、信頼していた人に裏切られて投獄され、二重思考の秘術を徹底的に施されて、「心の底から」ビッグ・ブラザーを「愛」し、銃殺される喜びに浸ることになる。

芥川龍之介の「羅生門」のテーマがそうであった。「生きるためには」「悪」と承知しつつも悪人の老婆の身ぐるみを剝いだ小心な下人が、典型的な二重思考の持ち主であった。

ＡＩロボットや車の自動運転技術の開発に突き進むＩＴ専門家たちは、自分たちの輝かしい頭脳が、人々から多くの働き口を奪い去ることを心の底では怯えながら、それでも技術開発を止めないであろう。彼らの多くは、この二重思考によって、良心の呵責から逃れているからであると思われる。

科学者たちは、そもそも原爆という悪魔をこの世に送り出すべきではなかったのに、競って開発に勤しんだ。彼らが開発に遅れてしまえば、敵によって自国が壊滅される。それならば、まず核兵器の開発を先行させせなければならない。その後で、自分たちは「核兵器」の使用反対という「平和活動」をすればよい。そう意識していたのであろう。

いまでは、環境保護主義者の中にも原発やむなしという見解が出始めた。近年、空気中に排出される炭酸ガスの量が多くなりすぎて、地球の温暖化が加速している。温暖化がこの勢いで進行してしまえば、地球環境の激変によって、人類は死滅してしまうであろう。その悲劇を避けるためには、原発という必要悪を使って炭酸ガスの排出量を減らさなければならない。まず、危機から脱出することが先決事項であり、その後に原発の安全な操業方法を見つければよいという考え方がそれである。

3 沈黙のスパイラル

◈プラットフォーマー

本章の第1節で触れたように、三行そこその短い情報が、「シェア」という言葉で人を動かし（圧倒的な数のフォロワーズという名の観客の動員）、「拡散」という要請を出し、単純化、過激化したスローガンで人々の集団意識を意図的に増幅させている（違いの排除）。

その手法が、権力者（市場の支配人）に擦り寄る目端の利く情報の仕掛け人に持ち上げられた無邪気な情報関連技術者たちによって開発され続けている。手を替え、品を替えても、同じ中身の情報が、これでもかこれでもかと流され、人々の意識が一色に染め上げられている。仕掛け人は、受け手の細かい個人情報の収集技術を高度化させ、意図通りに、人々の意識を一定の方向に誘導する。

情報の垂れ流しは、けっしてメディアの放逸さから生じているのではなく、国家・組織・個人の機密情報を盗み出す米国情報当局によるものであることを告発したのが、米国の支配地域から逃亡したエドワード・スノーデン（Edward Joseph Snowden, 1983–）であった[7]。

ＩＴ業界は、大衆受けする無料のアプリ開発に余念がなく、そのアプリが大化けすれば、企業や各種団体などから多額の広告収入を得ることができる。

トランプ米国大統領の過激で突飛な発言が世界の人々の注目を集めた二〇一七年初めの環境をチャンスにして、世界中のメディアが視聴率を稼ぎ、フォロワーズを激増させている。トランプ批判者たちの怒りの抗議行動が全米各地で大きくなり、それに対抗するトランプ擁護派の動きも激しさを増す。そして、全米を二分する対立の相乗効果が、「サイバー・カスケード」（情報という連続する多段状の滝）の威力を巨大なものにしている。

トランプは、メディアの中でも、ツイッターを愛用することで知られ、初の「ツイッター大統領」であると言われている。大統領就任後も、トランプは、メディアの「不当な報道」を批判し、「ツイッターなら自分の言葉をそのまま伝えられる」と強調し続け、大統領の公式アカウントではなく、個人アカウントを使い続けると言い放った。しかし、多くの人が眉をしかめているように、トランプのツイートは、大統領としての考えがリアルタイムで反映されるだけに、物議を醸すことも多い[8]。

トランプ現象は、プラットフォーマーとしてのツイッターの情報収集力をますます強力にさせるであろう。プラットフォーマーとは、情報の発信・受信の大元である。彼らが提供するプラットフォーム（吸着場所）は、大きくて、広ければ広いほど、多くの情報を集めることができる。

しかし、プラットフォームが、ますます特定のIT企業に集中してしまう結果、本来、多様であるべき世論が、声の大きい多数派に流れてしまう。昨今の日本における「嫌中」「嫌韓」などに、そうした気配が見られる。国政選挙にしても、投票は、その時々の話題をさらった政党や候補者に集中してしまう。昔からそのような傾向はあった。しかし、最近では、サイバー空間が、世論の大きな流れを生み出す主たる要因になっている。

いろいろな流れを集めて、大河にも大津波にもできるからである。権力は、この流れを作りえたグループによって握られている。権力者がその波に乗って、大きな声で叫べば叫ぶほど、「大衆」は歓呼の声を挙げてついてくる。

そして、少数派で、力の弱い「傍観者」たちは、大きな流れに連動する大声に抗した反論はせず、黙ってしまいがちとなる。

そういうことから、世界は「全体主義的」社会に向かって漂う、という危険性を訴えたのが、旧西ドイツの政治学者、エリザベート・ノエレ＝ノイマン（Elisabeth Noelle-Neumann, 1916–2010）であった。(9)ノエレ＝ノイマンは、社会における少数派が、同調を求める多数派の圧力によって沈黙を余儀なくされていく過程を描いた。

同氏は言った。自らを社会の少数派であると思っている人は、多数派に属する人々が発する同じ内容の言葉の大合唱によって、脅迫されているような感覚に陥り、孤立を恐れて自分の意見を表明しなくなる傾向があると。

このような現象は、「長い物には巻かれよ」という旧い格言が示すように、はるか以前から存在していた。しかし、マスコミが発達するにつれて、この現象はますます広がりを見せるようになった。そして、スマホが登場した。スマホに熱狂する人たちが巨大な層を形成するようになって、沈黙状態は、また一段と進展してしまった。スマホに代表されるSNS社会の怖さは、この一点にある。

ここで注意しておきたいのは、「沈黙」とは、反対者たちが、自らの自発的意思によってそうするのではない、ということである。そこには、有形無形の暴力が存在する。

威嚇を背景とした大声だけが、すべての人の声のように社会では響いてしまう。反対者たちは、ウェブ社会で血祭りに上げられる。血祭りに上げられている人を救おうとする人が、多数者と反対の書き込みをしようものなら、その人への批判が無数に押し寄せてきて、その人のブログはウェブ上で瞬時に炎上してしまう。その結果、威圧的な言葉に同調する人たちの声のみが社会の大部分を占めるようになる。

ジャーナリストの森健は言う。

ある集団で意見が極端な方向へ傾くという集団分極化は、ウェブの世界、とりわけブロゴスフィアやSNSのようなパーソナライゼーションが起きている場では、しばしば見られる現象だ。ブログやSNSのコミュニティで、ある発言者に対して明確な反論を述べるような人は（一般的な著名人の場合は別として）、多くない。……その発言者と対立する考えをコメントすることは、論争を招く要因になる。副次的に感情的な面倒を抱えることになり、いろいろとやっかいな話にもなる。であるなら、コメントなど返さずに黙って流してしまった方が楽だからだ。(10)

SNSは、人と人とのつながりを促進・サポートするコミュニティ型のウェブ・サイト、つまり、知人の間でのコミュニケーションを円滑にする手段や場を提供し、趣味や嗜好、居住地域、出身校、あるいは「友人の友人」といったつながりを通じて、新たな人間関係を構築する場を提供する会員制のサービスである、というのが建前としての謳い文句である。しかし、現実は、そのような歯の浮くような綺麗事にはなっていない。

ノエレ＝ノイマンが指摘した「沈黙のスパイラル」という負の現象は、今日でも、スマホの競争部面で確認される。現実に、過去のメディアよりもはるかに激烈な闘いが、情報を載せるプラットフォーム間で展開されている。アップルも、グーグルも、そしてアマゾンも、いまや新しい類の「コンテンツ配信エンジン」になろうと懸命になっている。その帰結は、世界中の膨大な視聴者にコンテンツを配信し、巨大な財務基盤を作り、コンテンツを見る人も作る人をも支配するようになる情況の出現である。

◈流行する劇画化

スマホの世界では、異様な行動をし、過激な言動を発するユーザーは、検索機能などを通して瞬時に発見される。その存在が社会に知れわたるようになり、氏名や所属先などの個人情報もすぐに特定されてしまう。常識的には、情報拡散の速さに萎縮して、そうした目立つ行為は影を潜めるはずだが、ネットの世界ではそうではない。馬鹿馬鹿しさに悪乗りして動画として投稿する目立ちたがり屋のユーザーが跡を絶たず、ネット上では、その行為への反響が爆発的に増殖する。その反響が特定の主張を繰り返す特定の人への反感として大きくなったとき、その人のブログは使えなくなる。つまり、「炎上」する。このようなことが、いまでは、日常茶飯事に生じている。過激で極端な行動と言動が、劇画を見るように面白く、自分たちも面白い劇画の参加者になってしまう。その流れに、毅然として異を唱える人は、はしゃぎ回る目立ちたがり屋によって、ネット上で、身辺に危険を覚えるほどの激烈な攻撃の生け贄にされてしまう。

ネットが普及すれば素晴らしい世の中になると、かつては言われていた。しかし、実際には、過激な行動、過激な言葉、過激な攻撃的脅迫が、闊歩するようになっただけのことである。

ネット上では、簡単に自分をアピールできることが、異常な行為をSNSに氾濫させるようになった大きな理由の一つである。現実世界の欲求不満がネット上でのバーチャルな世界にぶつけられる。

スマホは、ネット依存症をも激増させている。いつでも、どこでも、容易にインターネットにアクセスできてしまうために、ネットが生活の中心になってしまっている「ネット依存症」に陥っている人が、年齢を問わず、増えている。

総務省情報通信政策研究所が、かなり以前（二〇一三年六月）に発表した調査結果によると、小学生から二五歳までのスマホ所有者の半分にネット依存傾向があるということであった。[11]

いまでは、れっきとした中高齢者が「VR」（ヴァーチャル・リアルティ）にはまっている。「ネット住民」が、「バカッター」（バカとツイッターの合成語）的に付和雷同する傾向が、ネット社会によって強められているという事態が、「集団の過激化」の温床になっていると言い切ってもよい。

多くの情報が競って、大きな滝のような流れを作り、その滝が人々の話題にのぼれば、似たようなテーマでまた新しい滝の流れが作られていく。多くの人は、これら滝の流れの連鎖を鑑賞することで、自分が大きな流れに沿っていることを確認し、自己満足してしまう。[12] 情報の流れが「情報のカスケード」を作り、カスケードが「共同了解の感覚」(同じように反応してしまうこと)を生み出す。

SNS社会では、「共同了解」から離れることに臆病な人が多い。

政治の世界でも、保守政党がほとんどの場合に政権政党になるというのは、政策の正しさがそれを可能にしたというよりも、保守政党が共同了解と同じ役割を担うからである。社会のエリートとして人々の上に君臨するには、つねに多数派に身を置かねばならないのである。

4 IA開発の促進が必要

◈IAをも夢見ていたハーバート・サイモン

現在、AIに関する将来の夢が数多く語られている。しかし、AIの方向ではなく、IA(Intelligence Amplifier＝人の知的能力増幅)について論議されることは多くない。しかし、この方向こそが人間の将来を豊かにするものであると私は信じる。

AIの提唱者であったハーバート・サイモン[13]など、初期のAI開発者には、IAをも夢想する人たちが結構多かった。

ジョン・マッカーシー[14]は、米国の認知科学者であったマーヴィン・ミンスキー[15]と並ぶ初期の人工知能研究の第一人者で、AIという用語の創始者である。

マッカーシーが、MIT百周年記念事業の一環として企画していた「ダートマス会議」は一九六一年に開催された。これが、第一次ＡＩブームを引き起こした。

ダートマス会議では、アレン・ニューウェル[16]とハーバート・サイモンによって、初めての人工知能プログラムと言われる「ロジック・セオリスト」のデモンストレーションが行われた。これは、コンピュータが四則演算などの数値計算しかできなかった当時では画期的なことだった。

サイモンは、一九七八年の「ノーベルを記念するスウェーデン銀行賞」（通称、ノーベル経済学賞、ノーベル記念財団の賞ではない）の受賞者である。彼は、多くの同賞受賞者を出したシカゴ大学出身（前記のカーネギー・メロン大学でも研究した）である。彼の研究は、経営学、経済学だけでなく、人工知能、認知心理学、コンピュータ・サイエンス、政治学と広い分野にまたがっていた。

サイモンは、行動する主体の意思決定には、辻褄《つじつま》の合わない要素が必ず含まれるという「限定合理性」論を展開した人である。総じて、意図した成果が現れることは難しい。したがって、組織は、実施内容の範囲を限定したうえで、合理性を実現するという仕組みを試行錯誤的に絶えず作り直すという作業をしなければならない。これが、サイモンの言う「限定合理性」である。

この「限定合理性」について、サイモンは、一九六九年初版の『システムの科学』で、「アーティフィシアル・サイエンス」という視角から説明した[17]。

「アーティフィシアル」（人工的）という表現は、「アート」（芸術）から派生したものである。人間社会は、なんらかの設計図に従って展開してきたものではない。アートとは「寄せ集め」（ブリコラージュ、bricolage）である。

例えば、ありふれた「布切れ」。布切れにとっては、服に縫い上げられることが「自然の流れ」である。

布切れを寄せ集めて、「パッチワーク」を作るのは、自然の流れに反する。しかし、自然の流れに反しても、まったく別のものを創り出す能力が人にはある。その能力を活かして、その場、その場の寄せ集めを編成することで人間社会は進展してきた。

「人工的」という言葉には、そういう意味が含まれている。本来の用途とは違う方向で使う物や情報を生み出すことが人工的なのである。人工的をこのように解釈することは、構造の「多様性」の認識に結びつく。

進化は、予め作られた設計図に基づいてゼロから行われる「エンジニアリング」によって実現したものではない。そうではなく、既存の系統に対して用途の変更や追加を行うことによって実現してきた。その結果、進化は必ず複雑性を増してきた。挑戦と挫折、試行錯誤の繰り返し、そして、脈絡のないところから突然にやってくるヒラメキ、そうしたものが、ないまぜになって、概念（認識）が形成される。

人間の行動は複雑極まりない。人間が様々なものを「寄せ集めて」、ものごとを企画（デザイン）してきた。複雑な人間行動を理解するためには、人間が描いてきたデザインを研究しなければならない。人間固有の研究領域はデザインの科学に他ならない。

デザインこそ、「アーティフィシアル・サイエンス」である。「秩序」を求めながら、現実にはそこから大きく逸れてしまうというパラドックスを理解するには、各人が描く多様なデザインに注目しなければならない。

サイモンと同じく、ＡＩはＩＡへと進化させるべきだと、ＡＩの第一次ブーム時から力説していたのが、ダグラス・エンゲルバート（Douglas Carl Engelbart, 1925–2013）であった。彼の熱い心はいまでもＩＴ

研究者の中には生き続けている。[18]

社会が平板な考え方に傾いている怖さを無視して、ＡＩをひたすら神の座に祭り上げようとしているＩＴ業界の実情を見るにつけ、チューリングをはじめ、ＡＩをＩＡに引きつけて考察しようとしてきた初期のＡＩ開発者の深い人間理解に想いを寄せることが必要である。

第8章　性急すぎるAI論議
――アラン・チューリングの警告

1　人間より賢くなったコンピュータ？

◈コンピュータがプロの棋士に勝ったこと

ほんの一〇年前までは、一部の人にしか使われていなかった「人工知能」（Artificial Intelligence＝AI）という言葉が、いまでは、世代を超えて、多くの人々の口にのぼるようになった。ただし、素晴らしいが、恐ろしいものといった感覚をともなって。

そして世上では、人工知能（以下、単にAIと表記する）は、「人間を上回る知能を持つコンピュータ」という意味合いで受け止められている。

こうした受け止め方が一般的になった最大の原因は、メディアの報じ方にある。AIが賢くなったと、非常に多くのメディアが、派手なキャッチコピー（広告宣伝文）を大量に振りまいている。メディアは、囲碁や、将棋、チェスなどで、超一流のプロに打ち勝ったAIを持て囃して、AIをどんどん神の座に押し上げている。

しかし、チェスなどの室内ゲームの分野においては、人間がいずれＡＩに負かされるようになるであろうことは、ずっと以前から予測されていた。記憶容量、通信速度、機器相互の連携、等々の面での、目を見張る素晴らしい進歩に後押しされて、コンピュータは爆発的に進化してきた。この流れからすれば当然のことであるが、様々の分野で人間が機械に追い越されるときが容赦なくやってくる。

人間に匹敵する能力を機械に持たせることは、開発者たちの夢であった。その夢は、社会を幸せにするはずのものであった。しかし、その夢が実現しそうになった瞬間に、ＡＩという魔法のような言葉がマスコミに利用されて、金儲けの餌食になってしまった。コンピュータの力が誇大に宣伝され、ＡＩは絶対の神にされる一方で、人々に恐怖を与える魔神の位置に追いやられている。しかも、理想が恐怖に取って代わられつつある。すべては、ＡＩに関する正しい認識が普及しなかったことに起因する。

ＡＩ論議がいまの社会を震撼させている原因は、ＡＩそのものにあるのではない。原因の多くは、ＡＩの虚像が大々的に膨らまされていることにある。

計算の速さでは、人間は、コンピュータには及びもつかない。このことに驚く人などは皆無であろう。ところが、囲碁や将棋の世界で、コンピュータが勝ったことに、どうして人々は驚愕してしまうのだろうか？　コンピュータが勝ったのは、あらゆる局面を記憶できるコンピュータの能力が、過去とは比べものにならないほど進化したことによる。それはそれで大変な偉業である。しかし、このことをもって、コンピュータが、人間そのものを追い越したと解釈してはならない。

計算にも、最適な選択肢を選び取ることにも、必ず正解はある。誰もが納得する正解がある。コンピュータの思考力とはこの局面に限定される。この局面こそが、コンピュータが人間より勝る場である。

ただそれだけのことである。

ところが人間社会では、正解がないか、あっても時間的に不明な段階で、重大な決断をしなければならないということが多い。そうした種類の決断をすることこそが、機械にはできない人間の本領なのである。

優れたＡＩを搭載されたコンピュータと人間との間には、本質的な重要な差異が横たわっている。しかし、すべて利得に置き換えられている現代の経済システムでは、この差異が意図的に無視されてしまう。過熱するＡＩ論議が、格好の金融上の投機対象になっているからである。

人間の能力をはるかに上回る万能のコンピュータの開発を急がねばならない、そのためにもこの分野に莫大な投資を行わなければならない、そうしなければ日本は国際社会で取り残されてしまう、という類いのキャンペーンがいまの日本社会に溢れている。そこには、金融的利得を得ようとする金融機関の打算が透けて見える。

◈おおげさなシンギュラリティ（技術的特異点）論

ＡＩは、急速に進化して、いずれ人間の知能に追いつき、追い抜く。そうなったとき、ＡＩは、人間社会のあらゆる局面で、過去に見られなかったほどの猛威を振るうようになるだろう。社会は、宇宙創生期を思わせるような大激震に見舞われ、これまで馴染んできた世界ではなくなる。とてつもない異変が起きる時点は、必ずくる。

この時点が、いままでは多くの人々が、メディアによって知るようになった「シンギュラリティ」である。この横文字語には、いまのところ、「特異点」という、日常語としてはあまり使われていない訳語が当てられている。

「シンギュラリティ」(Singularity)という単語は、昔から英語の世界にはあった。「シンギュラー」(singular)という形容詞の名詞形がシンギュラリティである。

『ジーニアス英和辞典』によると、"singular"には、「単数の」という意味と並んで、「並はずれた」という意味もある。"singularity"は、その名詞形なので、「奇妙なもの」「異常なもの」という意味になる。これまでは想像もできなかった「特異な」(=異常な)点ということなのだろう。ただし、AIの世界では、単に「特異点」というだけでなく、「技術的特異点」と表現される場合が多い。

「シンギュラリティ」という言葉を、世人に普及させることに大きな役割を果たしたレイ・カーツワイル(Ray Kurzweil, 1948–)という実業家にして発明家の説明によれば、「特異点」を超えれば、人間は、生物としての身体や脳の上限を超えて、「死」という宿命をも思うままに変えることができる、つまり、好きなだけ長生きすることができるというのである。

なんておおげさな! というのが通常の人としての感情を持つ者の率直な感想であろう。科学の名において、この種のおどろおどろしい言葉が簡単に発せられるという現在の風潮は戒められるべきである。

カーツワイルは言う。

特異点とは、われわれの生物としての思考と存在が、みずからの作り出したテクノロジーと融合する臨界点であり、その世界は、依然として人間的であっても生物としての基盤を超越している。特異

点以後の世界では、人間と機械、物理的な現実とヴァーチャル・リアリティとの間には、区別が存在しない。(1)

カーツワイルは、未来学者として、持て囃されるベストセラー作家である。しかし、神のご託宣のごとき表現に私は辟易する。それでも、「人間と機械……との間には、区別が存在しない」という一文には、心が動く。苛酷な運命に翻弄されたアラン・チューリング（Alan Turing, 1912–54）を思い起こすからである。

チューリングは、コンピュータ（計算機械）と人間との区別がなくなる日が到来するだろうか？　という問題意識を持っていた。カーツワイルは、その問題意識を継承しようとしているらしい。カーツワイルのそうした意図は正しく理解されるべきだろう。

コンピュータの進化によって生み出されるＡＩが、人間を超えることなど不可能だと決めつけてしまう前に、人間とはそもそも何なのか？　が問われなければならない。人間を上回るとてつもない高い能力を持つが、感情を持たない機械（コンピュータ）に、人間が負けるかも知れないという恐怖感を語る前に、そうした発想が科学の世界で生まれてくるのはなぜなのか？　科学を進展させる方法を私たちは、どこかで間違えたのではないだろうか？　強力なコンピュータを味方につけて、自己の能力を増進させることが、どうすれば可能になるのだろうか？　ＡＩの開発に当たっては、意識されなければならない人間としての重要な掟が存在するはずである。チューリングはこのことを問うた。

悲劇的な人生を送ることを余儀なくされていたチューリングは、問題のありかを突き止めようと足掻いていた。しかし、自決かも知れない彼の突然の死が、人間の心の根源を辿る旅路を終わらせてしまった。近い将来、必ずやってくるAI社会に向かう私たちの心構えを作るためにも、その作業が必要である。

2 デジタル・コンピュータの思考

◆機械と人間――アラン・チューリングの問題提起

アラン・チューリングの苛酷な運命については後述するが、その名が冠された権威ある賞（チューリング賞）の存在に証明されているように、コンピュータ開発の始祖として尊敬されている彼には、一九五〇年に発表した「計算機械と知性」という題名の論文がある。[2]

論文の冒頭で、彼は、「機械は考えることができるか？」という問題を提起した。人間に匹敵する「知性」（Intelligence）を持つような「計算機械」（computing machinery＝デジタル・コンピュータ）を将来創り出すには、どこに重点を置けばよいのか？　実際にそうした機械が生み出されたとしても、その事実を証明する方法は何なのか？　等々を問うたのである。

今日の言葉でいうAIを創る過程で、開発者は人間そのものを理解し直すことになるだろうと、チューリングは主張した。

結論を先に言えば、論理一本槍ではなく、試行錯誤を繰り返すのが人間である。このことを彼は主張したかった。人間に匹敵する知性をAIが持つようになることが、開発の最終目的ではない。その開発過程で、人間の持つ重要な資質である、必ずしも論理的とは言えない多様性を発見することの方が大切である。

言葉を厳密に使いたがる多くの科学者とは異なり、彼は、言葉の曖昧さに、人間の本性の一部を見ようとした。

デジタルの方向に進化することへの合意が成立しつつあり、実際に、デジタル・コンピュータが、少数ではあれ、試作されてはいたが、実際には、性能面においてまだまだ幼稚な段階に止まっていた時代、つまり、コンピュータが人間に匹敵する能力を持つようになることが夢物語にすぎなかった時代に、「機械と人間」の同等性の可能性をチューリングが視野に置いていたという事実は、確かに、彼の天才としての先見性を示すものではある。

しかし、彼の卓越さは、AI社会が到来することを予言したという先見性にあるのではない。人間に匹敵する機械が生み出されるであろうとした科学者たちの幼い夢を、すでに批判していた点こそが先見的であったと理解されるべきである。科学者たちが無邪気に抱く夢には、パターン化できない人間への興味が希薄すぎる。このことが、AI社会の到来を無批判に受け入れることの危うさを強く意識していたからこそ、チューリングは哲学雑誌に投稿し、しかも、その論文が、当時は、ほとんど無名の人物によるものであったにもかかわらず、巻頭論文として編者によって採用されたのである。

彼は、AI社会の到来など、はるか先の未来のことであるという時代にあって、すでに、現在に通じる論点を提出していた。

しかし、彼は、論文の冒頭で掲げた「機械は考えることができるか?」という問い方はよろしくないとして、この問い方をすぐに改めた。

「機械は考えることができるか?」といった形式の問いに答えるためには、「機械」や「考える」ということをまず定義しなければならない。しかし、言葉自体が、本質的に多様にして複雑な意味内容を持っているので、どうしても定義そのものが曖昧になってしまう。

それよりも、人間に匹敵する頭脳を持つようになったデジタル・コンピュータが、「自分は機械でなく人間である」ことを「本物の人間」に対して思い込ませること、つまり、人間を騙せるようになることを到着点として、どういう点で人が騙されるのかを問うことの方が、「機械でありながら人間の知性を持つ」ことの重要な意味を理解できるはずである。これがチューリングの提唱した「イミテーション・ゲーム」(Imitation Game)、後世で有名になった「チューリング・テスト」(Turing Test)の狙いであった。

チューリングは、機械を人間と見紛うという意味は、風貌や仕草が人間に似ていることではなく、「知的能力」(intellectual capacities)面で区別がつかないという点であることを「議論を後戻りさせない」ために、あえてつけ足している。

人間には、詩を作る能力がある。しかし、飛行機のように速く移動することはできない。前者が知的能力であって、後者は身体的能力である。後者の点でコンピュータが人間に勝ったからといって、そのことはほとんど意味を持たない。当然のことだからである。本節の冒頭で、AIが棋士に勝ったこと自体は大騒ぎするほどのものではないと私が言ったのは、チューリングの問題提起を意識したからである。

人間に匹敵する知性を持つ「機械」を創るには、ありとあらゆる工学技術を動員する必要がある。どのような技術を選択するかを前もって決めておいては駄目である。

手引き書などにはないことをも実験的に試みなければならない。また今日の言葉でいう「クローン」（人造人間）などを目指してはならない。純粋に機械のみによって知性を持つコンピュータを創り出さねばならない。

私たちは、今日、あまり深く考えもせずに「コンピュータ」という用語を使っている。しかし、コンピュータとは「計算する人」（computer）のことである。人の手で作成されたプログラムの命令に従って、人に代わって計算する機械が「計算機械」である。そのうちに、「計算機械」と呼ぶことが面倒になったので、本来は人間を意味した「コンピュータ」を「計算機械」の意味で使うようになった。

そして、旧い単純な計算機ではなく、0と1からなる「電子配列」（digital）を組み込んだ計算機械が「デジタル・コンピュータ」なのである。

いまあるデジタル・コンピュータが人間と比較できるか否かを問うているのではない。自分は、人間の知性と比較したくなるほど進歩した未来のデジタル・コンピュータを話題にしているのであると、彼は、その論文できちんと断っている。

◈チャールズ・バベッジのコンピュータ

チューリングによれば、デジタル・コンピュータを走らせるアイディアは昔からあり、その一つが、チャールズ・バベッジ（Charles Babbage, 1791–1871）の「解析エンジン」（Analytical Engine）であった。

バベッジは、「ルーカス教授職[3]」（Lucasian Professor of Mathematics）というケンブリッジにおける非常に高い地位に就いていた（一八二八〜三九年）。

バベッジの時代、フランス政府が計算手法に分業システムを採用していた。対数表や三角関数表などの数値表を作成するに当たって、専門の数学者たちが、表の数値を得るための計算工程を設計したうえで、各工程をさらに細かく分解し、数学の素養のない素人に計算させた。細分化された分野で計算を担当する素人は、簡単な足し算や引き算をするだけでよかった。そうして計算された各分野の数値を統合することによって、最終的な表の数値が導き出されるという仕組みであった。

当時、大規模な建築や機械の設計がなされていて、正確な対数表や三角関数表が必要だった。しかし、フランスの画期的な手法も、工程のすべてが人力によるものであったせいか、計算結果にはかなり多くの間違いがあった。しかし、計算工程を細かく区分けして、それぞれの工程で計算された数値を統合するという発想は、現代のコンピュータに通じるものであった。

バベッジは、この工程を機械で行えないものかという着想を持った(4)。

一八二二年、彼は「階差エンジン」(Difference Engine)と自分で命名した歴史上で初のコンピュータを設計した。これは、階差の持つ性質を応用して多項式関数の値を機械に計算させるものであった(5)。

階差エンジンは、一連の数値を自動的に生成できるように設計された。これは、非常に多くの部品で構成されるはずのものであったが、構想だけで完成させることはできなかった。階差エンジンの2号機も構想されたが、これも、資金難でできなかった。しかし、一九八九年、バベッジの死後一二〇年ほど経って、彼の構想のまま実際に制作が試みられ、一九九一年に完成させたところ、三一桁の計算を機械が成し遂げたのである(6)。

最初の階差エンジンを設計してからも、彼は、死ぬまで「解析エンジン」(Analytical Engine)と名づけた改良型コンピュータの設計を構想し続けた。これは、プログラムをパンチ・カードに入れ込んだ点で凄さがあった。プログラムをカード化すれば、そのカードを機械に差し込み、機械に命令を与え続けることができるし、前の計算結果を次の計算に受け継ぐことも可能になる。

しかも、この機械は、ストア部と呼ばれるデータの記憶装置や、演算装置のミル部、そして計算過程を打ち出す印刷装置、等々、現在のコンピュータの原型を創り出したものである。この機械も資金難によって完成されなかったが、この功績によって、彼は「コンピュータの祖」とされている(7)。

チューリングが、バベッジの設計した、多数の歯車からなる解析エンジンに言及したのは、デジタル・コンピュータに対する科学者たちの過度の思い込みに警告を発したかったからである。

チューリングがこの論文を書いた一九五〇年の時代は、デジタル・コンピュータを電子の産物と見るのが一般的であった。それだけでなく、科学者たちは、人間の頭脳も電子の働きによって機能するという先入観に捕らわれていた。つまり、コンピュータを進化させれば、同じく電子の力によって働く人間の頭脳と同じものができるという、いまの言葉でいうシンギュラリティの世界を科学者たちは夢想していた。このような先入観に対して、チューリングは、デジタルの世界と人間の頭脳の構造とはまったく別物であることを強調したのである。

チューリングは、バベッジのコンピュータが、完全に歯車からなる機械だけで動くことの理論を組み立てたことで、電子的な機能に幻惑されている当時の科学者たちの思考回路を批判したのである。

◆離散状態を原則とするデジタル・コンピュータ

あまりにも一般的になった用語なので、いまさら説明するのも気後れするが、この節の課題である「離散」との関連を示すものとして、「デジタル」(digital)という英語の意味を掘り下げていきたい。ことは、コンピュータで未来予測ができるのか？　という問いに大きく関わるものだからである。

デジタルとは、「離散」(discrete-state)という状態を表す用語である。離散とは、「飛び飛び」になっているという意味である。ラテン語の「指」(ディギトゥス＝digitus)を語源としている。指を折って、1、2、3、と数えると、数える際に使った指と指は「離散」している。その際、互いに重なっていない指で表される数値は離散状態にある。離散状態にあるという意味のデジタルの二進法への応用での整数値が英語の「デジット」(digit)である。

デジタルと対立的に表される「アナログ」(analog)という用語も、デジタルの定義からすぐに想像されるように、「離散状態」ではない状態、連続した量を表している。1という数値からいきなり2という数値に飛ぶのがデジタル。その間を隙間なく連続して量が推移する状態がアナログである。アナログは、数値では表現できないので、物理的な量の変化を表す言葉として使われる。「アナログ時計」(ゼンマイで動く時計など)は、長針が数字と数字の間をカチッ、カチッ、と飛び飛びに動くのではなく、スムーズに移行する。このような状態を表すのがアナログである。ラテン語を語源に持ち、「比例状態」を表す言葉であった。

現在、私たちが日頃使っているコンピュータは、デジタルを原則とする。しかし、コンピュータのデジタル世界ではなく、私たちが生活している現実はアナログの世界である。したがって、コンピュータでは、デジタルの間隔を極限まで短くして、できるかぎりアナログという連続量に近づき、現実の世界からは遠ざからないように工夫されている。

しかし、その工夫によって人間に近いどころか、人間を越えるＡＩを生み出すことができると思い込んでしまうのは早計である。デジタルの世界と、アナログの世界とは、基本的に異なっている。このことを私たちはまずきちんと認識しなければならない。

バベッジが設計した「解析エンジン」に話を戻そう。歯車で計算させるバベッジのエンジンの基本的発想もデジタルである。歯車を最重要部品として使っているかぎり、「解析エンジン」もデジタルの原則を採用したことになる。そこでは、歯車を回す。歯車を止める。この動作の連続で、歯車で計算された局面が順次積み上げられていく。これが、バベッジのエンジンの原理である。

歯車の世界は、0と1で表現される。歯車の回転を止めるのが0。回転を開始するのが1という区分けを無数の局面で行うことである。

歯車を回転させる前の初期状態をｑ１としよう。初期状態における機械に対する命令は００という数値で表現される。これは歯車の制止状態を示している。そして最初の命令０１が出される。これは歯車の回転をこれから開始せよという命令である。この命令によって、回転開始前のｑ１という局面から新しい局面が生まれる。その局面をｑ２としよう。ここで、１０、つまり歯車を止めるという命令が出されると局面はｑ２の状態を保ったままになる。

そして、１１の命令が機械にインプットされる。つまり、歯車を再度回転させる。そうすれば、局面はｑ３に移る。このようにして、命令はｑ４、ｑ５と無限に繰り返される。

ここで重要となる論点は、q１、q２、q３、といった局面が相互に影響を与えないということである。

歯車を回転させることをオンと呼ぼう。回転を停止させることをオフと呼ぼう。オンとオフとは完全に別個の命令である。０で表現されるオフという命令が歯車を回転させることはなく、１で表現されるオンが歯車を停止させることもない。さらに、q１とq２が相互に独立していて、互いの乗り入れはない。つまり、オンとオフとの中間はない。q１とq２が入り混じることはない。

チューリングは、バベッジが構想したコンピュータを「離散状態機械」（discrete-state machine）と名づけた。

離散とは、上のたとえで説明したような状態、つまり、特定の命令によって、特定の局面を表現できるような状態を指す。バベッジの離散状態機械では、機械の初期の状態と命令（入力信号）が確定されれば、機械の状態がどうなるかが予め確実に予想されるということが原則になっている。

離散状態を原則とするかぎり、フランスの物理学者、ピエール＝シモン・ラプラス(8)（Pierre-Simon Laplace, 1749–1827）の「決定論」に属する世界になるとチューリングは言う。

決定論とは、将来に起こることが、過去に起きたことを起因とするという世界である。ある特定の時間の宇宙のすべての粒子（原子）の運動状態が分かれば、その後に起きるすべての現象は予め計算できるという考え方である。すべての事象の原因と結果は因果律に支配されている。したがって、現時点で論理的に計算すれば、未来の事象は計算通りに予測された形で姿を現す。これが、「因果的決定論」の典型的な世界である。

この決定論が、俗に言われている「ラプラスの悪魔」[9]である。しかし、後世に捏造された「ラプラスの悪魔」という過激な言葉が、ラプラスに対する誤解を大きくしてしまった。

しかし、ラプラスは、現実の世界が決定論で動いていると断定したのではない。自然を動かしていることのすべての要素を知ることができる「知性」（実際には存在しない架空のもの）が、将来のすべてを予測することができると言えるためには、自然が、あくまでも離散状態にあることを前提にしなければならない。現実はそうではない。とくに人間はそうではない。人間は、自分が経験した範囲内で、しかも主観の入った確率的な予想、それも確信を持てない不安感を抱きつつ、行動しなければならない存在である。人間はあらゆる要素を解析するだけの広大な英知を持っていない。どうしても主観的な確率に自らの判断の基礎を置くしかない[10]。

チューリングは、ラプラスの確率論を支持した。むしろ、「離散状態機械」ではない人間は、試行錯誤しかできないことを論じた先駆者としてラプラスを紹介したのである。

チューリングは、電子を駆使する今日のコンピュータですら、バベッジの離散状態機械の原理を踏襲したものであることを重視したが、それは単純に電子時代のデジタル・コンピュータの限界を指摘したかったからではない。その逆である。

デジタルの原理に準拠しておれば、複数のコンピュータが相互に情報を共有して協同作業を行うことができる。しかも、情報を模倣できる複数のコンピュータを連結すれば、無限に記憶容量を増やすことができる。チューリングがバベッジの先駆的業績に注目したのはこの点であった。

この原理で創られたコンピュータは「相互に真似ができる」としたチューリングの「イミテーション・

ゲーム」の発想が、この論点で生かされる。複数のコンピュータの相互模倣による記憶容量が無限に増大する可能性について、チューリングは「イミテーション・ゲーム」の比喩を応用したのである。

デジタルの原理は確かに素晴らしい。しかし、デジタル・コンピュータを動かす電子の力で人間をも模倣できるとする開発者の錯覚は諌められるべきだと主張した。相互に能力面において、区別のできないコンピュータと、個別ごとに異なる人間との間には、大きな相違が横たわっている。チューリングは、デジタルとアナログの性質の差こそが重視されるべきだとの視点も、同時に提起していたのである。

人間の頭脳も電子の作用を強く受けている。したがって、電子で動くコンピュータを駆使すれば、人間の頭脳の電子回路も解明できるはずであるとの、今日の「ビッグデータ論」「深層学習論」が陥りがちな浅薄さへの警告も、チューリングは、すでに発していたのである。

3　機械の誤りと論理の限界

◈人間の手前勝手な思い込み

機械と人間との本質的な差異を重視したチューリングではあるが、彼が提案した「イミテーション・ゲーム」（人間を真似るコンピュータが、観察者に対して、自らをコンピュータではなく、本物の人間だと誤認させるか否かといったゲーム）をクリアできる、能力的には人間と比べて遜色のない高度に思考力を発展させたコンピュータが、五〇年後（チューリングがこの論文を書いた一九五〇年から）には出現するであろうと、彼は書いている。

それがチューリングの性格なのかも知れないが、表現に屈折したものが目立つので彼のこの言を根拠に、チューリングが現在のＡＩの完成を予言していたと受け取るのは早計である。

そもそも、考えることができるのは人間だけであるというのは、『聖書』のみに真理を見ようとした中世の人たちと同じ誤りを犯すことである。『聖書』に書かれていないというだけの理由で、地動説を唱えたガリレオ・ガリレイ（Galileo Galilei, 1564–1642）は異端者として尋問され、軟禁状態に置かれた。機械に魂はないと簡単に言い切るだけで、それ以上に、問題を突き詰めて考えないのは、「神が人間のみに魂を授けた」という類いの発想とは、それほど違ってはない。怖いのは、そうした人間の思い込みである。チューリングは自身の苛酷な運命とだぶらせて、ガリレオの悲劇を、「考える機械の出現」の可能性を「信じる」と述べた個所に書き添えたのであろう。

彼にとって、そうしたＡＩが開発されるか否かの議論にこだわること自体が不毛な議論であった。

チューリングは次のように言った。

> 考える機械が〔生まれることによって↑本山が付加〕もたらす結果など、恐ろしすぎて、私たちは、「機械にそんなことなどできるはずはない」と願い、思い込んでしまう。

人は、そう思い込みたくなる。もしかすると、機械が考えるようになるかも知れない。その可能性について考察してみようとする冷静さを欠いて、恐怖感ばかりを募らせることは、人間の思考方向として間違っている。ただし、その反対にＡＩは人間を上回る超人的知性を備えているので、重要な判断はＡＩに委ねておけばよいという態度も、同じ次元の愚かな姿勢である。チューリングは、恐怖感であれ、絶賛であれ、人間が思い込みすぎてしまうことを戒めたのである。

機械が、質問に回答できるか否かは、質問そのものの種類による。質問をし、回答するための計算方法を指定したのは人間であって、機械ではない。つまり、機械が回答できないときには、質問に対応できる方法を人間が指示していないか、処方箋を書く人間の方の理論が間違っているからであると言わざるをえない。

何でも人間側の理論によって課題を解決できるという思い上がりが人間の中にこびりついている。しかし、いかに、突き詰めて論理を作ってみても、論理自体が行き詰まったり、破綻することは必ずある。

このことを数学的に証明して見せたのが、一九三一年の「ゲーデルの不定性定理理論」[11]（Gödel's Incompleteness Theorem）であった。

チューリングは、論理体系の中では、真偽の証明や反証のできない種類の命題があることをゲーデルの成果として紹介した後、この理論をコンピュータに応用すれば、次のようになるとした。

無限の記憶容量を持つデジタル・コンピュータでも、実行できない種類の問題が存在する。答えを出せずに、いつまでもコンピュータが停止しない。停止しても見当外れの答えしか出てこない。コンピュータは、「イエス」か「ノー」かで答えられるような質問にしか反応できない。「あなたはピカソについてどう思いますか？」といった類いの質問にはコンピュータは答えることができない。

しかし、これは機械が悪いことから生じるのではない。機械に命令した（プログラミングした）人間の能力に限界があっただけのことである。機械は、忠実にプログラミングの命令に従ったにすぎない。にもかかわらず、人は、人間の知性は機械よりも優れていると思いがちである。しかし、人間の知性には限界がないなどの証明はなされていないというのが真相である。

機械には高ぶりがない。音楽を聴いたときの感動がない。仕事の成功の喜びもない。真空管が切れたと言って悲しむこともない。お世辞に舞い上がることもなければ、自分の失敗を惨めに思うこともない。つまり、機械には感情がない。

しかし、これは、人間側の一つの受け止め方にすぎない。人間がコンピュータの立場に立つことなど思いもしていないことの現れである。

別の例示で問題のありかを表現してみよう。

Aという人は言う。「私は考えているのに、Bはそうではない」。BはBで言う。「私が考えているのだ。Aは考えていない」と。このような行き違いは日常に頻繁に見られるものである。しかし、どちらの言い分が正しいかは証明のしようがない。それぞれの勝手な思い込みが和解の目処なく並んでいるという事実があるだけである。

コンピュータには感情がないと言い切るのは、正しいことではない。人間のものとはまったく異なった内容で、コンピュータにはコンピュータとしての感情があるのかも知れない。

チューリングが強調したかったことは、コンピュータと人間との関係については、人間側のみの受け止め方で、如何ようにも解釈できるという点である。

ＡＩ恐怖論も、ＡＩ楽観論も、すべては、人間とは何かといった内省的姿勢に行き着く問題である。

人間にとって、真に役立つＡＩの開発とは何かの姿勢が現代人には問われている。私たちは、まず虚心に機械であれ、機械に命令する人間であれ、とにかく不完全な存在であることを認識すべきである。それぞれの不完全さに目をつぶって、いたずらに人間を超える機械の出現という「証明不能」なものに振り回されないこと。チューリングの科学者としてのこの姿勢こそ、いまの私たちには必要なのではないだろうか。

◈研究業績の発表を禁じられていたアラン・チューリング

子供の頃から天才の誉れが高かったチューリングは、その天才ぶりが仇となって、苛酷な運命に向き合わなければならなかった。彼の重要な研究成果の多くは、国家の軍事機密に属する研究機関に勤務していた間に挙げたものなので、研究成果の外部への発表は、彼が国家秘密機関との縁を切られた後も、長い年月にわたって禁止されていた。彼が生きている間はもとより、悲劇的な自決後も、三〇年間も禁止されていたのである。そのために、彼の偉大な業績も、世界の人々は二〇世紀もかなり過ぎてからやっと知るようになった。まさに、ガリレオの悲劇以上に悲惨なことであった。

第二次世界大戦が始まる直前の一九三八年九月、彼は、英国のブレッチリー・パークにあった「政府暗号学校」（Government Code and Cipher School＝ＧＣＣＳ）に採用された。それまでは、ケンブリッジ大学キングズ・カレッジの学生、特別研究員（フェロー）、米国のプリンストン大学の学生であった（一九三六年九月〜三八年七月）。彼は、ＧＣＣＳで、解読困難な「エニグマ」(12)という、Ｕボートで使われていたドイツ海軍の暗号を解読することに成功した。その前に、ポーランドの軍部が、エニグマの素朴な解読の手掛かりを摑んでいて、その暗号解読機械を「ボンバ」（bomba）と名づけていた。それを彼が根本的に改良して、「ボンベ」（bombe）という解読機械を開発したのである。最初のボンベは一九四〇年三月に実戦に配備された。次々に改良され、最終的には非常に優れたものになっていたという。終戦時には二〇〇台以上が使われていた。このボンベが英国を救ったと、世上、いまでは高く評価されている。

戦時中に、彼はエニグマの解読だけでなく、多くの成果を上げた。一九四二年一一月から翌年の三月まで米国のベル研究所に派遣され、彼は、エニグマ解読方法をベル研究所に伝授した（米国軍にボンベを使わせるために）。そして、彼自身も、盗聴不可能な音声通信手段である「シグサリイ」[13]（ＳＩＧＳＡＬＹ）の原理を学んだ。その原理を基本として、実戦に応用されることはなかったが、彼は「デリラ」（Delilah）と名づけた携帯型秘話装置を開発した。

その功績によって、彼は、英国政府から一九四五年にＯＢＥ（大英帝国勲章＝Order of the British Empire）を授与された。

しかし、これが彼の悲劇の始まりであった。先に触れたように、ＧＣＣＳで挙げた、エニグマの解読を含む数々の業績は、軍事機密に属するものとして、外部への発表は禁じられていた（一九七五年まで）。そのこともあって、ＧＣＣＳの外部で、彼の偉大な業績を知る人は、家族も含めてゼロであった。彼自身も発表は自粛していたようである。偉大な業績を数多く残した人であるという事実を知らされていない世間の人たちは、彼が、同性愛者として公安当局によって罰せられたときには、彼に罵声を浴びせていた。

一九四五年から四七年まで「英国国立物理学研究所」（National Physical Laboratory＝ＮＰＬ）で「自動計算機」（Automatic Computing Engine）の設計に従事し、一九四八年、マンチェスター大学数学科の助教授に採用され、当初は世界初のコンピュータ・チェスのプログラミングを書いた。翌年、同大学のコンピュータ室に移り、「マンチェスター・マーク1」（Manchester Mark 1）という初期のコンピュータのソフトウエア開発に勤しんだ。

しかし、一九五二年、同性愛者として逮捕され、入獄されない代わりに、ホルモン注射を強制的に投与され続けた。ＧＣＣＳの後継暗号開発機関であり、チューリングが顧問をしていたＧＣＨＱ（政府通信本部[14]、Government Communications Headquarters）への出入りをも禁止された。当時、ソ連のＫＧＢが同性愛者の軍事技術専門家をスパイに仕立て上げようとしているとの無責任な噂が大衆紙で書き立てられていたこともあって、前述のように、民衆の激しい批難が彼に殺到した。

一九五四年六月、チューリングは、自室で自決した（とされている）。そのベッド脇にはかじりかけのリンゴが落ちていた。

二〇〇一年、マンチェスター大学に隣接するサックビル・パーク（Sackville Park）にチューリングの座像が設置された。この銅像はリンゴを持っている。リンゴは、「禁じられた愛」の象徴であるそうだ。銅像の下部には、「コンピュータ学の創始者」であり、「偏見の犠牲者」の文字が刻まれている。「正しく見た数学は、真実だけでなく最高の美——彫刻のように冷たく厳しい美も有している」とのバートランド・ラッセル（Bertrand Russell, 1872–1970）の献辞も彫られている。

二〇〇九年九月、英国首相のゴードン・ブラウン（Gordon Brown, 1951–）がチューリングを英国政府が不当に扱ったことに対して謝罪文を発表した。

第9章　なくなりつつある業界の垣根

1　進む金融のデジタル化

◈銀行支店の模様替え

本書第4章でも紹介したように、二〇一八年は銀行における大人員削減が開始される出発点の年となった。

インターネットバンキングや電子決済などが若い世代を中心に急速に普及してきたことの煽りを、銀行が受けているからである。

二〇一七年一〇月一二日付の『東京・ロイター』によれば、同年六月に三菱東京UFJ銀行（二〇一八年四月一日より三菱東京UFJ銀行から東京の二文字が削られた）社長に就任した三毛兼承（みけ・かねつぐ）は、同行の支店への来客数が、同年に先立つ一〇年間に約四割減少したと認めて、次のように言った。ATMの利用者数は、ここ五年、変化していないが、モバイルの利用者数は、同じ期間に四割ほど増加した。こうしたトレンドは、今後も変わらないと思われるので、モバイル関連の機能をもっと充実させ、支店のあり方も変えていくと。

二〇一七年の時点で、同行の支店数は、ピーク時の六七二から四八一に減少していた。支店数をこのまま減少させ続けるのか、それとも増やす努力をするのかといったことよりも、支店の機能そのものを見直すことが大事であると、同社長は力説した。同年の顧客数は、三〇〇〇万人であるが、その四%にしか担当行員が貼りついていない。その点を改善するためにも、顧客との接点のあり方を変えていくというのである[1]。

同銀行の持株会社である三菱UFJフィナンシャル・グループ（MUFG）の平野信行社長は、二〇一七年一一月二一日、投資家向けの説明会で、人員削減計画と並んで、テレビ電話を備えた軽量型店舗の建設構想を発表した。

国内の七〇〜一〇〇店舗を、二〇二三年度までに「機械化店舗」（仮称）に転換する。同店舗には、顧客が税金や公共料金を簡単に支払える新型のATMを設置。スタッフがテレビ電話で接客し、相続や住宅ローンなどの相談に応じる体制を作るという[2]。

顧客からの専門的な質問に答えるために、支店ごとに行員の訓練をするより、相談できる拠点を支店とは別個に設けて、拠点に配置された専門家が、じっくりと顧客の相談に応じる体制を作った方が、従来型の店舗よりも効率がいいし、そもそも、店舗自体が軽量化されるというのが平野社長の示した判断であった。

二〇一七年を契機として、三菱系金融機関だけでなく、全国の銀行がその方向に走り始めた。

みずほ銀行は、住宅、教育などのローンや保険などの詳しい人材を集めた相談拠点を二〇一〇年に設置

した。二〇一七年には全国に一二の拠点を持ち、支店に寄せられた相談の七～八割はこの拠点で引き受けている。(3)

りそなホールディングスも、二〇一八年三月に、相続などの専門的知識を持つ人員を集めた「中間オフィス」を新設した。コストがかさむフル機能型の大型店舗を減らし、支店とは別のところに設置された「中間オフィス」の専門家が、モバイルなどを駆使して顧客を支援する。各支店は、行員数を最小限に抑えて小型化し、大型店舗なみの役割を担うようにするという試みである。(4)

◈下がらない日本の銀行の経費率

国内の金利がゼロどころか、マイナスになるに及んで、金融機関は、手数料収入やコンサルティング料、M&Aなどの成功報酬等々の、金利ではない収益（非金利収益）の獲得に向かって一斉に走り出した。しかし、それも思うように伸びず、新規事業に進出するために投下しなければならない資金は、かさむばかりである。そして、支店数の削減と人員削減が容赦なく進められているのである。

銀行の経費が大きくなるのに、利益は小さくなる。経費を利益で割った数値を百分率で表したものが「経費率」と言われる。ここで利益とは正確には「業務粗利益」のことである。(5)

経費率が小さいほど、経営の効率性が高いことを意味している。ところが、日本の三メガバンクの経費率は、欧米先進諸国の銀行に比べて近年は、非常に高い（効率性が低い）。

二〇一七年九月期（中間）決算で公表された数値で見ると、みずほフィナンシャルグループの経費率が七六・四％、三菱UFJフィナンシャルグループのそれは六五・一％、三井住友フィナンシャルグループは六一・〇％であった。

二〇一七年一一月一四日に中間期決算の発表を取材した『週刊ダイヤモンド』誌の編集部による記事は、三メガバンクに対して、次のような厳しい判定を下した。

「バブル崩壊やリーマンショックといった金融危機がない『平時』にもかかわらず、銀行業界の国内トップ三行が大リストラの断行を迫られている。その姿は、『構造不況業種』と呼ばれるようになった銀行業界の苦境を如実に映し出している」[6]と。

全国の都市銀行平均でも、経費率は、二〇一六年度で六二％と、過去一〇年間でもっとも大きな数値であった。都市銀行の経費総額は、三兆二六九五億円で、一九九七年度のアジア通貨危機当時の水準を超えた[7]。

◈金融への参入を図る通信業界

二〇一七年の一二月、『日本経済新聞』の取材に応じたKDDI社長の田中孝司（たかし）は、「金融分野のM＆Aに力を入れる」との決意を表明した。IOT時代の到来で「業界の垣根がなくなる」と判断したからである。ただし、進出するのは、金融分野だけでなく、保険やエネルギー、教育などの非通信分野を視野に置いている。英会話教室のイーオンホールディングスをも二〇一八年一月末を目処に買収する。KDDIを「ライフデザイン企業」に変身させるというのである[8]。

二〇一八年二月八日、KDDIは大和証券グループとの合弁事業、KDDIアセットマネジメント株式会社を発足させたと発表した。

とくに若者に投資による資産形成を促すというのがこの会社の狙いである。若者に的を絞ったのは、ＫＤＤＩの顧客（約二五〇〇万人）の多くが若者であるし、彼らの必需品であるスマートフォンを活用した投資相談で特色を出したいからである。

ＫＤＤＩのウェブ・サイトには、次のような文が書かれている。

> （新会社は）アセットマネジメント事業及び確定拠出年金運営管理業へ参入し、早期のサービス提供開始を目指します。また、お客さまが気軽に資産形成を始めていただけるよう、スマートフォンアプリから操作できる、より身近な金融サービスを開発します。たとえば、若年層にも関心の高い個人型確定拠出年金（通称、ｉＤｅＣｏ）は、毎月決まった掛け金を投資信託や定期預金などに積み立て、六〇歳以降に年金または一時金で受け取る私的年金制度であり、長期的な資産形成に最適な制度です。ｉＤｅＣｏのみならず投資信託など、お客さまが気軽に資産形成していただける様々な金融サービスを開発し、販売会社等を通じてお客さまへ提供します。[9]

ＫＤＤＩの顧客、約二五〇〇万人のうち、スマホを多用する二〇～四〇歳代の年齢層は約半数の一〇〇〇万人ほどであると見なされている。他の通信業者もスマホを入り口とした戦略を採用すると思われるので、今後、大手通信会社が、競ってフィンテック市場に参入するのは必至であろう。

ｉＤｅＣｏ（イデコ）は、個人型確定拠出年金である。二〇一七年九月時点で約六五万人の加入者がいた。この市場で、「ＫＤＤＩアセットマネジメント」社は首位を目指すという。顧客の高齢化が悩みの大和証券もＫＤＤＩと組んで、若者を新規顧客に勧誘できる意味は大きい[10]。

それにしても、いかに若者の気を引くためとはいえ、ｉＤｅＣｏとは奇妙な名前である。流行する「アクロニム」（正式の英語表記の頭文字を並べたもの）を使ったうえで、「かわいい」という雰囲気を出すべく、厚労省が民間の選考委員会に作らせたものである。individual-type Defined Contribution pension plan（個人型確定拠出年金）が元の表記である。

「確定」とは、所得のある現役の時代に毎月積み立てる額を確定するという意味であり、「拠出」とはその額である。

「確定拠出年金」には、「個人型」と「企業型」の二種類があり、前者は、「個人」が任意に加入し、積立金の運用会社も個人で選択できるというもので、運用会社ごとに商品名は異なる。後者は、企業が退職年金として積み立てるものであり、従業員だけでなく企業側も拠出する。それが、「企業型確定拠出年金」である。

米国で「４０１Ｋ」（「一九七八年米国内国歳入法」の条項番号）と呼ばれていた「確定拠出年金」（Defined Contribution＝ＤＣ）の制度（以下、ＤＣと表記）は、二〇〇一年に日本に導入された。当初は日本に制度自体が根づくかどうか疑問視されていたが、着実にＤＣの利用者は増え、二〇一六年四月末現在で企業型ＤＣの加入者は約五七八万人、個人型ＤＣは約二六万二〇〇〇人となった。

◆ｉＤｅＣｏ

二〇一七年から法が改正され、個人型ＤＣの加入資格が、従来の国民年金保険「第一号被保険者」（自営業者）と一部の国民年金保険「第二号被保険者」（企業年金〈確定拠出・給付含む〉が実施されていない会社の会社員）から大幅に広げられ、専業主婦などの国民年金保険「第三号被保険」者や、企業年金を導入している会社の会社員、さらに、公務員等共済加入者も「個人型ＤＣ」に加入できることになった。この制度をもっと普及させようと「イデコ」という名前がつけられたのである。このように新規に名づけられた「個人型確定拠出年金」制度の改定で、「二〇歳以上六〇歳未満の国民年金保険加入者」なら、ほとんどすべての人が「イデコ」を利用できるようになった。

「イデコ」での運用益には課税されない。以前には課せられていた源泉分離課税（ほぼ二〇％）がなくなった。年金を受け取った場合、受取額は公的年金等控除の対象となる。(11)

しかし、イデコの便利さだけが喧伝されていいものだろうか？　イデコの制度そのものはあってもよい。しかし、なされるべきことは、既存の年金制度とイデコとの関わりについての議論である。将来の日本の公的年金制度への不安感が国民に広がっているいまのタイミングで、わざわざ愛称までつけて朝野を挙げて喧伝することに、何か秘められた政治的な意味があるのではないかと勘ぐりたくなる。

現在の日本の公的年金制度は、現役世代が退職世代の年金負担をするという仕組みから成り立っている。当然、現行制度は、少子高齢化・人口減少という壁に阻まれる。これからも長い期間続く少子化の環境の下で、現行の公的年金制度が持続可能であると思っている人は少数であろう。

とくに、現在の三〇～四〇歳代の人が危ない。この年代層が退職後に受け取ることのできる年金額が、現役時代に積み立てて運用した額でしかないという可能性が高い。つまり、年金が「賦課方式」から「積立方式」に替わるのである。

「賦課方式」とは、現役の人が払い込んだ金を、退職後の高齢者に支給するという「世代間扶養」の仕組みである。

「積立方式」とは、若い現役時代に払い込んだ金を積み立て、老後にそのお金を受け取る仕組みである。イデコがこれに当たる。

もし、公的年金が破綻してしまえば、イデコで運用した資産だけで退職後の生活をするのは、非常に厳しい。

現在、四〇歳の人が、退職年齢の六五歳のときに、もしも公的年金が破綻して、なくなってしまえば、六〇歳までの積立金を専門会社に運用してもらって得た資産だけで、老後を生きなければならない。イデコでは積立は六〇歳までと決められている。

現役時代に毎月五万円をイデコに積み立てたとしよう。年間で六〇万円、六〇歳までの二〇年間の積立総額は一二〇〇万円である。運用益を入れても二〇〇〇万円に達するのがやっとであろう。一年間の生活費を切り詰めて二〇〇万円に留めても、これでは、退職後一〇年しか生活できない。九〇歳まで生きるとすれば、現役時代の毎月五万円の積立だけではイデコのみに頼る年金生活は不可能なのである。

もしも、二〇四〇年代に公的年金が破綻するとすれば、四〇歳からイデコを始めてもすでに遅いことになる。就職するや否や、自己責任の個人型確定拠出年金であるイデコに入ることが非常に重要であることを、イデコを運用する金融機関は、若者に強く訴えることになるであろう。このような想定からすれば、「いま四〇代の現役世代こそが、最も厳しい『年金の現実』に直面する」ことになる。(12)

2　相次ぐ金融規制再緩和

◈デジタル化を進める銀行

日本の三メガバンクによる支店縮小・人員整理の号令は、金融緩和の先頭を行く米銀の後追いと受け取られかねないが、実際には、オンライン金融の比重を高めつつあるとはいえ、米国の銀行の支店数の削減速度は、世界平均からすればけっして速いものではない。

「米連邦預金保険公社」（Federal Deposit Insurance Corporation＝ＦＤＩＣ）のデータによると、米銀の支店数は、二〇一五年末時点では九万強と、過去一〇年間で最低を記録したものの、ピーク時の二〇〇九年から六％減少したにすぎなかった。

この数値を引用した『ロイター』の記事によれば、新規顧客を獲得し、既存の顧客との取引を強化するには、支店はなお重要な存在であり、閉鎖すれば経費節減効果よりも負の側面の方が大きくなると考えている銀行が多いという。

米国が他国と大きく違うのは、顧客の多くが、なお頻繁に小切手を利用し、そのために銀行支店に行く必要が米国人にはあると、同レポートは指摘している。

同レポートによれば、多数の支店を抱える大手行の場合、多くは都市の中心部に集中している。

例えば、ニューヨーク・マンハッタンのペンステーション近辺の8ブロックという狭い地域に、シティバンク、HSBC、ウェルズ・ファーゴ、バンク・オブ・アメリカ（バンカメ）、JPモルガン・チェースなど一四行の支店がひしめいているうえに、バンカメは二店、チェースは三店の支店を置いている。

JPモルガン・チェースは、二〇一三年から全体の約五％に当たる二六五店を閉鎖したが、顧客との信頼を保つためにも、今後は、むやみな支店閉鎖はしないという方針を示している。

このJPモルガンは、一時は、顧客をデジタルツールへと誘導しつつ店舗の接客人員（テラー）を減らし、ATMの機能を強化して対応しようとしていたが、顧客の不満の声が高まり、テラーを再び増やした[13]。

しかし、『日本経済新聞』が、『ロイター』とは正反対の記事を書いている。「米銀にデジタル化の波、業務三割自動化も、四大銀、五年で店舗二割減」という目を引く見出しで、バンカメ、JPモルガン・チェース、シティグループ、ウェルズ・ファーゴといった四大銀行の支店数削減動向を報じた。人員も一割以上減らしたという。

同記事によれば、バンカメは、ミネソタ州ミネアポリスに、二〇一七年、タッチパネルのみを並べて、窓口業務を無人にする「フル自動支店」を試験的にオープンした。この無人支店では、住宅ローンやクレジットカードの発行などの従来型の業務を受けつけ、個別相談は遠く離れた拠点にいる従業員がビデオチャットで答える。それによって、人件費を減らせるだけでなく、店舗の広さも従来型の四分の一で済む。

バンカメは、米金融界におけるデジタル化の成功例である。同行は、デジタル部門に、年一〇億ドルを超える投資を五年以上続けて、スマホでの取引を円滑にさせて、店舗一〇〇〇店分に匹敵する効果を得た。店舗数も金融危機頃のピーク時に比べて約三割減らした。

四大銀行が「米証券取引委員会」(Securities and Exchange Commission＝ＳＥＣ)に提出した資料を『日本経済新聞』が独自に集計したところ、二〇一二年九月末に四行合計で二万六〇〇〇あった支店数が、二〇一七年九月末には二万まで減少し、一二年に一〇〇万人を超えていた従業員は九四万人まで減ったという結果を得たという。

同記事は、「各行がアプリに力を入れ、多くの手続きがスマホで簡単にできるようになり、支店や人員の整理が進んだ」「(一三歳以上の)米国人のスマホ所持率は一二年末の五四%から現在は八割超に上昇」「(ＪＰモルガンでは)クレジットカード口座開設はいまや八割がデジタル経由」であることを強く指摘したかったのであろう(14)。

銀行支店の扱い方にロイターと『日本経済新聞』のそれぞれの記事に違いがあるにしても、米銀がデジタル化に邁進していることだけは確認できる。

◈ドッド・フランク法の見直し機運

トランプ政権は、リーマンショック後の二〇一〇年七月にオバマ政権下で成立した「金融規制改革法」(Dodd-Frank Act, ドッド・フランク法)を骨抜きにする方針である。

「ドッド・フランク法」は通称で、正式名は、「金融システムにおける説明責任および透明性を改善することにより、米国の金融安定を推進するための、『大き過ぎて潰せない』ということを名目とした銀行救済策を終わらせるための、米国の納税者を保護するための、無謀な金融の犠牲になることから消費者を保護するための、そして、その他の目的のための、法律」という、とてつもなく長ったらしいものである。

これは、上院銀行委員長のクリストファー・ドッド（Christopher Dodd, 1944–）と下院金融サービス委員長のバーニー・フランク（Barney Frank, 1940–）の姓をとって呼ばれる法律である。

大規模な金融機関に対する規制の強化、金融システムを監視する「金融安定監督評議会」（Financial Stability Oversight Council＝ＦＳＯＣ）の設置、金融機関の破綻処理のルールの策定、銀行がリスクの多い取引をすることの禁止、銀行によるヘッジファンドなどへの出資の禁止等々、非常に多岐にわたる規制が盛り込まれている。とくに、リスクの高い投資を規制するという内容は、オバマ政権下での「経済回復諮問委員会」（Economic Recovery Advisory Board＝ＥＲＡＢ）委員長で、元連邦準備制度理事会（ＦＲＢ）議長であったポール・ボルカー（Paul Volcker, Jr., 1927–）にちなんで、オバマ自らが「ボルカー・ルール」と名づけたものである。(15)

以下で、トランプ政権による「ドッド・フランク法」を廃止するに至る米国の銀行規制法の流れを簡単に整理しておこう。

◆グラス・スティーガル法の再封じ込め

オバマ政権が作成した「ドッド・フランク法」は、一九三三年に制定されたが、一九九九年に内容を規制緩和に向けて大きく書き換えられ、法の名称も廃止された「グラス・スティーガル法」（Glass-Steagall Act）の再建を目指すものであった。

「グラス・スティーガル法」は、成立年を冠した「一九三三年銀行法」とも呼ばれ、周知のように、銀行が、リスクの高い投資に顧客の預金を注ぎ込み、世界恐慌によって、銀行倒産、預金者の損失などを引き起こしたことを反省して、銀行経営の健全性の確保と預金者保護を目的として制定された米国銀行法である。

「連邦預金保険公社」（ＦＤＩＣ）設立などの銀行改革に関する内容は多岐にわたっていた。とくに、商業銀行の投資銀行業務（証券引受業務や株式の売買など）の禁止や、投資銀行による預金受け入れ禁止、商業銀行と投資銀行との提携禁止等々が、規定された。

同法は、多くの米国の法案がそうであるように、提出した民主党上院議員・元財務長官のカーター・グラス（Carter Glass, 1858–1946）と民主党下院議員・当時の銀行委員会議長のヘンリー・スティーガル（Henry Steagall, 1873–1943）の名を冠したものである。

しかし、同名の法が二つあったことはあまり知られていない。

最初の法は、一九三二年に成立し、大恐慌時の急激な物価下落を止める目的を持ち、ＦＲＢに、国債や商業手形を市場から買い取らせ、紙幣などの通貨を増発させるＦＲＢの権限を強化したものである。これが、米国を金本位制から本格的に離脱させる法的根拠となった。まさに現在の世界の中央銀行の「異次元の金融緩和」の先駆けであった。ＦＲＢの権限強化という文字だけを取り出せば、銀行を監視するという意味を読み取ってしまうが、一九三二年版「グラス・スティーガル法」はそういう性格を持つものではなかった。

一九二九年のニューヨークの株価暴落は、米国から大量の金（ゴールド）を海外に流出させた。金を基礎に置いて市場に供給していた連銀の通貨量が減少し、連銀に加盟している市中銀行の資金繰りも苦しくなった。この苦境を脱するために、緊急にとられた措置が、一九三二年の「グラス・スティーガル法」であった。

時の米国大統領、ハーバート・フーバー（Herbert Clark Hoover, 1874–1964）は、金流出を抑えるために、FRBによる一流商業手形の割引率（日本の公定歩合に相当）を極端に引き上げて恐慌を激化させた。にもかかわらず、投機に明け暮れるいかがわしい投資活動には眼もくれなかった。それでいて、襲いくる物価下落の波を、現在の言葉による「リフレ」政策の採用（連銀が市中から大量に購入した国債を対価として通貨を発行する）による紙幣増刷を容易にするために、一九三二年版「グラス・スティーガル法」を導入したのである(16)。

通常、「グラス・スティーガル法」を指すとき、一九三三年前半の米国商業銀行の大規模な破綻を受けて、急遽、成立した一九三三年版の同法が想起されている。

米国議会図書館に保存されている議会調査局の文書には以下の文言がある。

> 一九世紀と二〇世紀の初期には、銀行家とブローカーは、しばしば見分けがつかなかった……議会は一九二〇年代に起こった銀行における「商業」業務と「投資」業務の兼業を調べたところ……一部の銀行業務機関の証券活動における利害対立と詐欺が明らかになった……この兼業による恐るべき障害は、グラス・スティーガル法によって対処された(17)。

一九三三年の「グラス・スティーガル法」は、商業銀行から危険な要因である「投資業務」を剝奪することによって、ＦＲＢによる商業銀行への監督を強化した。しかし、投資銀行に対しては実質的に放任した。

投資銀行を「プライベート・バンク」と規定したのである。「プライベート・バンク」は、公的でない私的資金を使って投資している銀行である。投資銀行が、「プライベート・バンク」として、リスクをとって収益を得ることをＦＲＢは黙認する。しかし、破綻して、公的資金による救済措置を求めることがあっても、ＦＲＢは、投資銀行を助けることはしない。これが、「自己責任」原則と呼ばれているものである。

これは、投資銀行にとってありがたかった。「プライベート・バンク」という位置づけを得たことは、投資銀行にとって、足かせどころか、野に放たれた猛獣のように自由な行動がとれることを意味した。一九九〇年代に入って急速に拡大したデリバティブ市場で制限されずに動き回れることによって、投資銀行の収益は拡大の一方であった。

情けなかったのは、日本のメディアによる報道ぶりであった。日本の多くの識者たちが、「インベスト・バンク」を、日本で言えば証券会社であるので、商業銀行と同列に論じたらいけないのに、その点を無視してしまった。そして、米国の銀行（投資銀行）に比較した日本の銀行（商業銀行）の収益性の低さをあげつらった。米国の銀行の種類を区分する「プライベート」と「パブリック」との違いが正しく認識されていなかったのである。

「パブリック」は、つましい庶民の預金を守るために、政府機関が、商業銀行の安全性を、強く監督することによって確保しているという状況を表現する言葉である。銀行監督担当の政府機関が、商業銀行を監視し、それでも破綻した商業銀行を、「公的資金」を導入して救済し、庶民の預金は守る。これが「パブリック」という意味である。

「プライベート」はその反対である。公的な資金ではなく、投資家たちの「私的な」資金を運用するので、投資銀行は、運用先や運用方法をいちいち当局に報告しなくてもよい。その代わりに、投資銀行は、破綻しても、当局から公的資金で救済されることもない。

「プライベート・オンリー」という言葉がある。これは、部外者に立ち入り禁止を示す表示である。この言葉が「プライベート」の持つ本来の意味を表している。二〇〇〇年代初期の日米の識者の多くは、この違いを認識せず、「プライベート」なので、詳細な財務内容を公示しなくてもよい米国の投資銀行を非難するのではなく、その収益性を讃美し、逆に日本の金融制度を、「護送船団」=「親方日の丸」として攻撃したのである。識者たちは、「長期信用銀行」の財務内容をはやばやと白日の下にさらし、米国の投資グループに身売りさせた。同じ流れから、日本の銀行の数は、一〇数年間で八〇%ほど急減させられた。自立的な金融政策とは何なのかが問われる日本の金融政策の失態であった。日本の識者たちは米国の投資銀行の財務内容の開示を要求しなかった(18)。

◈グラム・リーチ・ブライリー法の復権機運

この「グラス・スティーガル法」を停止に追い込んだのが、クリントン政権下の一九九九年末に成立した「グラム・リーチ・ブライリー法」(Gramm-Leach-Bliley Act)であった。

これも、法案提出者(いずれも共和党委員)の上院銀行委員長のウィリアム・グラム(William Gramm,

1942–)、下院銀行委員長のジェームズ・リーチ（James Leach, 1942–）、下院商業委員長のトーマス・ブライリー（Thomas J. Bliley, 1932–）の名をとった法であった。

この法によって、銀行・証券の垣根が六六年ぶりに取り払われ、銀行、証券、保険の相互参入が可能になった。しかし、この法は、瞬時にして、二一世紀初頭の巨大なバブル崩壊と世界的な金融危機を招いてしまった。

それにしても、共和党でなく、民主党政権のビル・クリントン（William Clinton, 1946–）政権下で、大恐慌の教訓から成立した「グラス・スティーガル法」が改定されたのである。これは、影響力を強化している金融界が、政権が替わっても、それに影響されず、依然として実質的に政治を動かす最重要な権力となっていることを物語るものである。

すでに二〇世紀末から、米国には大きな神話が成立していた。IT革命、規制緩和、通貨増発、巨額の財政等々の政策が景気拡大を生むというのがそれである。この神話が為政者と社会のリーダーたちの思考を支配していた。しゃにむに信用創造を増やしていくということが政治家の共通の姿勢になってしまった。

ただし、「グラス・スティーガル法」のすべてが廃棄されたわけではない。同法の二〇条と三二条、一九五六年の「銀行持株会社法」に関係している条項の内容が規制緩和の方向に変更されて、規制緩和をより鮮明に表現した新たな条項がつけ加えられただけである。これは、実質的に商業銀行が証券関連業務を展開していたことに不満を覚えた投資銀行が、保険会社とともに、金融持株会社になって商業銀行との間で業務を再調整したいと望んだことによる[19]。

しかし、「グラス・スティーガル法」への不満は、商業銀行の方が大きかった。投資業務の方が、商業銀行よりも圧倒的に収益性が高くなる時代に移行していたからである。事実、一九九八年、シティバンクが、投資銀行のソロモン・スミス・バーニー（後のソロモン・ブラザーズ）を傘下に収めたとき、ＦＲＢは正面切って阻止できなかった。

「グラス・スティーガル法」を骨抜きにして、一九九九年に成立した「グラム・リーチ・ブライリー法」は、大手銀行が、自行の傘下に「ＳＩＶ」（Structured Investment Vehicle, 邦訳なしに「ストラクチャード・インベストメント・ビークル」と原語通りに呼ばれている）という子会社作りを合法化した。「ＳＩＶ」とは、「ＣＰ」（Commercial Paper）を発行して資金調達をし、その資金で「不動産担保証券」（Mortgage-Backed Securities＝ＭＢＳ）と「債務担保証券」（Collateralized Debt Obligation＝ＣＤＯ）など売買して利益を稼ぐことを目的にした運用会社であった。当時の商業銀行は、競って、それらの証券の売買に乗り出していた。

しかし、数年後には、肝心の「ＣＰ」の買い手がつかず資金繰りに詰まる流動性リスクを抱えることになった[20]。

案の定、米国の金融制度を、投機が横行していた一九二〇年代のものに戻した「グラム・リーチ・ブライリー法」は、サブプライムローン・バブルを発生させ、世界中の金融機関を麻痺させてしまった。バブルの発生と破裂の経緯についてはすでに周知のものなので、これ以上の説明はしないが、現在、またバブルが生成されつつあることの危惧だけは強く表明しておきたい。

二〇〇八年のリーマンショックの後、オバマ政権下で「グラス・スティーガル法」を復権させる「ドッド・フランク法」が成立したのも、世界的な金融危機を再来させないことを民主党政権が意図していたことの現れであった。

◈繰り返される金融環境の再編

当然の反応であろうが、規制される側のウォール街は、オバマ政権によって作られた「ドッド・フランク法」に強く反発していた。規制が厳しすぎて経営を圧迫するというものであった。

共和党も、同法の下で、消費者を保護することを目的として設立された「消費者金融保護局」(Consumer Financial Protection Bureau＝ＣＦＰＢ) などが政府機関の肥大化を招き、米国金融機関を、「規制にがんじがらめにされた低成長産業」に落としてしまったと、「ドッド・フランク法」批判を続けていた。

つまり、トランプ政権が画策している「ドッド・フランク法」廃止の方針は、トランプ大統領が独自に持ち出したものではなく、共和党内にもともと根強くあった同法への批判を汲み上げたものである。共和党員として知られるアラン・グリーンスパン (Alan Greenspan, 1926–) 元ＦＲＢ議長もまた、同法の廃止を強く主張していた[21]。

しかし、オバマ政権による金融規制は、実際には有効に機能しなかった。現実には、いわゆる「リフレ派」の台頭によって、歴史上類を見ない空前の通貨増発がＦＲＢの手によって行われた。それは、リーマンショック後から苦しめられてきた物価下落基調を反転させるという名の下に、株価高、Ｍ＆Ａの活発化、ＩＴ産業のさらなる活性化の資金を供与するものであった。結果的に、アップルや、グーグル、アマゾン等々のＩＴ企業が、これまた史上最強の寡占体制を作り上げてしまった。しかし、ＩＴ業界の雇用増はかぎられたものでしかなかった。

なによりも、新興国から押し寄せる安価な製品が、米国をはじめとする先進諸国の製造業を苦しめた。価格競争に負けないために、先進国の資本は、猛烈な勢いで生産拠点を新興国に移した。企業に逃げられた先進諸国の在来の製造業労働者の貧困が蔓延した。

米国では、「アメリカ・ファースト」を掲げたトランプが、貧しい白人労働者の支持を得て大統領になった。

過去とは違う、まったく新しい金融環境を作るというトランプ政権の構想は、勢いのあるIT産業に「アメリカ・ファースト」の夢を託したものであろう。

二〇一七年六月上旬、「通貨監督庁」（Office of the Comptroller of the Currency= OCC）長官代行をしていたキース・ノレイカ（Keith Noreika）は、二〇一七年六月上旬に、ニューヨークで行われた会談で、「事業会社が銀行よりもいい金融サービスを提供できるのなら、消費者の選択肢を増やすことが望ましい」と語った[22]。

同年六月一二日、米財務省は、「ドッド・フランク法」の見直しの必要性を訴える報告書で、銀行の自己勘定取引を制限する「ボルカー・ルール」の緩和を提案した。約一五〇ページの報告書は、一〇〇以上の見直し項目を並べていた。

報告書には、大手銀行のトレーディングに対する規制緩和や、ストレステスト（健全性審査）の負担軽減、「消費者金融保護局」（CFPB）の権限縮小などが盛り込まれた[23]。

そして、二〇一七年八月一日、OCCが、翌日から「ドッド・フランク法」の変更に向けた意見の公募を始めると発表した。意見聴取は、FRBや「連邦預金保険公社」（FDIC）などの関連当局を交えて行う方針であるという[24]。

同年一一月八日、前記のキース・ノレイカが再度語った。「銀行業と商業の分離を撤廃することが、米国が金融において、他国に対する優位を確立する前提条件になる」と。これは、ＩＴ大手だけでなく、ｅコマースで急激にのし上がってきた「アマゾン」などのネット企業を念頭に置いた発言であることは明白である[25]。

同年一一月一七日、彼はさらに「ロイター」のインタビューで見解を表明した。ＯＣＣは、検査官による管轄銀行の監督が緩和されるよう取り組んでいる。時間はかかるだろうが、二〇一八年春頃には、「ボルカー・ルール」の見直し案はまとまると[26]。

しかし、議会運営の拙さが目立つトランプ大統領の思惑通りに、業界の垣根を低くするという大胆な法案がすんなりと成立する可能性はない。

それでも、歴史は示している。先進諸国の政策は、とくに米国の政策は、時代のもっとも影響力のある巨大独占体の意向に沿ってきたことを。石油メジャーがそうであった。新しく成立したＩＴメジャーもそうするであろう。

世界的な金融優位を確立したいのは、トランプ大統領を使って画策する現代のＩＴメジャーではないだろうか？

◈他国とは土俵の異なる米国のＭ＆Ａ

日本政府ですら、トランプ政権の新しい金融環境作りに警戒心を抱くようになっている。安倍内閣は、二〇一八年二月九日、「産業競争力強化法改正案」を閣議決定した。「自社株式を対価に使ったTOB（take-over bid= 株式公開買い付け）」が全面解禁されることになったのである。これまでの株式交換によるM&Aには、米国の規制があった。

株式の一〇％以上が米国人である場合、企業が株式交換でM&Aをしようとすれば、米国において、米国会計基準や国際会計基準（International Financial Reporting Standards= IFRS）に沿った財務諸表を開示しなければならない。この文書が「フォームF4」と言われているものである。この作業が煩瑣で時間を食う。

一例を東日本銀行と横浜銀行の統合交渉に見よう。二〇一四年に統合交渉をしていた両行ともに、米国には株式を上場していない。しかし、米国人所有株が一〇％を超えていた。したがって米国の法律に従わなければならなかった。日本の会計基準で作った日本語の財務諸表を米国・国際基準に沿って英語で作り直す。その作成には半年以上の時間がかかった。その書類を「米証券取引委員会」（SEC）に提出して審査を受けなければならない。審査には三か月はかかる。こうして、両行の統合交渉は、最終的には、二〇一六年四月コンコルディア・フィナンシャルグループとして統合したものの、長期化せざるをえなかったのである。

株対価TOBなら、自社株を渡す点は株式交換と同じだが、米国の株主を実質的に外して募集をかけることができ、米国の証券法の開示義務を負わなくても済む。(27)

この事情の意味することは重要である。米国は、世界中でほとんど障害なしにM&Aを進めることができるのに、米国以外の国の企業は、M&Aにはつねに米国の規制を受ける。M&Aに関しては、まったく土俵が異なる。米国がはるかに優位にM&Aを進めることができるのである。

いずれにせよ、今後、日本ではTOBによる大型再編が続くことになるだろう。ここでもIT企業が主役になることは間違いない。

第10章　エイジングマネー論の系譜

1　ゲゼル貨幣論の意図的誤用

◈中央銀行で囁かれるエイジングマネー

「エイジングマネー」という耳慣れない単語を使ったが、「有効期限を付けられた通貨」という意味である。貨幣論の学説史では「老化貨幣」という用語が使われることが多いが、日本語の感覚からすればいささかドキッとする響きがあるので、あえてカタカナ用語の「エイジングマネー」という表現にする。あまりにも極端すぎる現在の富の偏在を、今後も続けさせないためにも、通貨のあり方を吟味すべきであるというのが本章の主張である。

米ダートマス大学（Dartmouth College）経済学部教授のアンドリュー・レビン（Andrew Levin, 1976–）は『日本経済新聞』のインタビューに答えて、「中央銀行はデジタル通貨を検討せよ」と発言した。彼は、FRBの元議長、ジャネット・イエレン（Janet Yellen, 1946–）のブレーンでもあった。

彼は次のように発言した。

現金を扱うにはコストがかかる。けっして無料ではない。ATMを設置し、利用するだけで利用者には二〜三%の料金が付加されている。クレジット・カードなども同じく手数料がかかっている。中銀デジタル通貨を使えば、こうした手数料はすべて消える。ウーバー社などはまったく現金決済をしていない。デジタル通貨はコストがかからない。その意味で、現金はデジタル通貨に取って代わられるべきだ。

しかし、デジタル通貨の発行を日本のように銀行に委ねようとするのはよくない。安定した中央機関がデジタル通貨を発行すべきである。中央銀行が最終的な責任を負うべきである。

老人はなかなかデジタル通貨に習熟できないだろうが、若者はそれにすぐに慣れる。

デジタル通貨には金利をつけるべきである。金利は状況に応じてマイナスになってもよい。マイナスの金利は国民への一種の税である。低所得者層には大きな負担にはなるだろう。

しかし、この負担は、中央銀行がデジタル通貨の台帳を管理して、責任をもって低所得者層の免税措置を講じることによって避けることができる。必要なことは、企業が事業投資をすることを進めることである[1]。

彼は、マイナス金利政策を採用しやすくするために、中央銀行によるデジタル通貨発行をすべきだと主張したのである。

しかし、本書第3章でも見たように、マイナス幅を広げてしまえば、中央銀行の期待に反して人々は現金を手放さなくなる。それでは、現金を廃止し、法定通貨のすべてをデジタル化してしまえばよい。そういう発想をする人たちが中央銀行内部で増えているようだ。そこで持ち出されるのが、シルビオ・ゲゼル（Silvio Gesell, 1862–1930）の通貨論である。

中央銀行デジタル通貨論を称揚する論者たちは、通貨に有効期限をつけるべきだと主張したゲゼルを、通貨を手許に置かず、手放すことによって有効需要を増やせると論じた先行者と見なしている。[2]『日本経済新聞』でもゲゼルを解説する記事が載った。[3]要約する。

二〇世紀初めのドイツの経済学者ゲゼルは、時間が経つと価値が減ってしまう紙幣の導入を提唱した。時間が経過すると減価すると定められている紙幣だと、人々が急いでそれを使おうとするので、「消費拡大と景気刺激に役立つという概念」である。実際、一九三〇年代にオーストリアの地方都市では、一か月ごとに一％分の価値が減る地域通貨がデフレ対策として導入されたことがある。「日銀のマイナス金利政策は世の中の金利全般を押し下げることで景気・物価のテコ入れを狙う」「デフレ懸念が強まる時代にはゲゼルの着想は注目されやすい。ケインズが著書『一般理論』の中で引用した」ことでも知られていると。

残念ながら、ここでは、ゲゼルの壮大な社会哲学が、単なる不況対策の先駆者として見られてしまっている。しかし、ゲゼルの通貨論は、この程度のものではない。

2　老化貨幣論

◈ゲゼルの貨幣権力批判

周知のように、ジョン・メイナード・ケインズ（John Maynard Keynes, 1883–1946）は、『一般理論』の中[4]でゲゼルが、その著『自然的経済秩序』[5]で、競争を自然のものとして、人間の道徳的な自由を保証するものと理解した点を高く評価していた。

アーヴィング・フィッシャー（Irving Fisher, 1867–1947）もまた、自らの「スタンプ通貨」（stamp money）論のモデルとしてゲゼルを研究していた。

ゲゼルの『自然的経済秩序』について松岡正剛は次のように評した。

「ゲゼルの大著は、いまほとんど読まれていない。そのラディカルきわまりない思想の系譜も、ほとんど辿られていない。実はそこにはプルードンが先行し、マルクスとケインズが間に入り、シュタイナー（Rudolf Steiner, 1861–1925）が後行していた。しかし誰も、こんな奇妙な系譜を本気で議論してこなかった[6]」と。

「マイナス金利」の主張者たちは、松岡が激賞したゲゼルの壮大な哲学的流れを、ほとんど意識していないように思われる。

ゲゼルの心の叫びは、ロシア革命の悲痛な記憶から発したものである。資本制的生産様式の搾取を廃絶するとして、ロシア革命は、大きな人的犠牲を払って、ともかくも成就した。しかし、その革命地では、今度は国家が人民を搾取することになった。生産手段の私的所有の廃絶を目的とするあまり、国家所有がそれに取って替わっただけのことである。そして、人々が党独裁の下で苦しむことになった。

ゲゼルは単細胞的な反共主義者ではなかった。理想とされてきたロシア革命の理論のどこが間違っていたのか？　資本制社会の中になお厳然と存在する搾取を、暴力を用いることなく廃絶するにはどのような手段があるのか？　ゲゼルは懸命にその理論を構築しようとした。

辿り着いたのが「土地の自由化」と「自由な貨幣」体制を武器として、「貨幣権力」は廃絶されるべきだという理論であった。

通貨に期限をつけて、人々に通貨を手放させるという点では、現在のマイナス金利推奨者の提唱と同じだが、ゲゼルの理論は、それによって景気を浮揚させるといった次元のものではなかった。

「(社会主義者とは）搾取に抗する運動に参加する人たちであるが」「搾取の本質について」は、生産手段の私的所有を云々するだけで終わってしまっている。搾取とは「経済的優位性を基礎」とするものである(7)。

「経済的優位性」を、通貨の所有者は、商品の所有者に対して持つ。

「商品は、その生産者にとって」直接的には役立つものではない。商品は、売れてこそ、つまり、通貨と交換されてこそ、生産者に役立つにすぎない。しかし、通貨所有者は、商品の生産者から商品を買う必要性はない。通貨と商品とは「物理的性質」が異なっている。通貨は時間が経ってもその有用性を失わない。しかし、商品は時間の経過とともにその価値を失っていく。その意味において、通貨所有者は商品生産者に対して絶対的に有利な立場にある。

通貨には保管上の費用も、持ち越し費用もほとんどかからないのに、商品はそれらの費用が高くつく。商品は日々劣化するために、なるべく早く売却しなければならない。それに対して、通貨は持っているだけで経済的優位を維持できる。この価値保蔵性の優位性から通貨は、蓄蔵され、蓄蔵額が巨大になれば、資本に転化する。

生産手段の私有化が搾取を引き起こす。そのことは否定できない。しかし、その生産手段もまた商品の一つにすぎないので、その価値が劣化する。生産手段ですら、通貨の巨大な蓄蔵力の前には無力である。通貨の巨大な蓄蔵こそが、資本であり、搾取の真の根源なのである。

このような通貨と商品との「物理的性質」の相違、「減価率の較差」が「通貨所有者をして、売り手に対して取引遅延をちらつかさせて、商品生産者から特別の利益を得ることを可能にする」。つまり、通貨は、商品との等価物ではなく、それ以上のものである(8)。

好況時には、通貨の所有者は、買い控えという「通貨のストライキ」によって生産者を威嚇し、商品価格の値引きを強制することもできる(9)。

ただし、ゲゼルの通貨論には、生産設備と通貨との循環運動を無視してしまうという偏りがある。それでも、ゲゼルの通貨論は、現代社会の病弊を端的に抉《えぐ》り出している。

現在では、すべての財が通貨になりうる。現金や銀行信用はもちろん、企業の株式も通貨になっている。しかも、新興のIT企業の株価があらゆる企業よりも上位を占めている。彼らは実力があるのに、人気のない企業を苦もなく買収できる。結果的に現代社会では、通貨で量った富の較差が拡大する一方である。

かつてのドイツ帝国ライン地方のザンクト・フィート（Sankt Vith, 現在のベルギー領）で生まれたゲゼルは、一八八七年、二五歳でアルゼンチンに渡り、実業家として大成功したが、アルゼンチンの金本位制導入・離脱という為替変動によって苦しめられた。その経験が彼に通貨への認識を促したのだろう。一九〇〇年、ドイツに帰還し、スイスで農場経営をしつつ執筆活動に勤しみ、一九一九年には第一次世界大戦後の社会主義的な革命政権、「バイエルン・レーテ共和国」（Bayerische Räterepublik）の樹立に関わった。「レーテ」とはロシア語の「ソビエト」（労働者評議会）と同義である。この共和国は、一か月で倒され、無数の死者を出した。

『自然的経済秩序』第四版の序文がロシア革命を代表とするヨーロッパの革命の残虐さを身に染みて味わった魂の叫びであった。以下、引用する。

> 自然的経済秩序は自分自身の足で立ち、いかなる法律にも左右されず、いかなる国家や権力の保護も必要とせず、われわれを支配する自然的淘汰法則を尊重する。こうした自然的経済秩序では、それを志向する人間たちの「自我」（エゴ）の十分な発展が可能になる。したがって、それこそが他者支配からの自由と自己責任を求めたシラー（Friedrich von Schiller, 1759–1805）やシュティルナー（Max Stirner, 1806–56）、ニーチェ（Friedrich Nietzsche, 1844–1900）、そしてランダウアー（Gustav Landauer, 1870–1919）らの思想にほかならない[10]。

ゲゼルの思想をダーウィン（Charles Darwin, 1809–82）的な「リバタリアン」（libertarian, 財産を侵害されないかぎり、諸個人の自由を容認する考え方、経済的新自由主義とは異なる）であるとか、クロポトキン（Peter Kropotkin, 1842–1921）的「無政府主義者」と軽々に決めつけるべきではない。いわんや、通貨を手放して（使って）景気を刺激する方策を編み出した人といった単純な理解だけは戒めなければならない。

◈エンデの遺言

ゲゼルの通貨論に大きく傾斜したのが、ミヒャエル・エンデ（Michael Ende, 1929–95）である。彼は、死の前年の一九九四年二月、ミュンヘンの自宅でＮＨＫのインタビューを受けて語った。

> どう考えてもおかしいのは資本主義体制下の金融システムではないでしょうか。人間が生きていくことのすべて、つまり個人の価値観から世界像まで、経済活動に結びつかないものはないのですが、問題の根源はお金にあるのです。(11)

第二次世界大戦後、ドイツはソ連と連合国によって分割統治されていた。通貨体制は崩壊し、社会は物々交換に依存せざるをえない状況になった。ソ連との合意を得られない連合国は、紙幣を米国本土で印刷し、それをドイツに持ち込んでフランクフルト（Frankfurt）のライヒスバンク（Reichsbank）から発行するということをあえてした。ソ連統治下では別の通貨が流通させられた。いずれも、ドイツ国民にとって、外国から持ち込まれた通貨であった。

エンデは通貨が勝者のものであり、敗者の欲するものではないことを痛感した。エンデは察した。パンを買う通貨と、株式取引所で使われる通貨とは根本的に性格が異なることを。

エンデはＮＨＫの記者に言った。

現代のお金がもつ本来の問題は、お金自体が商品として扱われていることです。本来、等価代償〔同じ価値で交換されるもの、本山の注〕であるべきお金がそれ自体で商品となったこと、これが決定的な問題だと私は思います。お金自体が売買されるのが現代です。これは許されることなのか。そのことにおいて通貨というもののなかに、通貨の本質を歪めるものが入るのではないか。これが核心の問題だと思います。

エンデは、ゲゼルを激賞した。

セルビオ・ゲゼルという人物がいて、「お金は老化しなければならない」と説きました。お金で買ったものはジャガイモにしろ靴にしろ、消費されていく。しかしその購入に使ったお金はなくならない。モノとしてのお金と消費物価との間で不当競争がおこなわれているのです。ゲゼルはお金も経済プロセスの進行とともに消費されるべきだと考えたのです。

このゲゼルの理論を実践し、成功した例があります。一九二九年の世界大恐慌の後のオーストリアのヴェルグル（Wörgl）という町のことで、その町長のウンターグッゲンベルガー（Michael

Untergugenberger, 1884–1936）が町の負債と失業のため、現行通貨とともに「老化するお金」を導入したのです。

一九三二年に「老化する通貨」の実験を行ったヴェルグルは、いまは、オーストリアのチロル（Tirol）州クーフシュタイン郡（Bezirk Kufstein）にある町で、ドイツのバイエルン州（Freistaat Bayern）との国境から二〇キロメートルのところにある。当時は、人口五〇〇〇人という小さな町であった。この町で発行された「スタンプ通貨」は、後にフィッシャーが模倣することになる一二のマス目がついていて、一か月ごとに捺されたスタンプの額面で通用していたが、毎月一％ずつ減価するというのが原則であった。(12)

◆シュタイナーによる継承

「老化する通貨」は、ルドルフ・シュタイナーの思想でもあった。『経済学講座(13)』では、「老化する通貨」を以下のように説明している。

通貨は、他人が生産した実体価値のある財貨を買うために使われるが、使われる通貨には、実体価値がない。実体価値としてはゼロである。にもかかわらず、通貨は額面価値で財と交換する。実体価値のないのに、実体価値のある財と交換するのであるから、通貨は「小切手」のようなものである。それは対等な交換ではない。しかし、小切手である通貨の所有者が、社会的に有意義な生産活動をしているのならそうした不等価の交換も許される。通貨の所有者は、社会に生産物を供給する義務がある。

しかし、いまでは通貨は生産活動の象徴ではなくなってしまっている。そうであるなら、通貨はその価値を減らされるべきである。生産活動に寄与していない通貨所有者は、所有する通貨の価値を減じて、社会に幾ばくかのものを還付すべきである。通貨が死蔵されないためにもそうした措置が必要である。

通貨は二五年で価値を失う。その点を到達点として各種取引に価値の減じ方を調整すれば社会は有機的なつながりを回復できるはずである。

シュタイナーは、「社会有機体」(Social Organism)という言葉を使った[14]。人間社会は三つの層からなる。第一の層は、国家、法、政治からなる「法生活」。第二の層は、生産や消費からなる「経済生活」。そして、第三の層が、教育や文化からなる「文化生活」。これらは、相互に干渉し合いながら一つの社会、つまり有機体を作っている。

「自由、平等、博愛」がフランス革命の理念であるとされ、それはもはや常識になっている。しかし、「自由」とは精神、つまり「文化生活」の領域に立脚点を置くべきものである。「平等」は、国家、法、政治という「法生活」の領域で深められるべきものであり、「博愛」は社会の構成員が飢えから解放されるという意味で「経済生活」の領域に属するものである。

社会は、これら三つの領域が有機的につながりながら、それぞれが自立的に発展・進化することによって内容を豊富にしていくものである。「資本」は、生産的な活動をしているかぎり、三つの領域がバランスよく、それぞれ発展することを支え、社会に貢献できるはずである。ところが、資本主義の社会では、資本は、「経済生活」の領域のみに自己を限定してしまっている。

以上が、シュタイナーの『経済学講義』と『社会問題の核心』の、まさに核心的な部分である。

ゲゼルを中核とする通貨論は、非常に豊かな可能性を持っているにもかかわらず、現実には地方通貨論や電子マネー論といった狭い分野に押し込められていると松岡正剛は指摘している。

そうなる理由もあるのだが、ゲゼル→ケインズ→シュタイナー→エンデという系譜を考えると、その程度の議論でいいのかどうか、そろそろ問われるべきときがきているはずである。(15)

至言である。

第11章　フェイスブックの創業者たち
——株価資本主義の申し子

1　新興IT企業のガヴァナンス

◈フェイスブックの企業統治への批判

マーク・ザッカーバーグ（Mark Zuckerberg, 1984–、以下、マークと表記する）がハーバード大学在学中に一九歳で始めたフェイスブックは、いまや二〇億人が使うソーシャル・メディアに成長した。

そのマークが、二〇一八年四月一〇日、フェイスブックのCOEとして、米国上院の公聴会で、次の四点の弁明をした(1)。

①情報流出をもっと以前から公表しなかったことについて。

英国の選挙コンサルタント会社「ケンブリッジ・アナリティカ」にフェイスブックにある情報が、不正な形で、渡されたことが判明していたのに、なぜフェイスブックは、その事実をユーザーに知らせなかったのかという質問に対しては、以下のように答えた。

そのことを私たちが知った二〇一五年、「私たちは行動を起こしました」。「アプリを削除した上で、開発業者とケンブリッジ・アナリティカにデータを削除し、使用しないように求めました。彼らはそうしたと言いました」。「データを削除した」と言われたことで、この件は終わったと思って、ユーザーにも「連邦取引委員会[2]」(Federal Trade Commission=ＦＴＣ)にも伝えなかった。

②今後の方針について。

これまで通りの踏襲は不可能である。「最初の一〇～一二年間は、(人々をつなぐ)ツールを作るのが、私たちの最優先責任だと思っていました。誰もが使えるツールを作れば、それが良いことを実現する手段になると思っていました」。「しかし、データ保護の問題だけでなく、フェイクニュースや外国の選挙介入など多くの問題から、私たちにはもっと広い意味での責任があり、積極的な役割を果たす必要があることが分かりました」と弁明。

③無料サービスの継続について。

「フェイスブックは、今後も無料バージョンを続けます。私たちのミッションは、世界中の人々をつなぐ一助となることです。そのために、すべての人が使えるサービスを提供し続けなければなりません」。ビジネスモデルの基礎に「広告収入」を据えることは継続すると返答した。

④フェイスブックが独占企業であることの認識について。

独占企業ではない。「ライバルはたくさんいます。一つだけ挙げるのは難しいです」と答えた。

米上院の公聴会の後、『日本経済新聞』がフェイスブックのＯＢに取材している。取材で拾われたＯＢ

の声は以下のものであった。(3)

「ユーザーを増やすこと」「ユーザーのページ滞留時間を増やすこと」「つながりを増やす」という計画を達成すること、「成長目標」の達成が絶対のものであり、「未達などありえない」。現在の二〇億人という数値は、「やみくもに成長を追った末の数字」である。

事実、フェイスブックのユーザー数は、短期間に奇跡的な激増を見せた。二〇〇四年の創業時には学生サークルの一つであり、少し多いだけの人数でしかなかった。ところが、二〇一二年の株式上場時には八億四五〇〇万人に膨れ上がっていた。それから六年足らずで、倍増以上の激増を示している。(4)

ユーザーが激増すれば、その膨大な数を目当てに広告を出したい企業数も鰻登りに増える。フェイスブックが、世界中で挙げた二〇〇九年の広告収入は、七・六四億ドル、株式を上場した二〇一二年には、その額は、四二・七九億ドルに激増し、二〇一七年末には三九九・四二億ドルと、激増という表現では足らない、まさに爆発的増加を示したのである。総収入に占めるデジタル広告収入の比率は九八％という高さであった。(5) つまり、フェイスブックはデジタル広告収入によって成立している。

この数値は、フェイスブックを使うユーザー間の交流は無料であるが、それは膨大な広告収入を前提としたものであることを示している。

しかし、ここに、「ケンブリッジ・アナリティカ」に悪用される落とし穴があった。「いいね！」を送信した人たちの情報を集めて企業に売りつける「いいね！ハンター」たちの増殖を促してしまったのである。それにもかかわらず、フェイスブックの経営幹部たちは、「いいね！」送信者たちの情報の悪用を阻止するノウハウを作り出そうとはしなかった。

◈いいね！ハンター

フェイスブックの「ライク」（like）ボタンで広告主がユーザーの買い物意欲の方向を判断しているとの事例紹介が、『ガーディアン』紙に掲載された[6]。

英米版のフェイスブックでの「ライク」ボタンは、日本版では「いいね！」ボタンである。「ライク」と「いいね」は意味合いが異なる。「ライク」には自己の個性が表現されている。「他の人は知らず、私は～が好きだ」という「好み」が強く打ち出された言葉である。日本語の「いいね」は、「私もそう思う」という相手の考え方に賛同するという「共感」の意味が強い。

「ライク」ボタンを押したフェイスブックのユーザー、そして、ユーザーの「フェイスブック友達」を辿っていくと、「大衆を心理的に説得する」（mass psychological persuasion）殺し文句を編み出すことが可能であると同紙は報じた。

英米の研究者チームが、フェイスブックのユーザーである英国の三五〇万人強（ほとんどは一八～四〇歳の女性）を対象に「ライク」ボタンの押し方の差を分析して、ユーザーの心理状態をいくつかの層に区分けしていた。そのうえで、区分けされた層ごとに、その層に合うと判断した広告を流した。

研究チームは、実験で使われた広告を見た人が、以前に比べて実際の購買がどう変化したのかを調査員を使って調べた。もちろん、調査員は当該広告の恩恵を受ける企業からの報酬はないので、調査結果は信用できるというのが、研究チームの判断であった。

各層の好みに合った広告によって、化粧品にしろ、ゲームのアプリにしろ、この広告内容を詳しく見たいために画面をクリックする人数は、それ以前のものより四〇％、実際の購買も五〇％増えたという。

フェイスブックの画面に出てくる広告の見出しをユーザーの好みに合うように工夫したものに変えるだけで、ユーザーたちの購買行動には大きな変化があった。

フェイスブックには、「タイムライン」という画面がある。他のユーザーにアクセスしたときに、最初に表示される画面のことである。タイムラインは、自己の過去の投稿など、自己に関係する様々の内容が含まれている。

このタイムラインに流れる広告が「デジタル広告」(他の広告と区別されて、フェイスブック広告と称されている)である。この種の広告の最大のメリットは、ユーザー情報が得られることである。

フェイスブックは、ユーザーに、実名登録だけではなく、性別、生年月日、居住地、興味対象の登録も推奨しているため、ユーザーの詳細なデータを広告主は得ることができる。

しかし、広告主がユーザーのデータを取得できるためには、自社の広告をユーザーがクリックしてくれなければならない。

「フェイスブック広告」は、PCの場合、赤枠で囲われた「ニュースフィード」(news feed)の枠内と、画面の右側の固定枠との、二か所に表示される。スマートフォンの場合は、右側に表示される固定枠はなく、「ニュースフィード」にのみ表示される。広告の中に、「ライク」もしくは「いいね!」のボタンがある(7)。

ニュースフィードとは、フェイスブックのホーム画面(開くと最初に表示される)に出てくる新着情報や更新情報である。ここでは、知人による投稿などの更新情報が一覧で表示できるようになっている(その場所をウォールという)。ニュースフィードにも「いいね!」ボタンがある。

実験を主導したのは、ニューヨーク市にある「コロンビア大学ビジネス・スクール」の「コンピュータ社会科学」（computational social science）を専攻するサンドラ・マッツ（Sandra Matz）という研究者である。

フェイスブックの「ライク」ボタンを押す対象によって、性格分析ができるとマッツは言う。「レイディ・ガガ」（Lady Gaga）のフェイスブックページをクリックする人の性格は外向的、「スターゲイト」（Stargate）のページをクリックする人は内向的な性格であると、おおまかには判定できる。このようなデータを膨大に蓄積する作業を、マッツは、ケンブリッジ大学でも行った。

ただし、二〇一八年に発覚したケンブリッジ・アナリティカによるフェイスブックの情報流出にマッツが関係していたのか否かは不明である。

それでも、『ガーディアン』紙は、マッツの実験に懐疑的な意見を紹介している。「オックスフォード・インターネット研究所」（Oxford Internet Institute）のギリアン・ボルソーヴァー（Gillian Bolsover）という若い研究者による批判である。マッツの実験は、広告主に向けて行われたのか、それとも、ユーザーの心理が誘導されてしまう現代社会の不幸について考察を深めようとしているのかが不明であると。

同氏は、次のように『ガーディアン』紙に語った。

「資本主義が、オンラインを進める方向に自らを拡大させて行くことは、ある意味で、自然なことである。しかし、企業の広告技術の進化が政治体制の分野にまで応用されるようになれば、私たちの悩みはさらに大きなものになってしまう」と。

2 フェイスブック――称賛と非難の間で

◈マーク・ザッカーバーグ

IT長者として最年少のマークの半生を伝える記事は、プログラミングの天才、超人、として神格化されるか、若くして法外な富を掌中に収めた冷酷無比の経営者としてその俗物性を強調されるか、という両極端の方向に分かれている。どちらの方向にも誇張がある。例えば、それまでプラットフォームに関心のなかった人たちにも、新しいSNSを世の中にもたらした人物として認識させることに貢献した。二〇一〇年に封切りされた映画『ソーシャル・ネットワーク』(*The Social Network*)では、[8] マークの人間性を貶める効果を意図的に秘めている。

マークの本当の姿を、出回っているネット記事から得ることはほぼ不可能である。しかし、フェイスブックのガヴァナンスの特徴を知るためには、マークを含めた創業者たちの型破りの行動を、価値判断を交えずに拾い上げることとしかない。

歯科の開業医を父に、精神科医を母に持ち、ニューヨーク郊外の超高級住宅街(Dobbs Ferry, ドブズ・フェリー)に育ったマークは、コンピュータ・プログラミングの才能を幼い頃から発揮していた。父は、高校生時代までマークにコンピュータの家庭教師をつけた。マークは、在籍していた高校を退学し、ニュー・ハンプシャー(New Hampshire)にある超有名進学校の「フィリップス・エクセター・アカデミー」

(Phillips Exeter Academy)に転学した後、ハーバード大学に進学することになる。

この進学校でマークは、フェンシング部のキャプテンとして活躍した。スポーツだけでなく、文学にも懲り、古典文学の「ディプロマ」[9](diploma)を授与された。しかし、なによりもコンピュータ・ソフトの開発に夢中になり、自ら「シナプス」[10](Synapse)と命名した音楽ソフトを開発した。「AOL」や「マイクロソフト」など数社が、このソフトの権利の購入を申し出たうえに、まだ十代のマークに入社を頼み込んだという。マークは大学進学を選び、この申し出を断った。

二〇〇二年にハーバード大学に進学し、「ソフォモア」(sophomore)と言われる教養課程(入学後の二年間)の間に、マークは、「コースマッチ」(CourseMatch)と自分で命名した講義科目選択の資料提供を行うソフトを公開した。他の学生がどのような科目を受講しているかを知らせるものである。それは、大学の機密データをハッキングするものであった。実際には、このソフトを利用する学生は、交際したいお目当ての女子学生がどの科目を受講しているかを知ろうとして、このソフトを重宝したのであろうが、建前的には受講案内の形をとっていた。

このソフトは人気になった。マークは、続いて学生に人気投票をさせるソフトを立ち上げた。名づけて「フェイスマッシュ」(Facemash)。それは、在学生の中から二人を選び、どちらがより魅力的であるかの投票を学生たちにさせるもので、誰が最後に勝ち残るかをゲーム的に決めるというソフトである。事実上は、女子学生の美人投票になってしまったし、学生の顔写真は、大学当局が機密情報として保管している学生証をハッキングしたものであった。これは、大学当局から「不適切」(inappropriate)と判断されて、マークは半年間の謹慎処分を命じられた[11]。

プログラマーとしてのマークの力量に惚れた三人の学生、そのうちの二人、後に訴訟問題を起こす双子のウィンクルヴォス（Winklevoss）兄弟（Cameron と Tyler, 1981–）が、エリート学生たちの交流の場を設定する「ハーバード・コネクション」というソフトを立ち上げないかとマークに相談を持ちかけた。マークは了承した。しかし、彼らとの協同作業を止めて、マークは、彼らには内緒で、自分の三人の友人たちと別の形で「ソーシャル・ネットワーキング・サイト」を作成した。その友人の一人が、フェイスブックの共同創業者であったエドゥアルド・サヴェリン（Eduardo Saverin, 1982–）であった。彼も後に訴訟問題を起こした。

マークが友人たちと立ち上げたのが、「ザ・フェイスブック」であった。大学の二年生のときにソフトが完成していたのであるが、「ソフォモア」の二年間を終えたところで、マークは大学を中退し、本拠をカリフォルニアのパロ・アルト（Palo Alto）に置く新会社、フェイスブック（旧会社のザを消したもの）の事業経営に専念することになった。ユーザーは、二〇一四年末、つまり、立ち上げて半年足らずなのに、一〇〇万人に達していた。

二〇〇五年には、ネットワークを広げるために、ベンチャー・キャピタルの「アクセル・パートナーズ」（Accel Partners）から一二七〇万ドルの投資を受けた。それまでのマークたちの会社は、米国の「アイヴィー・リーグ」[12]（ivy league）の学生しかネットに参加させていなかった。それを他の大学や高校、外国の大学にも広げようとしたのである。その結果、この年の末にはユーザー数は五五〇万人にまで激増した。

二〇〇六年、マークたちの成功を目の当たりにした前述のウィンクルヴォス兄弟は、マークたちが

「ハーバード・コネクション」のアイディアを盗用し、実際に兄弟たちが同名の事業を立ち上げる際に、同じ手法を使っているので大きな損害を被ったとしてマークたちに損害賠償を求めた。訴訟の中身には、マークがフェイスブックで得たユーザーの個人情報をマークの友人たちに漏洩したという点も含まれていた。この訴訟は、二〇一一年、六五〇〇万ドルをフェイスブック側が支払うことで和解した。つまり、情報漏洩については、和解という形で未決着のまま放置されたのである。[13]

二〇〇九年のベストセラー『フェイスブック』(Mezrich [2009]) は、マークのアブノーマルな生活姿勢への強烈な批判を込めた作品であった。実際には、重要な点でフィクションを巧妙に使用したものであったが、その内容を真実であると思い込んだ人々から、マークは痛罵された。著者のメズリックは、著作権を映画のシナリオ・ライターのアーロン・ソーキン (Aaron Sokin, 1961–) に譲渡した。できあがった映画『ソーシャル・ネットワーク』は、大評判となり、八部門でアカデミー賞をとった。

二〇一〇年、スタートアップ関連のコンファレンスで、マークは、この映画に見られる「事実の捏造」を強い言葉で批判した。自分は「ファイナル・クラブ」[14] (final club) には所属したこともないし、映画で失恋したとしてドラマティックに描かれている女性とは、大学在学以来の長年にわたる友人で、いまなおそうであると、レポーターに語った。[15]

集中的な批判に曝されていたにもかかわらず、マークは、『タイム』(*Time*) 誌の「二〇一〇年にもっとも活躍した人」(Person of the Year) に選ばれた。[16]『ヴァニティ・フェア』(*Vanity Fair*) 誌も「新しくやり遂げた人」の第一位にマークを選んだ。[17]『フォーブズ』(*Forbes*) 誌も、マークを「世界の大富豪ベスト四〇〇人」のうちの三五位に位置づけ、資産六九億ドルで「アップル」(Apple) のCEOのスティーヴ・

ジョブズ（Steve Jobs, 1955–）を抜いたと報じた。[18]

マークは、非難と賞賛が同時に集中したこの二〇一〇年、いろいろな慈善事業に多額の寄付を行ったと言われている。

同年九月には、ニュージャージー州ニューアーク（Newark）市の危機に喘ぐ「公立学校制度」（Public Schools System）に一億ドルを寄付するとテレビ番組で言明した。さらにその年の一二月、マークは、自分の生涯にわたって、年収の半分を慈善事業に寄付するという「誓い」に署名した。

二〇一二年五月、フェイスブックは、新規株式公開[19]（Initial Public Offering＝ＩＰＯ）に踏み切った。初日でフェイスブックは一六〇億ドルもの資金調達に成功した。

ＩＰＯの翌日（二〇一二年五月一九日）、マークは、長年の友人、プリシラ・チャン[20]（Priscilla Chan, 1985–）との結婚式を一〇〇人を招待してパロ・アルトの自宅で挙げた。

二〇一五年一二月一日、マークは、長女（第一子）の誕生を記念して、次世代の子供たちのための慈善事業を推進するために、自身が保有するフェイスブック株の九九％（四五〇億ドル）を夫妻で同日、設立した有限責任会社[21]（Limited Liability Corporation＝ＬＬＣ）の「チャン・ザッカーバーグ・イニシアチブ」（Chan Zucherberg Initiative＝ＣＺＩ）に寄贈する計画を明らかにした。マークは、その心境を新生児の長女に宛てた手紙の形でフェイスブックのページで次のように語った。

「あなたを愛しているからという理由だけではなく、次世代のすべての子供たちに対し、私たちには、道義的責任があります。私たちは、すべての人々は平等であると信じており、将来はより多くの人々が、いまよりも良い暮らしを送ることができると信じています。私たちの社会は、いまの生活だけではなく、将来の生活にも投資する責任があるのです[22]」と。

この言葉で、夫妻の「CZI」は、献金を主体とする組織ではなく、「投資」を内容とするファンドであるということが分かる。

二〇一六年九月二一日、カリフォルニア大学サンフランシスコ校で開催されたコンファレンスにおいて、夫妻は、CZIの方針について説明した。

「すべての病魔から、現在の子供たちを救い、病魔を阻止・管理することを目指す」科学的研究施設、「チャン・ザッカーバーグ・サイエンス」(Chan Zackerberg Science=CZS)を設立し、その施設に、「向こう一〇年間、少なくとも三〇億ドルを投資することを約束する」、その組織の代表者として、ロックフェラー大学(The Rockefeller University)の高名な神経科学者(neuroscientist)であるコーネリア・バーグマン(Cornelia Bargmann, 1961–)に就任してもらうと。

さらに、「チャン・ザッカーバーグ・バイオハブ」(Chan Zuckerberg Biohub=CZB)を、サンフランシスコに設立し、CZSに投資する三〇億ドルのうち、六億ドルをこのCZBに投資する。この新施設ではスタンフォード大学(Stanford University)、カリフォルニア大学バークレー校(University of California at Berkeley)、カリフォルニア大学サンフランシスコ校(University of California at San Francisco)出身のトップクラスの研究者からなるチームを結成し、疾病に対処する新しいテクノロジーの開発を目指す。そのためにも、資金集めを加速させることが肝要であると、マークは、コンファレンスの会場で語った[23]。

コンファレンスの最後に、マークは、こうした「慈善活動」に当たっての師であり、インスピレーションを得た人物として、ビル・ゲイツ(William "Bill" Gates III, 1955–)を登壇させた。ステージ上でゲイツはこのプロジェクトについて、「大胆かつ野心的だ。われわれは、なお一層、このような科学の拡大を必要としている」と述べ、他の慈善活動家の参加を求めた。ゲイツは「エボラ出血熱が大流行に至らなかったのは、世界にとって幸運だった。しかし、われわれは、そのような事態が発生しても、即座に対応できるような組織を必要としている(24)」と述べたという。

称賛と非難とがつねに渦巻く中で、フェイスブックを超巨人に仕立て上げたマークの桁外れに大きな力量については、否定されるべきものではない。そういう思いから、マークの紹介には、価値判断を抑制したたんたんと叙述したサイトに依存した(25)。

しかし、マークの発言には、つねにマスコミ受けする姿勢が見られるし、「投資」を「慈善事業」と言い換える言葉の使い方に、ひっかかるものを感じてしまう。世界の情報産業の将来に決定的な影響を与える超独占企業の指導者への漠然とした不安感を、私はぬぐい去ることができない。

◈エドゥアルド・サヴェリン

エドゥアルド・サヴェリン（以下、エドと表記する）は、サンパウロに生まれた。父は服飾を手掛ける富裕なブラジル国籍の実業家で、母は精神科医であった。一家は、一九九三年に米国に移住し、マイアミに住居を構えた。

エドは、エリート・クラブの一つである「フェニックス・クラブ」（Phoenix Club）のメンバーに選ばれ、学生団体の「ハーバード投資会」（Harvard Investment Association）の会長でもあった。学生の身でありながら、石油関連事業への投資で三〇万ドルも儲けた。エドは、ハーバード大学の一年生のときに、マークと知り合い、二年生になってマークと立ち上げた「ザ・フェイスブック」の共同経営者となり、資金面を担当することになった。しかし、フェイスブックがシリコン・ヴァレーに移転してから、エドは、新しく経営に参加してきたショーン・パーカー（Sean Parker, 1979–）との折り合いが悪くなったこともあって、マークと対立することになった。

ショーン・パーカーの方針に従って、マークが新たな投資に踏み切ることに反対であったエドは、会社の銀行口座を止めるという強硬手段で対抗した。当然、マークは、エドを排除したかった。その手段として、マークは、会社を新会社に変えるための新規株式発行をする際に、エドには配分しなかった。その結果、エドの保有株式は、それまで全株の三〇％を超えていたのに、増資後四％強にまで薄められてしまった。つまり、フェイスブック内でのエドの発言力はゼロ近くにまで弱体化されてしまったのである。ここから二人の間で訴訟合戦が始まった。二〇〇五年四月のことである。この事件の後、エドは訴訟を取り下げないまま退社した。

エドは、二〇〇六年にハーバード大学を卒業した（経済学士）。そして、二〇〇九年にシンガポールに移住した。

フェイスブックへの訴訟については、二〇〇九年一〇月に双方で和解し、エドが和解内容を一切口外しないということで合意された。ネット情報では、エドの保有株は以前の比率にまで回復されたらしい(26)。

エドは、二〇一〇年、非営利団体への情報提供をする「アポルタ」（Aporta）という名のポータルサイトをメキシコ人投資家と組んで創業した。

二〇一一年、米国の「ファトカ」（ＦＡＴＣＡ、後述）を非難して、一九九八年に得ていた米国市民権を放棄した。それが、フェイスブックのIPOで巨万の富を得ることになる直前というタイミングだったので、課税逃れだとの米国社会からの非難が集中した[27]。

IPO時、彼が保有していたフェイスブック株は、「米国証券取引委員会」(SEC)の資料によれば、IPO後の二〇一二年五月一七日時点で、五三一三万三三六〇株であった。当時の一株当たりに時価五〇ドルで算定すると、彼の保有株は約二六億五六七〇ドルにもなる。市民権の放棄でキャピタル・ゲイン課税を逃れたが、実際には、それと同額の「出国税」(expatriation tax)をSECから請求された[28]。しかし、詳細は不明だが、『ウォール・ストリート・ジャーナル』誌(二〇一二年五月一八日付)は、七億ドルの節税が市民権放棄で可能になったと推定している[29]。こうした非難に対するエドの弁明は「シンガポールに住み、この地で活動したいから」というものであった[30]。

米国の議会の反発は強かった。上院議員のチャック・シューマー(Charles "Chuck" Schumer, 1950–)は、国籍離脱者に追加税を課すことを盛り込んだ「国籍剥奪法」(Ex-Patriot Act)を提案したが、廃案になった[31]。

また、米国には、一九九六年に成立した「リード(入移民)修正法」(the Reed Amendment)というものがある。司法長官(the Attorny General)が、「課税回避のために市民権を放棄した人」と認定した元米国市民の再入国は禁止するという法律で、ジャック・リード(John "Jack" Reed, 1949–)による議員立法である。ただし、この法律は形骸化し、実際に適用されることはなかった[32]。そのリードが、エドの市民権放棄に激怒し、「国土安全保障省」長官(Secretary of Homeland Security)に書簡を送って、エドの米国への入国を禁止しろと迫った。しかし、実行されなかった[33]。エドは、いまでも自由に米国への入国を繰り返している。

二〇一七年末、エドは、シンガポールで第一位の富豪になったと報道された。資産総額は一〇一億ドルであった。彼の資産額の主なものは、訴訟で勝ち取ったフェイスブック株の市場価格の高騰によるものであった。(34)

金融資産三〇〇〇万円以上のエグゼクティブ層に対し、情報発信を行っているということを謳い文句にした「ZUU」という会社がある。大手証券会社の「超富裕層向けプライベートバンク部門、海外の経営戦略担当、企業オーナーへのコンサルティング」などの経験から、「顧客側の金融リテラシーの不足」を痛感した代表が、二〇一三年に設立したコンサルタント会社である。この会社のホームページによると、同社は、シンガポールへの進出を目標の一つに掲げている。(35)

このZUUが世界の三五歳以下の大富豪一覧をオンラインに載せている。それによれば、二〇一五年九月時点の上位四者のうち、三人がフェイスブックの創業者たちであった。

一位はマークで、四一六億ドルの資産額で、第二位よりも格段に上の大きさであった。

二位はダスティン・モスコヴィッツ（Dustin Moskovitz, 1984–）の九三億ドルで、マークよりも一桁少ないが、それでも、第二位の億万長者であった。彼も、マークの同級生で、フェイスブックの創設者の一人であった。二〇〇八年に独立してアプリ開発の「アサナ」（Asana）を創設、二〇一一年には世界最年少の「ビリオネア」（billionaire, 資産が一〇億ドル超の富豪）となったことでも知られる。

第四位にエドがつけた。五三億ドルであった。(36)

これは、フェイスブックの創業者たちの起業能力の高さを示すものであることは否定できないが、フェイスブックの株価がいかに異次元の高さであるかをも証明している。

じつに多くの株長者たちが、陸続とシンガポール国籍を取得する時代になっている。

「タックスヘイブン」が世界経済の健全な成長を挫けさせるという弊についてはよく議論されているが、今後、雨後の筍のごとく生み出されるIT開発「エンクレイブ」（enclave= 非居住法人）について、まだほとんどの人は気づいていない。この問題も今後、真剣に論じられるべき課題で、例をシンガポールにとろう。

3　株式富豪者を呼び寄せる政策

◈シンガポールの税制

シンガポールでは、税制面で、「居住法人」の方が、「非居住法人」よりも有利な措置を受けている。

シンガポールのような小さい規模の国で営業する企業の多くは、支店として、海外の本店の支配下にある。このような企業は、「非居住法人」である。これに対して、シンガポール国内で基本的な管理が行われている企業が「居住法人」である。

法人税については、「居住法人」と「非居住法人」との間に区別はない。両者ともに同じ税率である。しかし、「居住法人」には、「新会社に対する免税措置」「国外で税を源泉徴収された所得に対する免税措置」などが適用される。これらの免税措置は、「非居住法人」には認められていない。

キャピタル・ゲインに対しては、原則として課税されない。これが、株式の値上がりによって富豪になった人たちをシンガポールに移住させる大きな誘因になっている。

所得から控除される損金（必要経費）についても、非常に大きな優遇措置が、「居住法人」に対して講じられている。

役員報酬や接待・交際費についても上限がない。これだけでも、自社の株式の多くを持つ経営者たちに、会社ごとシンガポールに移転したいと思わせる誘因になっている。

シンガポールには、二〇一七年まで、「適格支出」という損金に算入できる経費もあった。この項目は、「生産性・技術革新クレジット制度」（Productive and Innovation Credit Scheme＝ＰＩＣ）と呼ばれている、ＩＴを推進させて企業の生産性を向上させるという政策の重要な柱であった。この「適格支出」としては、パソコンやソフトウェアなどの電子機器購入費、従業員のＩＴ技術習得の訓練費など適用範囲が広く、シンガポールにおけるこうした優遇措置を求めてＩＴ関連企業が多く進出した。しかし、このＰＩＣの制度は、もともと時限立法であったし、十分な効果を挙げたことから、二〇一七年に廃止された。

同じ、「適格支出」でも、二〇一八年時点でまだ廃止されていない優遇措置もある。「二倍税控除」（Double Tax Deduction＝ＤＴＤ）という制度もその一つである。これは、「適格支出」に該当する実際の支出額の二倍を所得から控除するという優遇税制である。

シンガポールの税制では、会計年度でなく「賦課年度」（Year of Assessment＝ＹＡ）という表現が使われる。二〇一七年一二月三一日に終了する会計年度については、法人税を申告するとき、二〇一八賦課年度（YA2018）となる。

シンガポールを本拠として事業を行う際の、販路拡大のために海外で開催する展示会に使った費用、そのための海外出張費などがこの項目に入る。ただし、年間一〇万シンガポール・ドルが上限である（約八二〇万円）。これだけでも、小規模なスタートアップには魅力ある優遇税制であろう。

シンガポール国籍を保有する人、そしてシンガポールでの永住権を認められた人が営業する企業に対する優遇措置は非常に大きい。自動的に認められるものではなく、「通商産業省」傘下の「国際企業庁」（IE）の認可を必要とするが、シンガポールの国籍・永住権を持つ人を雇用した企業が支払う給与については、その二倍まで損金に算入できる。上限は、年間一〇〇万ドル（八二〇〇万円）である。

法人税率も近年大幅に引き下げられた。二〇〇一年度は二五・五％、〇二年度二四・五％、〇三年度二二％、〇五年度二〇％、〇八年度一八％、一〇年度一七％と、年々、軽減された。

しかも、法人税は一括して所得に課税されるのではない。所得を段階ごとに細かく区分けして税率が変えられている。これを「部分税額免除制度」（Partial Tax Exemption）という。年度ごとにこの優遇措置は強められてきた。

二〇〇八年度以降、設立から三年間にかぎって、課税所得の最初の一〇万シンガポール・ドルの一〇〇％、その次の二〇万シンガポールについては、五〇％が減免、それを超えると通常の法人税率が適用される。

この優遇措置には条件がある。

①シンガポールで設立された「居住法人」であること。
②株主が二〇人以下であること。

③株主の全員が個人である。もしくは、個人株主が一〇％以上の株式を所有していること。
④主たる事業内容が、投資会社、売買又は投資用不動産開発ではないこと。

また、二重課税も避けられている。外国で課税された場合、その税率がシンガポールよりも低い場合は、外国で課税された額がシンガポールでの課税対象から控除される。逆にシンガポールの課税が外国で課税された額よりも低い場合には、シンガポールでの課税が控除される。

シンガポールは、世界の八二か国（二〇一七年九月三〇日現在）と「包括的租税条約」を結んでいる。シンガポールで課税済みの利子やロイヤルティについては締結相手国からの税減免を受けることができる。しかし、米国、香港、チリ、ブラジルとは包括的租税条約でなく、国際輸送分野のみの「部分的租税条約」に止まっている。

以上が、先端ＩＴ企業の多くがシンガポールに移転する大きな要因となっているシンガポールの優遇税制の概要である[37]。

◈米国のＦＡＴＣＡ

エドが典型であるが、米国の市民権を棄てる米国人が増え始めたのは「ＦＡＴＣＡ」（Foreign Acount Tax Compliance Act= 外国口座コンプライアンス法、通称はファトカ）が成立した二〇一〇年以降からである。

二〇一七年には、六八〇〇人強が米国市民権を棄てた。二〇一六年には五四〇〇人強であったので、二六％も増えたことになる。

二〇〇九年までは年間で一〇〇〇人を超えることはなかった。それが、二〇一〇年に一五〇〇人強、一三年三〇〇〇人を超え、一五年四二〇〇人強と年を追って増加してきた[38]。

「FATCA」は、二〇〇九年、オバマ政権下で議会に提出された法案で、納税者が本来支払わなければならない税と、実際に政府が徴収できた税との格差（Tax Gap）を埋めることを目指したものである。つまり、米国の居住者が、所得を海外に移転することで課税逃れをしていることを防止する対策である。

具体的には、「米国内で生み出された所得（源泉所得）を海外に送金した米国民には、例外を除き、強制的に一律三〇％の源泉課税をする」というものである。

そうした課税が可能になるためには、米国内で納税義務を持つ米国人が実際に海外に移転した所得の具体的な額を米国政府が把握しなければならない。そのためには、所得が移転された外国の金融機関から米国人の具体的な個人情報（米国人が海外に持つ金融機関の口座情報）を得なければならない。

米国の国内法でありながら、外国の金融機関に情報開示を義務づけるという、米国政府の横暴ぶりが遺憾なく発揮された法律が「ファトカ」である。

外国の金融機関は、保有するすべての口座について、米国人・非米国人の判定をしたうえで、五万ドル以上の金融資産を持つ米国人顧客の名前、口座番号、残高や年間入出金総額などを報告しなければならなくなった。

個人情報という重大な人権問題があるうえに、外国の金融機関を説き伏せるという難問があったために、当然、激しい議論が米国内で湧き上がった。法案は二〇一〇年に米国議会を通過したが、実施はたびたび見送られた。実施には、各国と煩雑な交渉を済ませることが条件になった。困難な交渉の末に、二〇一四年七月頃から各国の金融機関が米国政府に対して口座情報を開示することになった。

ここにきて、富豪者たちにとって、税を節約するには、税制面での米国の居住者、つまり、米国の市民権を放棄するしか道は残されなくなった。事実、この法が実施されるや否や、市民権放棄者が急増した。株価資本主義の深刻な一面がここに集約されている。

終章　株価資本主義の克服
――超高齢化時代のオルタナティブ・ファイナンス

1　医療・介護に頼る超高齢社会の到来

◈要介護高齢者の急増

日本は、長期の人口減少過程に入っていて、二〇五三年には一億人を割り、二〇六五年には八八〇〇万人程度にまで減少すると「国立社会保障・人口問題研究所」が推定した[1]。

総人口減少は、少子化を主たる原因としていて、高齢者人口の相対比率が増す。日本の六五歳以上の高齢者人口は、一九五〇（昭和二五）年段階では総人口の五％に満たなかったが、一九九四（平成六）年に一四％を超えた。その後も上昇を続け、二〇一六（平成二八）年一〇月一日時点で、二七・三％になった。この時点での総人口は約一億二七〇〇万人弱であった[2]。

総人口という分母が小さくなるのに、高齢者という分子は大きくなっている。分数の数値は年々最高値を示すようになった。二〇三五年には約三分の一、つまり、約三人に一人が六五歳以上の高齢者となる。二〇六〇年には約二・五人に一人になると見込まれている。

七五歳以上の高齢者は「後期高齢者」という奇妙な名称で呼ばれているが、この層は、二〇六五年には約四人に一人という非常に高い比率になる。

その対極に出生数の減少が続く。日本の年間の出生数は、第一次ベビーブーム期（一九四七～四九年）には約二七〇万人、第二次ベビーブーム期（一九七一～七四年）には約二一〇万人であったが、一九七五（昭和五〇）年に二〇〇万人を割り込み、それ以降、毎年減少し続けた。一九八四（昭和五九）年に一五〇万人、二〇一六（平成二八）年に一〇〇万人を割り込んだ。一八九九（明治三二）年の統計開始以来、年間出生数が初めて一〇〇万人を割ったのである。[3]

二〇六五年には、出生数は五六万人になると推定されている。この減少により、年少人口（〇～一四歳）は、同年で約九〇〇万人弱と二〇一八年の約半分にまで減少してしまう。

六五歳以上の高齢者人口と一五～六四歳の生産年齢人口の比率で見ると、一九五〇（昭和二五）年には一人の高齢者に対して一二・一人の現役世代（生産年齢人口）があったのが、二〇一五（平成二七）年には高齢者一人に対して現役世代はわずか一・三人になってしまった。もはや、現役世代の出資で高齢者の生活を支えるといった現行の年金制度を維持することは不可能であると嘆じざるをえない。

高齢化の進展に伴い、なんらかの支援を必要とする「要介護」認定者数も大幅に増加することは確実である。

「介護保険制度」[4]開始時の二〇〇〇（平成一二）年に、約二一八万人であった要介護・要支援認定者数は、二〇一五（平成二七）年には約六〇八万人に増加している。[5]

二〇二五年には、六五歳以上の要介護・要支援認定者数は全国で七一六万人（六五歳以上高齢者の二〇%）、要介護3以上の高齢者数は二五二万人（同七%）に達すると推計される。入所者を「要介護3」以上に限定する傾向が最近目立っているが、大都市では、収容されない高齢者は確実に増える。(6)

◆深刻さを増す介護人材不足

高齢化を支える介護人材の不足が深刻さを増している。二〇一七年度の有効求人倍率は介護職で三・六倍であった。全職業のそれが一・四倍であったことからすれば、介護職の人材不足の深刻さは突出している。

厚生労働省は、二〇一八年の「第七期介護保険事業計画の介護サービス見込み量等に基づく介護人材の必要数」を発表した。それによると、二〇一六年度の約一九〇万人の人材を二〇二〇年度末までに約二六万人増やして約二一六万人、二〇二五年度末までに約五五万人増の二四五万人を確保する必要がある。つまり、毎年、六万人程度増やさなければならない。ここで言われている介護人材数とは、介護保険給付の対象となる介護サービス事業所、介護保険施設に従事する介護職員数に、介護予防・日常生活支援総合事業における従前の介護予防訪問、介護等に相当するサービスに従事する介護職員数を加えたものである。(7)

福祉施設の介護員の平均月給は二三万円と全産業平均の約三分の二の水準である。問題は、人手不足の現状で賃金が上がらないというシステムにある。介護職の賃金は、労働需給を反映したものではなく、公的な保険制度で賃金水準が決められるという点にある。つまり、賃金を上げるには、保険料や税金といった原資を確保しなければならないからである。施設の収入も保険制度によって決められているので、賃金もまた保険による原資が上限になってしまっているのである。

介護職の年間の離職率は一七％と全産業平均の一五％を上回る。離職の理由を尋ねた、「日本介護福祉士会」のアンケート調査（二〇一六年一一月実施）によると、職場の「人間関係」が三五％、職場の「運営方針」が三三％であったのに対して、賃金への不満は三〇％でしかなかった。

国家資格である「介護福祉士」の受験者数は二〇一七年度九万人とわずか二年目の二〇一五年度の六割しかなかった。二〇一六年度から受験資格に長時間の研修を課したことが原因であるとされている(8)。

2　進まない介護ロボットの導入

◈介護ロボットの種類

今後、介護施設は、介護人材不足から、人手をそれほど食わない「要介護4、5」の重篤の高齢者を好んで収容するようになるだろう。しかし、その場合、介護職員の労働は非常に厳しいものになる。介護人の身体的な疲労は、介護度の低い高齢者に対するものとは格段に大きくなるからである。

その解決策は、職場環境の改善と並んで、「介護ロボット」の導入が不可欠である。しかし、現実には、介護ロボットの導入は進んでいない。ＡＩが喧伝されている現在でも、多機能の動きをするロボットの開発が遅れている。あまりにも高価格であるという事情もあって、介護の現場でＡＩロボットが採用されることはほとんどない。

介護ロボットには、二つの役割が期待されている。介護者の負担軽減と要介護者の自立支援という役割である。

前者の役割は、介護の業務量そのものを減らすだけでなく、介護者の身体にかかる負担を軽減したり、「見守り」や「看取り」などの長時間の緊張から介護者を解放することである。

後者の役割は、要介護者の低下した身体機能を補助したり、訓練やリハビリを助けることである。

簡単にロボットと称されるが、ロボットは人型のものを指すだけではない。センサー機能を持つロボットがむしろ主流であり、人型の歩行ロボットは皆無と言ってよい。

介護ロボットは、「介護支援型」「自立支援型」「対話型」の三種類がある。

介護支援型ロボットは、主に移乗・入浴・排泄など介護業務の支援をするもの。自立支援型ロボットは、歩行・リハビリ・食事・読書など、要介護者の自立を支援するもの。要介護者の上肢や下肢に装着して運動機能を補助するものがある。

対話型ロボットは、言語的コミュニケーションにかぎらず、音楽や体操などのレクリエーションなどを通して、利用者のメンタルケアをサポートするものである。

介護支援型では、「ロボットスーツ」「パワーアシストスーツ」、人工筋肉で介護者の腰痛問題を軽減する「マッスルスーツ」、ベッドが車椅子としても使える「離床アシストロボット」、介護施設において使用する転倒検知センサーや外部通信機能を備えた「見守り支援用介護ロボット」などが開発されている。とくに見守り支援型は介護施設では喜ばれている発明である。赤外線を用いて、監視カメラとは次元の異なる機能を持たせている。

自立支援型では、高齢者の外出をサポートし、荷物などを安全に運搬したり、トイレへの往復・トイレ内での姿勢保持を支援する「歩行支援ロボット」、居室での使用・位置調整が可能で、臭いが室内に広がらない「ポータブル型排泄機器」、トイレ内での下着の着脱などの排泄の一連の動作を支援する「排泄支援ロボット」が実用化されている。

コミュニケーションロボットでは、個人に合わせたクイズ出題、血圧測定などもしてくれるロボットが人気である。言葉を発しなくても、動作で愛情を表現するロボットも要介護者の人気を集めている。

しかし、現実には介護ロボットの施設への導入はあまり進展していない。「介護ロボット・オンライン」が、二〇一七年六〜七月に行ったアンケート調査では、「現在、介護ロボットを導入していますか?」の問いに、「いいえ」が七一%強、「はい」は二九%弱であった。

施設側の関心が高いのに、介護ロボットの導入が進んでいない理由は三つあると思われる。「価格が高いこと」「設置スペースを要すること」「使用までに研修などの時間を要すること」である。[9]

◈日本の介護ロボット市場の現在

矢野経済研究所の調査によれば、二〇一八年度の国内介護ロボット市場は約一九億円強、前年度から三五%弱の伸びであった。調査対象になった介護ロボットは、介護者や被介護者の動作を支援する種類のもので、いわゆる「センサー型」「対話型」のロボットは含まれていない。

介護需要が増加の一方なのに、介護ロボットの開発は、国の支援事業を頼みとしたものであって、国の補助金を大幅に超える投資はほとんど行われていないというのが現状である。しかも、二〇一七年度の市場規模は一四三億円強と前年の二〇一六年度の実績一七〇億円弱よりも低下していたのである。

国が主導する開発や実証試験、導入促進事業を経た開発企業各社が、開発を進めているにすぎず、介護ロボット市場への新規参入はいまだ少数である。

それでも矢野経済研究所の推計では、二〇二一年度には三七〇億円強になるとされている。

同研究所の分析によれば、介護ロボットの最大の難点は高価格であるという点にある。一般的な普及のためには価格をおさえた新型製品の開発が必要であるという。[10]

政府は、二〇一八年二月、およそ五年ぶりにまとめた新たな「高齢社会対策大綱」を閣議決定した。二〇一五年の時点で二四・四億円だった介護ロボットの市場規模を、二〇二〇年までに約五〇〇億円まで大幅に成長させる目標を打ち出した。「技術革新の成果が可能にする新しい高齢社会対策を志向する」と安倍晋三首相は宣言した。[11]

◈介護ロボット開発に向かう日本の立ち位置

「AIによってもっとも利益を得る日本」という目を引く記事が、『サウス・チャイナ・モーニング・ポスト』誌に載った。[12] そこでは、世界の過去の歴史にもない日本人口構成の特異性が論じられていた。

歴史的な人口の減少スピードと大量の移民の流入を嫌悪する日本人の性質が、AIの採用を無批判に受け入れる社会風土を形成しているというのである。

ロボットの無批判の採用は、現場労働者を排除するので、労働者の抵抗があるはずなのに、現場労働者の不足に悩む企業は安易にロボットを採用し、現場労働者も労働の売り手市場なので、失業の恐れはない。しかも、日本の高賃金の秘密であった「年功賃金型給与システム」を破壊できるので官民挙げて、ロボット採用に向かっている。実際、日本の置かれた人口問題に対処するには、ＡＩを搭載したロボットが唯一の解決策であると著者は主張している。

また、最近の日本の高齢者が、自らの介護を家族に委ねることを潔しとせず、むしろ、介護ロボットの方に親近感を持つという寄稿文を『ジャパン・タイムズ』が載せた。「高齢者介護における日本のロボット革命」というタイトルの記事である。(13)

現在の市場規模はまだまだ小さいが、「対話型ロボット」に日本の高齢者たちは心を癒やされている。これは、ロボットに違和感を持たない日本人の性格からくるのであろう。介護は「人の手で」という頑固な思い込みを日本の高齢者たちはしていないというのである。しかし、「テレノイド」(Telenoid) などの対話型ロボットのように一台で四〇〜九〇万円もするような高価なロボットでは、おいそれと高齢者たちが自宅に購入することはできないであろうし、介護施設が導入するにしても、経済効率上、なかなか踏み切れるものではないことも指摘されている。

◈癒し系介護ロボット

二〇〇二年に「ギネスブック」から世界一の癒しロボットとして認定された「パロ」(PARO) という対話型のロボットがある。日本の「産業技術総合研究所」が一九九三年から開発に着手し、同研究所の「エンタテインメントロボット」として第八世代に当たるのがこのパロである。「アザラシ」の子をモデルにした長さ五七センチ、重さ二・七キロのぬいぐるみである。

このパロは、世界でもっとも広く研究されてきた癒し系介護ロボットである。触られると反応し、声のする方向に目を向ける。それだけではない。ユーザーの表情を見て、ユーザーの感情を理解する。ユーザーが怒りを持っているときには、怒りを静める表情をパロは学習して会得した。つねに、ユーザーの精神を安定させる方向で自らの表情を変える。ユーザーの心を慰めるためには、泳ぎの真似をすることもできる。つまり、パロの学習能力は非常に高い。とくに、認知症患者にとってパロは大きな癒し効果を持つ。二〇一七年時点で、パロは世界三〇か国で五〇〇〇台は使われている。本体価格は三〇万円程度である[14]。

ユーザーの表情を読み取って、反応の仕方を学習すると言っても、表情の表し方は民族によって大きく異なる。現在のように、多民族が同一地域に住むようになった時代には、そうした学習は非常に難しいものになる。単に、ビッグデータによって学習すれば済むものではない。

民族間の文化の違いを認識しつつ、高齢者に対する反応をどのような形で表せばいいのかといった共同研究が、ＥＵと日本政府との間で進められている。CARESSESプロジェクトと言い、二〇一七〜二〇二〇年の期間に行われる共同研究である。

歩行できない癒しロボットに、歩行だけでなく、高齢者を目標地点まで運んだり、高齢者を乗せずに単独で動き回れる、屋内外で使用できるロボットも開発された。

これは、シンガポールで開催された「二〇一七年ハッカソン」で優勝したチームが開発したものである。

「ハッカソン」(hackathon)とは、同じテーマに興味を持った開発者が集まり、協議・協力しながら集中的に作業するコンテストである。「ハック」（hack）と「マラソン」（marathon）を組み合わせた造語であると言われている。ハッカソンは、プログラマーの個人作業になりやすいプログラミングを、大人数で賑やかに行う点に特徴がある。意見を出し合いながら進めることで、新しいアイデアや発見が得られやすい点が期待できるとされる(15)。

「セグウェイ・ロボティクス」（Segway Robotics）が、開発中の「ルーモ」（Loomo）を基盤とした試作品がシンガポール大会で優勝したのである。癒し系ロボットに歩行機能がついたロボットである。高齢者の後ろについて移動することができるだけでなく会話機能、カメラなどが搭載されており、乗っていないときでも持ち主を認識してついてきてくれるため、屋内に入っても手で持ち運ぶ必要がない。

リアルタイムに地図を描いてくれて、障害物を避けることもできる。人を乗せていない「ロボットモード」のときには時速最大八〇キロメートルまで出すことができ、人が乗るときには時速最大一八キロメートルまで出せる。これは自転車並の速度なので、外出時には乗り物として十分に役に立つ。一回の充電で、約三五キロメートルは走行できる。単なる移動手段ではなく、人間の介護人のように信頼できる。価格は、一五〇〇ドルを切っている。

しかし、日本では、この種の乗り物ロボットの公道での走行は許されていないので、日本での実用化は法の改正を待たなければならない。

ルーモの開発費用は、米国の「インディ・ゴーゴー」（Indiegogo）を仲介社とする「クラウド・ファンディング」に依存している。二〇一八年四月応募期限までまだ二〇日程度を残していたのに、調達額は希望額の四・五倍にもなり、すでに約五〇〇〇万円を調達していた(16)。

英国にも、CHIRON（Care at Home using Intelligent Robotic Omni-functional Nodes）といった「長期介護革命」（Long term care revolution）を謳うプロジェクトがある。高齢者が自信をもって自立でき、しかも脳の活性をより長く保つことのできる技術を支援するというプロジェクトで、「イノベートUK」（Innovate UK）が、中小企業による介護ロボット開発を支援すべく、総額二〇〇万ポンドのクラウド・ファンディングの仲介をしている。

「シャドウ・ロボット」（Shadow Robot）という、ロンドンに拠点を置く小企業が、二〇種類もの動作を可能とする「第二の機敏な手」（Shadow Dexterous Hand）という手を持つ対話型介護ロボットを開発した。創業時（一九九七年）の同社の従業員は二五名であった。同社が開発したロボットは、ＡＩを搭載し、ロボットの自主的な判断で対象物を持ち上げ、摑み、そして離すことができるという多機能の手がそれである。手は伸び縮みすることができる。

英国政府も、このロボットの手が、認知症初期段階の人の自立の維持に役立つ可能性があるとして、支援している。認知症初期の高齢者が在宅で自立した生活ができるように、高齢者の脳を活性化させるという機能が期待されているのである。事実、このロボットは、人間の脳に近づくことを目標としたものであり、単に生活支援という次元を超えて、認知障害状態を改善させることを最大の謳い文句にしている。

イノベートＵＫは二〇一三年に、安定した摑みが可能な手の開発というパイロット事業として、シャドウ・ロボット社に七万ポンドを融資した経験がある。

シャドウ・ロボット社は、二〇一五年一月以降、ＥＵの「二〇二〇年の地平」（Horizon 2020）を通じて、総額三八〇万ユーロのファンディングを受ける三か年の欧州共同プロジェクトに参加している。

二〇一四年には、同社は、イノベートUKと「英国貿易投資」（UK Trade & Investment＝UKTI）から英国を代表するロボット開発会社七社の一つとしてカリフォルニアで成果が披露された[17]。

3　オルタナティブ・ファイナンス市場の活用

◈在宅看護の困難さ

高齢者の医療費の増大が、日本の医療制度を財政面から破壊してしまうとの危機感から、高齢者看護を医療制度から外して、医療制度を守るという財務当局からの強い要請で創設されたのが介護保険制度であった。「保険制度」の導入で税負担を抑えるというのがその狙いであった。

しかし、創設時の介護保険制度には高邁な理想が掲げられていた。

「介護保険法」第二条には次のようにその目的が書かれている。

1　介護保険は、被保険者の要介護状態又は要支援状態（以下「要介護状態等」という。）に関し、必要な保険給付を行うものとする。

2　前項の保険給付は、要介護状態等の軽減又は悪化の防止に資するよう行われるとともに、医療との連携に十分配慮して行われなければならない。

3　第一項の保険給付は、被保険者の心身の状況、その置かれている環境等に応じて、被保険者の選択に基づき、適切な保健医療サービス及び福祉サービスが、多様な事業者又は施設から、総合的かつ効率的に提供されるよう配慮して行われなければならない。

4　第一項の保険給付の内容及び水準は、被保険者が要介護状態となった場合においても、可能な限り、その居宅において、その有する能力に応じ自立した日常生活を営むことができるように配慮されなければならない。[18]

このように、創設時の介護保険制度は、「在宅看護」の推進が大きな目的であった。しかし、現実には、無限の需要のある在宅看護を満足いく形で実施することはほぼ不可能であった。在宅看護を遂行するためには、現在の制度下では、要介護者の介護に当たる家族が少なくとも一人が存在しているという条件を必須としているからである。

「独居老人」の要望が、「住み慣れた我が家で老後を過ごしたい」という程度のものであっても、自宅で介護を受ける高齢者のほとんどは要介護が1か2の認定で、サービスの支給額が低いので、おざなりの介護しかできないからである。制度で決められた在宅介護のサービス（訪問介護、デイサービス、用具貸し出し、見守り）などをきちんとしようとすれば、介護を委託された業者が保険から給付される費用では、絶対にと言っていいほど不可能なことなのである。[19]

結局は、施設看護に頼らなければならず、受け入れ側も要介護3以上を条件としてしまうという風潮を生み出してしまった。二〇一八年の制度改正で「介護療養型医療施設」（療養病床）の廃止と「介護医療院」の新設が決定された[20]ことは、今後、日本の介護保険制度がかぎりなく在宅医療を縮小していく姿勢になることを示したものである。

◈スウェーデンの在宅介護の現状

在宅看護を目標としてきたが、その限界が目立ち始め、介護施設そのものではないが、「特別な住居」という名の、疑似施設、疑似居宅に要介護者を、自宅から移すという苦肉の策を、世界一の福祉社会を誇るスウェーデンですら採用せざるをえなくなっている。

スウェーデンでは、在宅へのホームヘルプや訪問看護に力を入れてきた。このため、多くの高齢者は在宅での生活を継続している。しかし、配偶者や近隣に住む親族が自宅看護に大きな役割を担っており、公的サービスで生活支援のすべてが賄われているわけではない。

スウェーデンでは一九九二年の「エーデル改革」により、高齢者の療養型施設がすべて「特別な住居」と呼ばれる住宅に移行した[21]。介護度に応じて施設を替えることなく、できるかぎり在宅に近い環境で住み続けられるようにしたものが「特別な住居」である。それは、二四時間介護職員が常駐しているが、施設ではなく住居という位置づけである。

それは、自宅からの家具の持ち込みが許され、トイレ・シャワー・簡易キッチンが備えつけられた個室の集合体である。

ただし、「特別な住居」という大袈裟な命名ではあるが、現実には、この住まいは、ターミナル・ケアそのものである。ぎりぎりまで一般住宅で生活してから入居するため、「特別な住居」の平均居住期間は短い。ストックホルムの一部の地域の調査報告には、入居開始時の平均年齢は八七歳、二〇一二年時点の居住者の居住期間（亡くなるまで）の中央値は約六〇〇日、しかも、この数値はさらに短期化が進んでいると報告されている。[22]

「特別な住居」ほどには入居条件が厳しくない比較的容易に入居できる「安心住居」も増加している。これは、介護度が軽度の高齢者向けのバリアフリーの住居で七〇歳以上の高齢者が入居対象。共同の活動スペースや食堂がある。日中のみ管理者が勤務し、介護職員はいない。ホームヘルプを利用できる。

高齢者向けの一般マンションである「シニア住宅」も多数ある。入居条件は五五歳以上であるが、少なくとも、従来の在宅介護の定義からは外れた高齢者マンションである。

シニア住宅は、協同組合式住居といって、入居権を買い取る方式で、入居権は売買できる。居住者は組合の会員となって役員を選んで組合を運営する。入居時において介護が必要でないという制限や同居している子供がいないという条件を設けているところもある。シニア住宅は一般住宅で特別な住居ではないので、ホームヘルパーが働けるための十分な機能的な大きさを持っているとはかぎらない。[23]

つまり、在宅看護の維持は、現実の社会において大幅な修正が迫られていると言える。

今後の方向性として、スウェーデン政府は、「特別な住居」を増やすのではなく、可能なかぎり長く自立した生活を送れる良質な住宅を増やすことを考えているらしい。

二〇一五年一〇月に政府の研究チームは、「既存住宅のバリアフリーの改善」「高齢者に適応した住宅の整備（安心住居建設への助成）」「高齢者への住宅補助の増額等による移転の促進」「評価・研究開発の推進」を掲げた提案書を発表したのである。[24] 親族に対する支援も課題にされている。

もちろん、国是になっているスウェーデンの在宅看護政策が大幅に後退したわけではない。

多くの高齢者は、住宅を改修したり、あるいはエレベーターつきの住宅などに転居するなどして、バリアフリーを確保した住宅に住み、訪問介護や生活支援などを受けながら生活している。在宅生活を継続するために必要な住宅改修にかかる費用はすべて自治体が負担する点や、ホームヘルプ利用の個人負担も月三万円以下と抑えられている(25)。

それでも、在宅介護という所期の目的は、次第に足下から修正しなければならなくなっている。国民の多くが、家族の負担に負い目を感じ、施設への入居を希望するようになっているからである。

◈活発な英国のオルタナティブ・ファイナンス

史上空前のバブル経済の後遺症から、これまた史上例を見ない長引く低金利のために、既存の金融業務は、基幹産業を育成する長期投資に踏み切れなくなってしまった。しかし、ＡＩに裏づけされた介護ロボットの開発は緊急に必要なことであるし、開発、実用化、改善には非常に長期の試行錯誤を繰り返さなければならない。そうした事業に携わる豊富な人材となによりも安定した長期にわたる豊富な資金調達が不可欠の手段になる。それを既存の銀行業務に望むことは日に日に困難になってきた。

そうした中で、世界的に急拡大している、クラウド・ファンディングに代表されるような、インターネットを通じて投資家と資金調達者を直接マッチングする新しい金融手法は、フィンテックがもたらした大きな希望の一つである。

伝統的な金融システムではない新しい手法であるという意味から、これらはオルタナティブ・ファイナンスとも呼ばれている。

クラウド・ファンディングや「P2P（Peer to Peer）レンディング」、ソーシャル・レンディングなどがそれである。

欧州でのオルタナティブ・ファイナンスの規模は、二〇一三、一四、一五年の時系列で見れば、一一億ユーロ、三二億ユーロ、四一億ユーロと急拡大している。[26]

英国におけるオルタナティブ・ファイナンスに占める「P2Pレンディング」と「株式型クラウド・ファンディング」[27]のシェアの推移（二〇一二～一五年）は以下の通り。

P2Pレンディングは二〇一二年に一・〇%、一三年三・〇%、一四年一二・〇%、一五年一三・九%。株式型クラウド・ファンディングは、一二年〇・七%、一三年五・四%、一四年九・六%、一五年一五・六%であった（数値の出所は前記と同じ）。この二つの新しい金融手法が急速に伸びていることがこの数値から分かる。

こうした融資業務を行う機関を「プラットフォーム」という。このプラットフォームに占める機関投資家の比率は二〇一二年の一一%から一五年には四五%にまで急拡大しているが、P2Pでは個人がまだ七〇%を占めている[28]という事実は、オルタナティブ・ファイナンスの事業に参加したいという個人の意欲は衰えてはいないことを示している。

P2Pレンディングが大きくなることとは、資金の需要者にとっては、調達資金が多様化することを意味している。今後の介護ロボット開発の希望を確かなものにする役割を担うのが、オルタナティブ・ファイナンスである。

◈英国のテック開発支援システム

ハイテク企業は略して「テック」（tech）と呼ばれている。欧州におけるこのテックへの投資動向を、「アトミコ」（ATOMICO）という大手のベンチャー・キャピタルが報じている。

二〇一七年のデータによれば[29]、テック分野への投資総額の首位は英国で五四億ドルで、二位のドイツ二五億ドル、三位のフランス二一億ドルを倍以上離していた。また、ロンドンが、内外のテック技術者を集める最大都市として位置づけられた。

「英国ビジネス・エネルギー・産業戦略省」（Department for Business, Energy and Industrial Strategy）が二〇一七年一一月に英国の「産業戦略」を公表した。そこでは、重点的に取り組む分野として、「ＡＩ」「データ経済」「クリーン成長」「将来型モビリティー」「高齢化社会」の四つを挙げ、そうした分野に「産業戦略チャレンジ基金」を通じて、七億二五〇〇万ポンド（約一〇八八億円）を支援するとした[30]。

前述のイノベートＵＫという公的な基金オルタナティブ・ファイナンスは、「カタパルト・センター」（Catapult Centres）という研究開発機関を運営している。企業や大学から専門家たちが集い、デジタル技術や細胞療法など一〇の重点分野を研究する機関である。

イノベートＵＫは、毎年「イノベート」というイベントを開催している。二〇〇九年から始められ、例年、三〇〇〇人を集めるこのイベントでは、テック企業の出店はもちろん、投資家と大学関係者との交流会も持たれ、次世代テクノロジーに関する議論・情報交換が行われている。

ロンドン市の公式プロモーション機関である「ロンドン・アンド・パートナーズ」が共催者として名前を連ねる「ロンドン・テックウィーク」もテック関連の大きな展示会である。毎年、九〇～一〇〇か国から五万人前後の参加者がある。

ロンドンには、その他のイベント「ビジネス・スタートアップショー」（参加企業二～三万社）、「テックデー」（参加者七〇〇〇～八〇〇〇人）なども毎年開催されている。(31)

◈高齢化社会を照準に置いたシンガポール政府

シンガポール政府は、二〇一四年から「スマート国家」構想の実現に着手している。それは、情報通信技術（Information and Communication Technology＝ＩＣＴ）を積極的に導入して、近い将来に迫った少子高齢化社会に備えようとするものである。

シンガポールの出生率は、二〇一五年のデータで見るかぎり、一・二四と日本の一・四五を下回っている。このままいけば、二〇三〇年には四人に一人が六五歳以上の老齢者になる。ちなみに日本では、すでに四人に一人が六五歳以上の老人で、二〇三五年には三人に一人が六五歳以上になる。(32)

シンガポール政府は、高齢者に向けた「ヘルスケア」「交通システムの構築」などの技術開発の実験場としてシンガポールを活用して欲しいと世界に呼びかけている。

二〇一六～二〇年のR＆D（Research & Development＝研究開発）振興予算は一九〇億シンガポール・ドル（約一兆三二〇〇億円）であり、「バイオメディカル」「先端エンジニアリング」「都市問題」「デジタルエコノミー」の整備の四つが優先研究分野として位置づけられている。

シンガポールは、生涯教育のシステムも充実している。「スキルズフューチャー」という生涯教育支援制度が世界から高く評価されている。年齢、就労経験年数などに応じて、様々の研修コースが政府の支援で用意されている。政府が認定する高等教育機関が提供する研修コースが約一万八〇〇〇ある。このコースを受講する人には五〇〇シンガポール・ドルが支給されている。四〇歳以上の人には、研修費の最大九割が支援されているし、一〇年を超える就労経験のある人には一万シンガポール・ドルが補塡される(33)。

そうした生涯教育制度もあって、シンガポールは、ハイテク部門におけるスタートアップが輩出しやすい環境にある。

「スタートアップ・ゲノム」(Startup Genome)という調査会社が、毎年、世界のスタートアップを育みやすい都市環境(エコシステム)のランキングを掲載した情報誌、「グローバル・スタートアップ・エコシステム・レポート」(Global Startup Ecosystem Report)を発行している。営業成績、資金調達、人材、市場調査、スタートアップ創出環境、といった五つの指標を総合化してランキングをつけた「コンポーネント・インデックス」がこの情報誌の目玉である。ただし、言葉の障害があるという理由で、日本の都市はランキングの対象になっていない。

「スタートアップ」とは、起業して数年以内の企業のうち、新しいＩＴ技術を駆使する事業体を指す。

この情報誌の二〇一七年版では、上位一〇位には、米国が五つの都市(シリコン・ヴァレー、ニューヨーク、ボストン、ロサンジェルス、シアトル)、中国が北京・上海の二つの都市、それに、テルアビブ、ベルリン、ロンドンが入っていた。シンガポールは、総合力で一六位、スタートアップ創出環境としては一二位であったが、人材面で一位であった。さらにスタートアップの起業家の平均年齢が三〇・二歳と世界でもっとも若い。

また、シンガポールでは、スタートアップには、最大三万ドル相当の補助金が供与されることも、スタートアップが出やすい要因である。[34]

シンガポール政府には「ＡＣＥ」（Action Community for Entrepreneurship）というスタートアップ支援機関がある。この機関の二〇一七年版年報によれば、シンガポール政府や大学が資金や技術、建物などを提供しているハイテク・スタートアップは、二〇一六年一一月時点で約五四〇〇社あった。政府機関としては、「首相府」「情報開発庁」（ＩＤＡ）、「通商産業省」がそれぞれ支援機関を持っている。政府、大学だけでなくシンガポールに拠点を置く多国籍企業もスタートアップとの共同事業を営んでいる。

「スリーエム」（３Ｍ）、「プロクター＆ギャンブル」（The Proctor & Gamble Company＝Ｐ＆Ｇ）、「ダイソン」（Dyson Limited）、「アリババ」などがその代表的な企業である。日本の企業としては、「富士通」「協和発酵キリン」「ＮＴＴデータ」「資生堂」「島津製作所」「オムロン」「ＮＥＣ」などが定着している。[35]

4　おわりに——株価資本主義の克服

◆コンピュータの運動能力

ＡＩ研究者の間では、「モラヴェックのパラドックス」という言葉がよく使われている。これは、一九八八年にロボット工学者のハンス・モラヴェック（Hans Moravec, 1948–）の述懐である。

コンピュータに知能テストやチェッカー・ゲームで成人並みのパフォーマンスをさせるのは比較的

容易だが、認識や運動については一歳児レベルのスキルを与えることすら困難か、あるいは不可能である。[36]

動きや認知能力については、モラヴェックの言う通りである。しかし、どのように抵抗しても、その他の領域については、人は絶対にコンピュータに勝てない。最初こそコンピュータ化された機械に抗ってはいたが、結局は機械によって労働環境が変化しても、その変化を受け入れてきたのがこれまでの私たちの社会であった。

チェスのチャンピオンであったガルリ・カスパロフ（Garry Kasparov, 1963–）は、次のように書いている。

コンピュータを賢くすることは成功への鍵の一つだが、人間と機械との協力の仕方を賢くするほうがはるかに重要なのである[37]（邦訳、七頁）。

モラルが問題になってくるのは、あるものを「創るべきか否か」「どのように使うか」という点である（邦訳、三七九頁）。

機械にあるのは指示だが、私たちには目標がある。機械はスリープモードに入っているときですら、夢を見ることができない。人間にはそれが可能で、壮大な夢をかなえるためにこそ、知能機械が必要なのだ。もし、私たちが大きな夢を見ることを、さらに大きな目標を目指すことをやめてしまったら、私たちも機械のようになってしまうかもしれない（邦訳、三九一頁）。

夢なくして私たちは生きては行けない。しかし、夢には自省が伴わなければならない。夢のすべてが社会的に認められているわけではない。

「ユニコーン」という言葉には、「一攫千金」の夢が込められている。現代社会の宿痾は金融が社会の隅々まで支配していることにある。しかも、株式が貨幣になってしまっている。一過性のものであれ、人気が沸騰した株式の株高を武器に、株式交換でもって他の企業を買収することが頻繁に行われる社会になってしまった。バランス感覚を持ち、社会貢献を使命とする優れた経営者に主導される企業に買収されるのならまだしも、その正反対の俗物的な専制君主的な経営者によって買収されてしまった企業の社員には、自らが属している企業が外部の企業から買収されてしまうことは、自らが単なる商品として売り飛ばされる地獄図絵に見える。

スタートアップの経営者の多くがロックスターのように振る舞う社会状況で、ＡＩがその権力を強化するために使われてしまう恐れが日々大きくなっている。

◆トロンの屈辱

先端技術の開発には膨大な人員と資金の投入が不可欠である。長い時間をかけて開発しても実用化にはさらにリスクが加わる。開発した技術を使ってくれる企業がどの程度集まるか、という経営的なリスクがそれである。ユーザーが集まらないかぎり、投入した資金の回収ができず、企業は倒産の淵に立ってしまいまう。そのようなリスクを冒すよりも、できあがった米国の先端技術に依存する方が経営方針としては安心である。

そのリスクを乗り切るには国家の絶大な支援が必要となる。支援する国家はまた国際的な危機管理の問題に直面する。国家の姿勢が大国に対して及び腰であれば、開発企業は先端技術の開発に尻込みせざるをえない。

その一例が日本初のパソコンOSの「トロン」（TRON）である。

一九八九年、「スーパー三〇一条」による制裁などについて強い影響力を持つ「米国通商代表部」（USTR）が、日本の「トロン政策」は象徴的な貿易障壁であるという報告書を出した。

それは、商慣習とか流通形態といった大きな括りではなく、コンピュータのソフトとか、システムといった、細かい特定の技術を名指しての批判で、非常に異様なものであった。日本政府がトロンを使用する特定の自国メーカーに肩入れし、教育分野にまでトロンを優先的に導入しているとUSTRは非難したのである。

この報告書に迎合した日本企業が出た。米国式OSを採用している企業であった。米国式OSを世界標準にしたいマイクロソフトや日本のソフト産業のリーダーシップをとりたい業界の有力者たちがトロン反対運動を展開し、実際にトロンの採用を日本政府に断念させた。ナショナルな技術を推進したいという日本の企業連合が、対立する米国政府を後ろ盾とする、別の日本の企業連合に敗れたのである。

当時は、かねてからの「日米貿易摩擦」に加えて、八〇年代の「日米ハイテク摩擦」「ジャパン・バッシング」「ニッポン株式会社論批判」と、日本叩きが盛んであった時代であった。米国勢と連合を組む日本の有力企業が、トロン潰しに狂奔したのである。

このような国際的な流れの中でＡＩを見ていかなければいけない。現在、ふんだんに国家資金がＡＩに注ぎ込まれているが、ナショナルな側面が希薄になっている流れにトロンの悲劇がだぶる。

◈世界的寡占企業に集積される情報

ＡＩを取り巻く状況が一般化したのは、「すべてのもの」(Things) が「インターネット (Internet) につながる「ＩｏＴ」(Internet of Things) の時代を迎えたときからである。

ネット社会の爆発的な普及は、膨大な個人情報を、いわゆる「プラットフォーマーズ」に集めることができるようにさせた。個人の行動、好み、思想信条、交友関係、家族構造、履歴、修行内容、資産、略歴、購買履歴、職場での地位、病歴、健康状況、等々、あらゆる情報が集められている。それも、歴史上これまでは考えられないような膨大な情報が、人々のなにげないスマホ操作によって、ほんの少数の基幹ＩＴ企業に自動的に集積されている。何億人もの市民の、膨大な量の個人情報が、生のまま、プラットフォーマーズに集まり、それが加工・分析されて関心のある企業群に売却され、深層学習というＡＩ開発の最重要の基盤が提供されている。

プラットフォーマーズの大元締めであるアップル、グーグルといった二大ＩＴ会社に集まるデータの膨大さは、「ビッグデータ」というイメージをはるかに越え、それよりも大きな「無限データ」と表現できるものである。

◈仕掛けられている株価の高騰

富裕者は「お金」の臭いを嗅ぐ才能があるようだ。人間社会の最大の欠点は、お金さえあればお金が集まってくるのに、貧乏人は競馬で万馬券を当てる以外に「大金」にお目にかかることはまずないという仕組みになっていることである。

このようなことは昔からありふれた現象だった。しかし、いまは、その現象が極端なまでに進み精鋭化してしまっている。

株価がその最たるものである。どんなつまらない理由であっても、社会的なブームに乗れば、株価は高騰する。まさに濡れ手に粟である。株価高騰による利益を「キャピタル・ゲイン」というが、どんなに真面目に汗水たらして働いて給金を稼ぎ蓄積しても、普通の労働者が生涯をかけて貯め込んだ額など、株式投資の長者が瞬時にして儲ける額のそれこそ何千万分の一にしかすぎない。

株式はブームに乗ることが最重要なことで、その株式の社会的貢献度など一切度外視される。しかも、ブームには必ず仕掛け人がいる。大手マスコミが仕掛け人を「よいしょ」する。その「よいしょ」も、ネット社会の爛熟でますます容易になっている。いまは、信じられないほどの情報がごく少数のプラットフォーマーズに労せずして集まるからである。株式時価総額の上位のほとんどはIT関連会社であるのも、そういう環境の産物である。

膨大な数の市民がスマホの端末でつながっている。AI社会とは、人だけでなく、生産も、さらにお金のやりとりも、そしておそらく来年ぐらいから登場してくる「カジノ」も、端末で操作することができるという社会である。

皆が何をするにもプラットフォーマーズ、つまりグーグルやアップルといった巨大ＩＴ企業を使わないといけない。無限と言っていいほどの莫大な情報が集中しているプラットフォーマーズを使わざるをえないという恐ろしさを考えると、ＩＴによって世の中が便利になったと、無邪気に喜んでいていいのであろうか？

いまや、ＡＩ社会とは何かと論じる段階は過ぎてしまった。ＡＩは、大変な勢いで社会の隅々にまで行きわたっている。現在は、このＡＩをどのように誘導すべきかを実践的に論じる段階になっている。

株価の形成は、社会的な必要性を踏まえたうえでなされたものではなく、美人投票のようなもので、人気が先行してしまうものであると、ジョン・メイナード・ケインズ（John Maynard Keynes, 1883–1946）が喝破したことは周知の通り。客観的基準に乏しい、人気だけで株価が形成されるという金融の世界を放置すれば、社会は必ず崩壊するとケインズは警告していた。そして、現在のＡＩ社会は、人気の先行をケインズの時代よりもはるかに極端な方向に推し進めている。

現在、人気のあるＩＴ企業に資金が張りついてしまい、極端な資金偏在が生じている。これは大変危険なことである。破局がくる前に、金融のルールをきちんと設定しておかねばならない、金融の自由化こそが正義であると嘯くことができた時代は去った。

ＡＩ狂想曲がもの凄い勢いで進行しているのに、もう眼の前に迫った超高齢社会を支えるＡＩ搭載の介護ロボットの開発・実用化がほとんど行われていない現状を打ち破るには「株価資本主義」から脱する糸口を探すことから始めるしかない。本書はそのことを強く訴えた試みである。

あとがき

本書執筆後、次の三つが大きな論点として残されていることを痛感した。

一つは、本格的な地域通貨の創設である。

一九九九年にＮＨＫが報道した「エンデの遺言――根源からお金を問う」の衝撃は大きかった。エンデの主張は、「資本」とは区別された「交換手段」としての貨幣の再認識を訴えたものだが、彼の発言に刺激を受けた日本の市民団体が集落規模の地域通貨創生ブームを創り出したと言われている。

タイミングも合っていた。日本の金融危機翌年の一九九九年四月、小渕恵三内閣が景気浮揚策として打ち出した「地域振興券」政策に六〇〇〇億円強の予算をつけ、全国の市町村に全額国費補助で地域商品券（同年四～九月までの半年間だけ有効）を発行させたのである。

政府丸抱えの商品券に対抗すべく、市民団体も、自治体を突き上げて、地域通貨を相次いで創設した。ただし、地域通貨といっても、法律的には「地域限定の商品券」で、地元の金融機関や商店などの協力を得て、五～二〇％の「プレミアム付き商品券」でしかない。

二〇一七年四月時点で、全国には六七〇件強の商品券が存在している。地域通貨ブームは二〇〇五年頃に下火になり、二〇一〇～一六年までの六年間で一三件しか増えていない。

しかし、一九三〇年代の世界恐慌で一世を風靡した地域通貨の復権は、少子化・超高齢化が眼の前で進行している現在、必須の課題である。地域通貨の復権に当たって、進歩したＩＴ技術を生かす方法を具体化しなければならない。そのためにも、理科系以外の人もＡＩ論への正しい認識を持つ必要がある。

一九三〇年代の地域通貨として、米国では、自治体、商工会議所などにより、「スクリップ」（仮証書）というものが数百種類も発行され、互酬手段の役割を担っていた。

欧州ではゲゼルなどの提唱で「減価するスタンプ通貨」が発行されていた。

戦後の米国ではオーウェン流の「労働貨幣」が復権した。「タイムダラー」「イサカアワー」などがそれである。労働通貨とは、一時間他人のために芝刈りをすれば、一時間分の通貨が手に入り、それを使えば、他の誰かに家事を手伝ってもらえるというシステムで運営される通貨である。

このシステムを復興させる試みが、日本の各地で行われるようになった。この機運が確かな地域社会の復権をもたらす力となる。

少子高齢化が急激に進む日本では、人とのつながりが急速に希薄になっている。いまでは、核家族ですら少なくなりつつある。一人暮らしの老人世帯が増えてきている。

欧州に見られるようなコミュニティはほとんど崩壊してしまっている。都会型マンションでは、エレベーターで一緒になっても挨拶がないし、表札を掛けている家も少ない。住民は同じマンションに住みながら、互いの姓名も知らない。ゴミ出しの当番もない。業者がゴミ出しを担当してくれるからである。このような都市型タワーマンションが不動産市場ではもっとも人気がある。

コミュニティの再生の必要性は、抽象的には叫ばれている。しかし、人々の「社会的孤立」が解消する気配は感じられない。孤立は老人だけではない。出産後、孤独の中で乳飲み子を育てている若い母の自殺者が増えているという。

「他人の世話にはなりたくない」と片意地を張れる時期はとっくに過ぎている。助けてくれる他人の善意への返礼として「現金」を渡してしまえば、サービスを提供する側の人も腰が引けてしまう。とすれば、返礼として意識することなくサービスを受ける仕組みを作り出さねばならない。これが地域通貨の持つ本来の重要な機能である。

「労働貨幣」ならサービスを受ける側も、提供する側も、抵抗なくやりとりができる。短期雇用の欠点を克服できるのも地域通貨が持つ効用である。

サービス業で非正規社員が増えるのは、サービスの需要に季節的・時間的変動が大きいからである。長期雇用が可能な製造業の多くが海外に移転してしまっている。国内に残されているのは圧倒的にサービス産業である。需要の変動の大きいサービス業では、どうしても短期雇用に傾斜せざるをえない。

総務省によれば、非正規雇用者は二〇〇〇万人超と、二〇〇八年から一〇年間で約二割増えた。それとともに、給与の前借りをする非正規雇用者が激増している。

給与の前借りをしなくてもよい方向に、社会が動くのではなく、これを金儲けのチャンスと見る風潮すら生まれている。ＩＴ企業が、フィンテックの名で貧困ビジネスに乗り出している。メディアもその傾向を褒めることはあっても非難することはない。

給料日を待たずに、働いた分だけすぐに現金を受け取れる「給与前借りサービス」が急拡大し、非正規雇用者や若年層の顧客が激増している。

「前借り」サービスを行う企業は、顧客の企業から従業員の氏名や勤務データを預かり、支払い可能な給与額を自動で計算し、従業員が申請すれば、企業が最短翌日に給与を口座へ振り込む。「前借り」を導入している企業は七〇〇社を超え、月間の利用件数は延べ一〇万件超もある。

給与前借りサービスでは従業員が給料日前に現金を受け取れる代わりに一定の手数料を支払う。中には、一回の手数料が、引き出し金額の数％というケースもある。

前借りの原資が雇用主である企業からの給与でなく、業者が立て替えるなら、この種の給与前借りサービスはれっきとした「貸金業」に当たる。

スマホなどを使って手軽にサービスが提供できる前借りアプリが数多く生み出されているが、これでは、IT技術が、フィンテックの美名の下、貧困者を食い物にしてきた「高利貸し」の再来に他ならない。短期労働という悪弊を解消しないかぎり、現在の貧困はなくならない。

商品やサービスを購入することに通貨を使用するだけではなく、サービスを提供している施設全体をコミュニティ活動の拠点として利用する企画も通貨発行の担保にすればよい。ボランティアが集まれる基地、地域活動の基地、様々な作業を行うために人々が集まる基地、等々の機能を施設が提供し、そうした機能を対価に地域通貨が発行され、地域の他の企業の提供するサービスを購入できるようにすれば、施設の経営者は本業のみに限定された形で給与支払いを行うのではなく、社会的活動に参加してくれる報酬を地域通貨で従業員に支払えばよい。つまり、生活のいろいろな場における活動を対価とした地域通貨システムを構築すればよいのである。

もちろんそのためには、ブロックチェーンの技術が応用されなければならない。通貨発行回収を担う責任組織も必要となる。その責任組織は、既存の金融機関のように、利子や手数料目当てのものであってはならない。

そのような理想的な地域通貨を創るには、ＩＴ専門家だけではなく、多様な人々が協力して、各地ですでに試みられている実験から虚心に学ぶ必要がある。

二つ目は、貧しい人々も老人介護を受けることができるように、社会の人々が全員協力して介護施設を運営する必要性についてである。とくに、多数の組合員を要する労働組合のナショナルセンターが社会的な課題として一大運動に盛り上げてくれないものか。

高齢化社会は、アジア全土を被うようになった。それを背景とした介護関連の多国籍企業が誕生している。

介護施設運営で日本の最大手の一角を占めているA社は、二〇一七年末、中国で認知症の高齢者に特化した居住型介護サービスを始めた。対象は、北京を中心とした富裕層である。日本における認知症向けグループホームのノウハウを生かし、共同生活を通じて認知症の緩和を目指すという。利用料金は月二万四〇〇〇元（約四〇万円）以上。北京だけでなく、遼寧省の瀋陽市と天津市にも二〇一八年中に同型の施設を設ける計画で、周辺には、訪問介護や通所介護（デイサービス）の事業所を設ける。同じ地域で複数サービスを提供する体制によって、二〇二二年三月期を目処に中国での売上高を一〇倍の二〇〇億円まで伸ばす目標であるとされる。

日本のグループホーム大手のB社も、二〇一四年に江蘇省南通市に、二〇一八年春に、広州市にも、大規模な老人ホームを建設した。入居者の平均単価は月一万元（約一七万円）と中国の同様の施設に比べて四割ほど高いという。さらに北京でも同様のホーム建設を予定していて、入居者の平均単価は月一万二〇〇〇元（約二〇万円）程度となる。

同社は、さらに、マレーシアのペタリンジャヤにも進出する予定である。それだけではない。同社は、子会社を通じて、介護に関する研修動画のネット配信も始める。現地の職員らが、食事や入浴などの介助方法を教える動画を視聴できるようにする計画である。

日本のC社は、すでに二〇〇三年からタイのバンコクに現地法人を設立している。進出当初からタイ人の介護士養成事業に着手し、二〇一二年から現地で訪問介護事業を始め、二〇一六年には有料老人ホームを開設した。

二〇一八年九月四日、教育図書出版を本業とするD社が、前述のA社の全株式を買収すると発表した。D社もグループホームを経営しているが、他社に比べて手薄であった。そこで、政府が進める「地域包括ケア」を提供できるという名目の下にサービスの総合化を図ろうとしたのである。

D社は、介護事業を強化すべく、二〇一八年二月に、政策投資銀行と、資本・業務提携を結んでいた。D社は、A社の親会社であるE社の株式の六一・八％を取得し、残りの三八・二％を政策投資銀行が買い取る。政策投資銀行の投資には国の「特定投資業務」関連資金が使われる。投資額は計一四四億円であった。つまり、E社を買収することで、その介護事業が国家的事業として位置づけられたのである。

比較的軽い要介護・支援者が住む「サービス付き高齢者向け住宅」（サ高住）を約一〇〇棟経営するD社が挙げる介護の売上額は二〇〇億円弱である。そのD社が、認知症患者を受け入れるグループホーム約二七〇棟を運営し、二〇一七年八月期で二六五億円の売上高を持つA社を買収して、総合サービス化を実現させようとしたのである。

介護業界は単一サービスを提供する中小企業が乱立しており、企業同士の情報共有が進んでいない。D社は、A社を子会社化することで、地域内で幅広い介護形態を網羅し、介護の必要度に応じて利用者を最適なサービスに誘導できる。自社グループで地域包括ケアを実現しやすい体制を整えられると説明している。

他方、政策投資銀行は、次のように説明している。「サ高住」とグループホームという分野を超えた再編は主要企業では初めてである。政策投資銀行は、認知症患者や要介護者を地域で効率的に受け入れる仕組みが整い、社会保障制度の安定につながると判断し、出資を決めたと。

確かに、個々の分野では強いが、総合的にサービスを提供できる企業は少ない。今後は異なる強みを持つ事業者によるM&Aや提携などが増えることになるだろう。

しかし、介護会社が巨大化すればするほど、国内の介護サービスをきめ細かくするよりも、より高いリターンを求めて海外展開してしまう可能性の方が大きい。

D社によるA社買収は、まさにその夜明けを告げるものである。

介護事業を手掛ける企業の収益は、国がサービスごとに定める介護報酬で決まる。介護費のうち、利用者の自己負担は原則一割。残りは四〇歳以上の人が支払う介護保険料と国や自治体の公費（税金）で半分ずつを賄う。

厚生労働省の「介護給付費等実態調査」によると、二〇一七年度の介護サービス費用の累計は一〇兆円弱。一六年間で二倍になった。団塊の世代が七五歳以上になる二二年に向け、費用は増加を続ける。このため、財政健全化を目指す国は介護費の抑制に動いている。

人手不足も深刻である。二〇一八年五月の介護職の有効求人倍率は三・六六倍と全体の一・三三倍を大きく上回る。二〇二五年度末には五五万人の介護人材が不足すると言われている。

このまま事態を放置すれば、巨大介護企業は新天地を東アジアに求めて海外展開してしまい、残された日本国内は国からの統制と資金難に苦しむ弱小介護施設のみになるだろう。

介護の方針、資金供与、その使途、等々、すべてが国に統制され、その統制の範囲内で動くことしかできない日本の介護事業の貧困さにほとんどの人々は気づいていない。

三つ目は、投機のユーフォリアの終焉がそこまできているということである。

留意すべきなのは、いまの世界経済の好調が、前例のない強力な金融緩和や財政出動に支えられた「実力以上の姿」であることである。トランプ大統領が米経済の高い成長や歴史的な低失業率をいくら自賛しても、それは持続的な姿とは言えない。

一〇年前のようなグローバル規模の危機が起きた場合、多国間の協調体制を嫌うトランプ大統領が果断な対応をとる可能性は小さい。米国が背を向ける国際社会で「次の危機」に立ち向かう枠組みはいまのところできていない。

本書を、明石書店の編集者であった故・小林洋幸（こばやし・ひろゆき）氏に捧げたい。同氏は、ルドルフ・シュタイナーを語りつつ、私にAI論を学ぶ道筋を、示唆し続けて下さった恩人である。同氏が私に約束して下さっていた『AI論』の続編の出版を、お引き受け下さった大江道雅（おおえ・みちまさ）社長には心から感謝している。

本書の編集を担当して下さった伊得陽子（いえ・ようこ）氏には心よりお礼を申し上げたい。氏は考えられないほどの情熱で本書をきめ細かく点検し、貴重なアドバイスをいただいた。とくに注と参考文献については、原典やウェブ・サイトにも一つ一つ当たっていただいた。本書執筆時に私が依拠したサイトのうち、かなりの数が消されていることを氏は指摘して下さった。紙媒体ではない電子サイトは、短期に消去される宿命にある。しかし、本書が依拠したサイトがあったことを私は忘れたくない。このことについて、読者諸氏のご寛恕を乞いたい。

二〇一八年一一月二三日

カルロス・ゴーン問題で株価資本主義の暗部が白日の下に曝された日に。神戸・須磨の仕事場にて。

本山美彦

参考文献

序章

Barle, Adolf Jr. & Gardiner Means［1932］*The Modern Corporation and Private Property*, Macmillan〔A・A・バーリ／G・C・ミーンズ著、北島忠男訳『近代株式会社と私有財産』文雅堂書店、1958 年〕.

Greenwald, Glenn［2014］*No Place to Hide, Edward Snowden, the NSA, and the U.S. Surveillance State*, Metropolitan Book〔グレン・グリーンウォルド著、田口俊樹・濱野大道・武藤陽生訳『暴露―スノーデンが私に託したファイル』新潮社、2014 年〕.

Harding, Luke［2014］*The Snowden Files: The Inside Story of the World's Most Wanted Man*, Vintage Books〔ルーク・ハーディング著、三木俊哉訳『スノーデンファイル―地球上で最も追われている男の真実』日経 BP 社、2014 年〕.

Jackson, Eric［2004］*The Paypal Wars: Battles With Ebay, the Media, the Mafia, And the Rest of Planet Earth*, World Ahead Media.

King, Neil, Jr.［2000］"With Nod to 007, CIA Sets Up Firm to Invest in High-Tech," *The Wall Street Journal*, April 4（https://www.wsj.com/articles/SB954709328708352542）.

Kurzweil, Ray［1999］*The Age of Spiritual Machines: When Computers Exceed Human Intelligence*, Viking〔レイ・カーツワイル著、田中三彦・田中茂彦訳『スピリチュアル・マシーン―コンピュータに魂が宿るとき』翔泳社、2001 年〕.

Rodriguez, Giovanni［2017］"Meet The VC Who's Betting On A Better World In 3D: Gilman Louie," *Forbes*, November 14（https://www.forbes.com/sites/giovannirodriguez/2017/11/14/meet-the-vc-who-sees-a-better-world-in-3d-gilman-louie/3/#2d07ec5114f4）.

Stone, Brad［2001］"Busting the Web Bandits," *Newsweek*, July 16（https://www.paypalobjects.com/html/newsweek-071601.html）.

Thiel, Peter (with Blake Masters)［2014］*Zero to One: Notes on Startups, or How to Build the Future*, Currency〔ピーター・ティール（ブレイク・マスターズ序文）著、瀧本哲史・関美和訳『ゼロ・トゥ・ワン―君はゼロから何を生み出せるか』NHK 出版、2014 年〕.

Turing, Alan［1950］"Computing Machinery and Intelligence," *Mind*, New Series, Vol. 59, No. 236 , October.

ニューズウィーク日本版編集部〔2015〕『健康寿命の先端科学』CCC メディアハウス。

第 1 章

Drake, Baer〔2015〕"Here's the Advice Billionaire Investor Peter Thiel Wishes He Could've Given His Younger Self," *Business Insider*, February 4（http://www.businessinsider.com/peter-thiel-advice-to-younger-self-2015-2）.

Dwoskin, Elizabeth〔2018〕"WhatsApp founder plans to leave after broad clashes with parent Facebook," *The Washington Post*, April 30（https://www.washingtonpost.com/business/economy/whatsapp-founder-plans-to-leave-after-broad-clashes-with-parent-facebook/2018/04/30/49448dd2-4ca9-11e8-84a0-458a1aa9ac0a_story.html?utm_term=.55df37e0087a）.

Feloni, Richard〔2014〕"Peter Thiel Explains How an Esoteric Philosophy Book Shaped His Worldview," *Business Insider*, November 10（https://www.businessinsider.com.au/peter-thiel-on-rene-girards-influence-2014-11）.

Girard, René〔1961〕*Mensonge romantique et vérité romanesque*, reprint〔2001〕Grasset. (English translation)〔1966〕*Deceit, Desire and the Novel: Self and Other in Literary Structure*, Johns Hopkins University Press〔ルネ・ジラール著、古田幸男訳『欲望の現象学―文学の虚偽と真実』法政大学出版局、1971 年〕.

Girard, René〔1972〕*La Violence et le Sacré*, Grasset（English translation,〔1977〕*Violence and the Sacred*, Johns Hopkins University Press〔ルネ・ジラール著、古田幸男訳『暴力と聖なるもの』法政大学出版局、1982 年〕.

Olson, Parmy〔2016〕"One-Seventh Of The Global Population Now Uses WhatsApp," *Forbes*, February 2（https://www.forbes.com/sites/parmyolson/2016/02/02/whatsapp-1-billion-users/#1936a5663436）.

SEC〔2016〕*Annual Report for the Fiscal Year ended December 31, Alphabet, Google*, FORM 10-K/A（https://www.sec.gov/Archives/edgar/data/1288776/000119312516520367/d133613d10ka.htm）.

Veblen, Thorstein〔1899〕*The Theory of the Leisure Class: An Economic Study in the Evolution of Institutions*, Macmillan〔ソースタイン・ヴェブレン著、小原敬士訳『有閑階級の理論』岩波文庫、1961 年〕.

第 2 章

BCBS (Basel Committee on Banking Supervision)〔2017〕"Sound Practices: Implications of Fintech Developments for Banks and Bank Supervisors," Consultative Documents（https://www.bis.org/bcbs/publ/d415.pdf）.

久瀬孔世留・山田隆人［2017］「FinTech 時代の銀行のリスク管理」『日銀レビュー』10 月号。

全国銀行協会［2018］「銀行カード・ローンに関する消費者意識調査に関する報告」1 月 18 日付（https://www.zenginkyo.or.jp/fileadmin/res/news/news300118.pdf）。

田畑淳［2017］「メルカリに『福沢諭吉紙幣』が出品された理由―5 万円の現金に 5 万 9500 円の値がつく怪現象」『週刊東洋経済』オンライン、7 月 16 日号（https://toyokeizai.net/articles/-/169214?page=1 ～ 3）。

松尾順介［2017］「投資型クラウドファンディングとベンチャー育成」『証券経済研究』第 100 号、12 月。

矢野経済研究所［2017］「国内クラウド・ファンディング市場に関する調査結果」（https://www.yano.co.jp/press/press.php/001730）。

第 3 章

Agarwal, Ruchir & Miles Kimball［2015］"Breaking through the Zero Lower Bound," IMF Working Paper No. 15/224, IMF.

大橋和彦［2018］「マイナス金利環境におけるファイナンス―課題と研究の潮流」『日本銀行金融研究所ディスカッション・ペーパー』（IMES DISCUSSION PAPER SERIES）、Discussion Paper N0. 2018-J-3（https://www.imes.boj.or.jp/research/papers/japanese/18-J-03.pdf）。

加藤秀忠［2017］「長期化する金融緩和による懸念点―大量の国債買入と金利操作の持続性」『三井住友信託銀行・調査月報』1 月号。

田中素香［2017］「ECB の非標準的金融政策の評価をめぐって」『証券経済研究』第 95 号、6 月。

土居丈朗［2015］「日銀が買う国債は、誰が責任を負うのか―異次元緩和の『都市伝説』のカラクリ」『東洋経済』4 月 13 日付、オンライン（http://toyokeizai.net/articles/print/66165）。

中原圭介［2017］「2018 年以降、『世界同時不況』が始まる理由」『東洋経済』6 月 12 日付、オンライン（http://toyokeizai.net/articles/-/175234?page=4）。

西本さおり、川野祐司［2013］「マイナス金利はデンマークの金融政策スタンスを変えたのか―GARCH モデルによる分析」『東洋大学経済学部ワーキングペーパー』（10）、5 月（https://www.toyo.ac.jp/uploaded/attachment/8507.pdf）。

本山美彦［1993］『ノミスマ（貨幣）―社会制御の思想（現代社会経済論講義）』三嶺書房。

第 4 章

Andresen, Svein［2016］"Global Regulatory Developments and their Industry Impact," at Chatham House Banking Revolution Conference, London, November（http://www.fsb.org/wp-content/uploads/Chatham-House-The-Banking-Revolution-Conference.pdf）.

Andresen, Svein［2017］"Regulatory and Supervisory Issues FinTech," Cambridge Centre for Alternative Finance Conference on Navigating the Contours of Alternative Finance, Financial Stability Board, 29 June（http://www.fsb.org/wp-content/uploads/Cambridge-Centre-for-Alternative-Finance-Regulatory-and-Supervisory-Issues-from-FinTech.pdf）.

Carey, Mark［2017］"The Promise of FinTech - Something New Under the Sun?," at Deuche Bundesbank G20 Conference on "Digitizing Finance, Financial Inclusion and Financial Literacy," Wiesbaden, January（https://www.bankofengland.co.uk/-/media/boe/files/speech/2017/the-promise-of-fintech-slides.pdf?la=en&hash=383BE2BD10E9D1136EE874C7D64EE6B9D0EB21DE）.

Foer, Franklin［2017］*World Without Mind: The Existential Threat of Big Tech*, Penguin Press.

McCracken, Harrt & Lev Grossman［2013］"Can Google Solve Death?," *Time*（http://content.time.com/time/covers/0,16641,20130930,00.htm）.

合田幸恵［2016］「最先端ヘッジファンド、『人間離れ』にまっしぐら」『日本経済新聞』11 月 24 日付、電子版。

本山美彦［2017］「課金とゲーム依存症」国際経済労働研究所インフォーメーション・センター（http://www.iewri.or.jp/cms/archives/2017/08/post-74.html）。

本山美彦・三浦展・山下惣一・古田睦美・佐久間智子［2006］『儲かれば、それでいいのかーグローバリズムの本質と地域の力』「環境持続社会」研究センター。

第 5 章

Bairoch, Paul［1993］*Economics and World History: Myths and Paradoxes*, University of Chicago Press, 2nd ed., 1993.

Čapek, Karel［1996］*R. U. R.*, Ceskoslovensky spisovatel, 1966. 1st ed. Aventinum, 1920〔カレル・チャペック著、千野栄一訳『ロボット（R. U. R.）』岩波文庫、1989 年〕.

第 6 章

L'Isle-Adam, de Villiers de［1886］*L'Ève future*, Livre II, chapitre IV (Gallimard, "Folio", 1993)〔ヴィリエ・ド・リラダン著、斎藤磯雄訳『未来のイヴ』東京創元社、1996 年〕.

World Bank［2013］*Crowdfunding's Potential for the Developing World*（https://www.infodev.org/infodev-files/wb_crowdfundingreport-v12.pdf）.

日経 BP ムック［2016］『FinTech 革命』日経 BP 社。

山田雄一郎［2017］「みんなのクレジット、自転車操業の驚愕実態」『東洋経済』オンライン、4 月 1 日号（http://toyokeizai.net/articles/-/165529）。

第 7 章

Carnegie, Dale B.［1937］*How to Win Friends & Influence People*, Simon and Schuster〔デール・カーネギー著、山口博訳『人を動かす』創元社、新装版、1999 年〕.

Harding, Luke［2014］*The Snowden Files: The Inside Story of the World's Most Wanted Man*, Vintage Books〔ルーク・ハーディング著、三木俊哉訳『スノーデンファイル―地球上で最も追われている男の真実』日経 BP 社、2014 年〕.

Heilman, Michael, Zhao, Le, Pino, Juan & Maxine Eskenazi［2008］"Retrieval of Reading Materials for Vocabulary and Reading Practice," '08 Proceedings of the Third Workshop on Innovative Use of NLP for Building Educational Applications, Language Technologies Institute, Carnegie Mellon University（http://www.aclweb.org/anthology/W08-0910）.

Markoff, John［2015］*Machines of Loving Grace: The Quest for Common Ground Between Humans and Robots*, Harper Collins〔ジョン・マルコフ著、瀧口範子訳『人工知能は敵か味方か』日経 BP 社、2016 年〕.

Mouren, Leo［2015］"Good. Bad. Stupid. Outspoken Trump: king of simple speech," AFP, Dec. 24（https://www.yahoo.com/news/good-bad-stupid-outspoken-trump-king-simple-speech-033655208.html?ref=gs）.

Noelle-Neumann, Elisabeth［1984］*The Spiral of Silence : Public Opinion - Our Social Skin*, University of Chicago Press〔エリザベート・ノエレ＝ノイマン著、池田謙一・安野智子訳『沈黙の螺旋理論［改訂復刻版］―世論形成過程の社会心理学』北大路書房、2013 年〕.

Orwell, George［1949］*Nineteen Eighty-Four*, Secker & Warburg〔ジョージ・オーウェル著、高橋和久訳『一九八四年［新訳版］』ハヤカワ文庫、2009 年〕.

Schumacher, Elliot & Maxine Eskenazi［2016］"A Readability Analysis of

Campaign Speeches from the 2016 US Presidential Campaign," CMU-LTI-16-001, March 15, Language Technologies Institute, School of Computer Science, Carnegie Mellon University（http://www.lti.cs.cmu.edu）.

Simon, Herbert A.［1969］*The Sciences of the Artificial*, MIT Press〔ハーバート・A・サイモン著、稲葉元吉・吉原英樹、他訳『システムの科学』パーソナルメディア、第 3 版、1999 年〕.

Sunstein, Cass［2001］*Republic.com*, Princeton University Press〔キャス・サンスティーン著、石川幸憲訳『インターネットは民主主義の敵か』毎日新聞社、2003 年〕.

Watts, Steven［2013］*Self-Help Messiah: Dale Carnegie and Success in Modern America*, Other Press.

総務省［2011］「青少年のインターネット利用と依存傾向に関する調査」情報通信政策研究所。

森健［2006］『グーグル・アマゾン化する社会』光文社新書。

第 8 章

Bowden, B. V., ed.［1953］*Faster than Thought: a symposium on digital computing machines*, Pitman.

Gödel, Kurt［1931］"Über formal unentsheidbare Sätze der Principia Mathematica und verwandter Systeme, I," *Monatshefte für Mathematik und Physik*, v. 38, n. 1〔クルト・ゲーデル著、林晋・八杉満利子訳『ゲーデル　不完全性定理』岩波文庫、2006 年〕.

Kurzweil, Ray［2005］*The Singularity Is Near: When Humans Transcend Biology*, Viking〔レイ・カーツワイル著、井上健監訳、小野木明恵・野中香方子・福田実訳『ポスト・ヒューマン誕生ーコンピューターが人類の知性を超えるとき』NHK 出版、2007 年〕.

Laplace, Pierre=Simon［1799–1825］*Traité de mécanique céleste*, Chez, J. B. M. Duprat〔ラプラス著、竹下貞雄訳『ラプラスの天体力学論』全 5 巻、大学教育出版、2012 年（第 1 ～ 4 巻）、2013 年（第 5 巻）〕.

Orman-Rossiter, Kevin & Morgan Saletta［2015］"From Newton to Hawking and beyond: a short history of the Lucasian Chair," The Conversation, June 19（http://theconversation.com/from-newton-to-beyond-a-short-history-of-the-lucasian-chair-40967）.

Turing, Alan［1950］"Computing Machinery and Intelligence," *MIND* (Quartery Review of Psychology and Philosophy), Vol. LIX, No. 236, October.

第9章

Bagehot, Walter［1873］*Lombard Street: A Description of the Money Market*, Henry S. King & Co.〔ウォルター・バジョット著、久保恵美子訳『ロンバード街―金融市場の解説』日経 BP クラシックス、2011 年〕.

Bordo, Michael, Claudia Goldin and Eugene White, eds.［1988］*The Defining Moment: The Great Depression and the American Economy in the Twentieth Century*, University of Chicago Press.

Calomiris Charles & David Wheelock［1988］"Was the Great Depression a Watershed for American Monetary Policy?," in Bordo, eds.［1988］.

Wicker, Elmus［1965］"Federal Reserve Monetary Policy, 1922–33: A Reinterpretation," *Journal of Political Economy*, Vol. 73, No. 4.

Wood, John［2005］*A History of Central Banking in Great Britain and the United States*, Cambridge University Press.

上川孝夫［2015］「世界大恐慌とリフレ政策―1932 年フーヴァー政権下の議論をめぐって」『経済学論纂』（中央大学）第 55 巻、第 5・6 合併号（3 月）。

鈴木崇久・田上貴大（編集部）［2017］「3 メガ銀行の大リストラ、中間決算に見る『構造不況業種』ぶり」『週刊ダイヤモンド』オンライン、11 月 23 日号（http://diamond.jp/articles/-/150144）。

本山美彦［2008］『金融権力―グローバル経済とリスク・ビジネス』岩波新書。

第10章

Agarwal, Ruchir & Miles Kimball［2015］"Breaking Through the Zero Lower Bound," IMF Working Paper No. 15/224, October.

Fisher Irving［1934］*Mastering the Crisis with Additional Chapters on Stamp Scrip*, George Allen & Unwin.

Gesell, Silvio［1920］*Die Natürliche Wirtchaftsordnung durch Freiland und Freigeld*, 4 Auflage, Selbstverlag〔シルビオ・ゲゼル著、相田愼一訳『自由地と自由貨幣による自然的経済秩序』ぱる出版、2007 年〕.

Goodfriend, Marvin［2016］"The Case for Unencumbering Interest Rate Policy at the Zero Bound," Economic Policy Symposium, "Proceedings of Designing Resilient Monetary Policy Framework for the Future," Federal Reserve Bank of Kansas City.

Fisher, Irvin［1932］*Booms and Depressions: Some First Principles*, Adelphi Company.

Keynes, John［1936］*The General Theory of Employment, Interest and Money*.

The Collected Writings of John Maynard Keynes, Vol. 7, Macmillan〔ジョン・メイナード・ケインズ著、塩野谷裕一訳『雇用・利子および貨幣の一般理論』東洋経済新報社、1983 年〕.
Steiner, Rudolf［1972］*World Economy*, Rudolf Steiner Press〔ルドルフ・シュタイナー著、西川隆範訳『シュタイナー経済学講義　国民経済から世界経済へ』筑摩学芸文庫、2010 年〕.
Steiner, Rudolf［1985］*The Renewal of the Social Organism*, Anthroposophic Press〔ルドルフ・シュタイナー著、高橋巌訳『シュタイナー　社会問題の核心』春秋社、2010 年〕.
河邑厚徳・グループ現代［2000］『エンデの遺言 一根源からお金を問うこと』NHK 出版。
中島真志［2017］『アフター・ビットコイン一仮想通貨とブロックチェーンの次なる覇者』新潮社。
松岡正剛［2010a］「エンデの遺言」『松岡正剛の千夜千冊』1378 夜（http://1000ya.isis.ne.jp/1378.html）。
松岡正剛［2010b］「シルビオ・ゲゼル『自由地と自由貨幣による自然的経済秩序』」『松岡正剛の千夜千冊』1379 夜（http://1000ya.isis.ne.jp/1379.html）。
宮崎義久［2009］「1930 年代のアメリカのスクリップの再検討」北海道大学大学院経済学研究科、Discussion Paper, Series B, No. 2009-80.

第 11 章

Benoit, David［2012］“Facebook Co-Founder Saverin Fires Back At ‘Misinformation’,”（*The*）*Wall Street Journal*, May 17（https://blogs.wsj.com/deals/2012/05/17/facebook-co-founder-saverin-fires-back-at-misinformation/）.
Mezrich, Ben［2009］*The Accidental Billionaires: The Founding of Facebook: A Tale of Sex, Money, Genius and Betrayal*, Doubleday〔ベン・メズリック著、夏目大訳『facebook一世界最大の SNS でビル・ゲイツに迫る男』青志社、2010 年〕.

終章

Blair, Gavin［2017］“Why Japan will profit the most from Artificial Intelligence,” *South China Morning Post*, 7 August.
Cambridge Center for Alternative Finance［2016］“Sustaining Momentum: The Second European Finance Industry Report”.
Kasparov, Garry［2017］*Deep Thinking: Where Machine Intelligence Ends and Human Creativity Begins*, Public Affairs〔ガルリ・カスパロフ著、羽生善

治解説、染田屋茂訳『DEEP THINKING〈ディープ・シンキング〉―人工知能の思考を読む』日経BP社、2017年〕.

Moravec, Hans［1988］*Mind Children: The Future of Robot and Human Intelligence*, Harvard University Press.

Siripala, Thisanka［2018］"Japan's robot revolution in senior care," *The Japan Times*, June 9.

Schön, Pär, Lagergren & Ingemar Kåreholt［2015］"Rapid decrease in length of stay in institutional care for older people in Sweden between 2006 and 2012 : results from a population-based study". Health & Social Care in the Community (https://doi.org/10.1111/hsc.12237).

石橋未来［2016］「2025年までに必要な介護施設―大都市近郊や地方都市での整備が急務」『経済構造分析レポート No. 48』大和総研（https://www.dir.co.jp/report/research/policy-analysis/social-securities/20160825_011190.pdf）。

奥村芳孝［2008］「スウェーデンの高齢者住宅とケア政策」『海外社会保障研究』第164号、国立社会保障・人口問題研究所。

国立社会保障・人口問題研究所［2017］「日本の将来推計人口―平成28（2016）～77（2065）年」附：参考推計　平成78（2066）～127（2115）年」『人口問題研究資料第336号』（http://www.ipss.go.jp/pp-zenkoku/j/zenkoku2017/pp29_ReportALL.pdf）。

小松紗代子［2016］「福祉国家スウェーデンの高齢者住宅・介護事情」みずほ情報総研（https://www.mizuho-ir.co.jp/publication/column/2016/0119.html）。

谷山智彦［2017］「拡大するオルタナティブ・ファイナンス市場」『金融ITフォーカス』12月号（http://fis.nri.co.jp/ja-JP/publication/kinyu_itf/backnumber/2017/12/201712_5.html）。

内閣府［2017］「一　高齢化の現状と将来像」『平成29年度高齢社会白書』（全体版）（http://www8.cao.go.jp/kourei/whitepaper/w-2017/zenbun/29pdf_index.html）。

雪田大作［2018］「起業家に魅力的なビジネス環境を提供するロンドン―欧州に学ぶ、スタートアップの今」『海外ビジネス情報』（ジェトロ）6月18日号（https://www.jetro.go.jp/biz/areareports/special/2018/0602/3e6fe6ac9b6c3009.html）。

注

序章

（1） Barle & Means［1932］『近代株式会社と私有財産』。

（2） 『日本経済新聞』2018 年 5 月 19 日付、朝刊。

（3） 「国際会計基準」（International Financial Reporting Standards=IFRS）は、ロンドンを拠点とする民間団体である「国際会計基準審議会」（International Accounting Standards Board=IASB）が設定する会計基準のこと。

ほとんどの先進国が「世界共通の会計基準」としてこの「国際会計基準」を採用しているが、大きな経済圏である米国と日本のみが採用を渋っている。

この基準には 3 つの特徴がある。①原則主義。詳細な規定や数値基準はほとんど示されず、原則的指針のみが示されている。そのために、自由度は高いが、企業は対外的に詳細な説明を必要とする。これに対して、日本の現状の基準は細かく規定されたものである。②貸借対照表重視。いつ企業が解散してもいいように、企業の市場価値はつねに時価評価で明確にしておくこと。日本では会計期間内の損益を重視する基準である。③言語差異をなくすために、発表は英語で行う（https://keiriplus.jp/tips/what_ifrs/）。

（4） ピーター・アップス（Peter Apps）「スペース X の大型ロケット、宇宙商業時代の幕開けか」（ロイター、2018 年 2 月 7 日付、https://jp.reuters.com/article/spacex-space-idJPKBN1FR0KG）。

（5） ニューズウィーク日本版編集部［2015］。『健康寿命の先端科学』CCC メディアハウス（2015/10/9）e- 新書 No. 43、Kindle 版。

（6） “MIT AGI: Future of Intelligence,” YouTube, February 14, 2018（https://www.youtube.com/watch?v=9Z06rY3uvGY）.

しかし、近い将来、寿命が 100 歳以上まで延びると言って、人々の関心を引き寄せたカーツワイルの予言は、ことごとく外れている。人類の平均寿命は 20 年後に 100 歳を超え、30 年後に 120 歳を超えると語って見せたのは、1999 年の時点であった（Kurzweil［1999］）。

2001 年には、10 年以内に人間は望むだけ長く生きられると放言した。平均余命が 1 年ごとに 1 年延び続けるというのがその理由であった（“The Law of Accelerating Returns,” March 7, 2001, http://www.kurzweilai.net/the-law-of-accelerating-returns）。

その翌年の 2002 年にも、「10 年以内に、人間の余命は 1 年ごとに 1

年以上延長され、死は遠ざかっていく」と発言した（“Next 25 Years Will Bring Unprecedented Changes,” https://www.depauw.edu/news-media/latest-news/details/12286/）。

2005年に来日したときのインタビュー（https://wired.jp/2005/02/18/）、2009年のCNETでの記事（https://www.cnet.com/news/well-be-immortal-in-20-years-says-kurzweil/）、2013年の『ウォール・ストリート・ジャーナル』のインタビュー（“Will Google's Ray Kurzweil Live Forever?”, *WSJ*, April 12, 2013）、2016年9月28日の来日時での講演（http://ja.catalyst.red/articles/ray-kurzweil/）、等々。これだけ外れても、なお、不老長寿社会が10年以内に実現すると言い続けてきたのである。しかも、自らの発見ではなく、過去の権威者たちが発した言葉のみを根拠とする発言の連鎖である（渡辺遼遠のブログ、http://skeptics.hatenadiary.jp/entry/2018/01/22/221554を参照した）。

（7） https://www.paypal.com/jp/webapps/mpp/home?gclid=Cj0KCQjw28

（8） Jackson［2004］*The PayPal Wars*.

（9） 「パランティア」社の基本技術は、「Xキースコア・プログラム」（Xkeyscore programme）と言われているものである。この技術は、「米国家安全保障局」（National Security Agency=NSA）が、世界中の外国人に関するインターネット上のデータを検索・分析する極秘コンピュータ・プログラムであった。このプログラムは、オーストラリアの「国防信号局」（Defense Australian Signals Directorate=DSD、現、「通信電子局」=Australian Signals Directorate=ASD）、ニュージーランドの「政府通信保安局」（Government Communications Security Bureau=GCSB）などと共同運営されていた。その存在は、2013年7月に、米国人で「ブーズ・アレン・ハミルトン」（Booz Allen Hamilton Inc.）社の元従業員エドワード・スノーデン（Edward Snowden, 1983–）によって暴露された（Harding［2014］、Greenwald［2014］）。

（10） JDとは「法務博士」（Juris Doctor degree= ジュリス・ドクター）のことである。「JD課程」は、「メディカル・スクール」（日本の医学部に相当）、「ビジネス・スクール」（経済・経営学大学院）と同様、学部卒業者を対象とする専門職養成大学院（プロフェッショナル・スクール）の「ロー・スクール」として設置されている。教育年限は通常3年である。

米国の大学の学部には、一般的には（例外もある）、日本の法学部に相当する課程は存在せず、ロー・スクールに入学後に初めて法学に触れることになる。学部を卒業後、ただちにロー・スクールに進学する学生もいるが、企業などで数年働いた後に入学する学生も多い。「JD課程」の学生は20歳代前半から後半にかけての学生が大半であるが、法

曹以外の分野で長年経験を積んできた者が転身してロー・スクールに入学する場合もある（https://kotobank.jp/word/ロースクール）。

（11） 以下は、2017年1月、ドイツの医薬品メーカー、「メルク」（Merck）の経営委員会理事たちがシリコン・ヴァレーを訪問したときの同社の挨拶文の一部である。

シリコン・バレーほどデジタル革命のエネルギーと活力を感じさせる場所はありません。私たちは、数週間前に経営執行委員会のメンバーとシリコン・バレーを訪ねて実感したところです……彼らが世界を変えています。しかもその変化はこれまでになかったほど根源的です。こうした技術の変革に直面して、未来学者のレイ・カーツワイルは「収穫加速の法則」を提唱しました。技術は直線的ではなく指数関数的に進歩するというのです。新しい技術とそれに結びついた「収穫」は、徐々にもたらされるのではなく、急速に勢いを増して短期間に拡大するのです。スマートフォンがそのよい例でしょう。メルクにとって、急速な進歩は大きなチャンスです……メルクはソフトウェアの会社ではありませんが……メルクにはデータという宝の山があるのです。多くのソフトウェア企業にとって、理想的なパートナーとなる条件が整っています。メルクは、がん免疫治療などでこれらの企業の能力を必要としています。例を挙げると、データ解析企業パランティア・テクノロジーズと大規模なデータ解析のための提携契約を結びました。がん研究においては、生物学や化学の研究と同じように、膨大なデータの複雑な解析が重要になってきたからです……メルクの強みは、ヘルスケア、ライフサイエンス、パフォーマンスマテリアルズという3つの事業分野編成による高い競争力です。これらの領域を併せ持つ企業は、シリコン・バレーにもどこにもありません（https://pro.merckgroup.com/ja/technologie-ja/シリコン・バレーと同じ目線で-デジタル変革時代を/）。

（12） “About Amazing Alex Karp,” Palantir IPO News（https://www.new-web-domains.com/alex-karp/ceo/palantir/）.

（13） 「ガートナー」は、1979年、コネチカット州スタンフォードに設立された、IT分野の調査・助言を行う企業で、顧客には数々の大手企業や政府機関が名を連ねている（https://www.gartner.com/en）。

（14） CNBS（Consumer News and Business Channel）は、ニュース通信社ダウ・ジョーンズ（Dow Jones & Company, Inc.）と大手テレビネットワークの1つ、NBC（National Broadcasting Company）が共同出資して、1989年に開局した米国のニュース専門放送局。ケーブル・テレビとし

て先行するCNN（Cable News Network）と違い、株式・金融情報を中心に放送していて、画面の下に最新の株価を伝える「ティッカー」（ticker）と呼ばれる文字列を常時表示している。2005年に投資情報番組「マッド・マネー」（Mad Money）を始めて以来、投資をテーマとした趣向を変えた経済番組作りを進める。2008年の金融危機では視聴者が増加する現象が起きた（https://www.weblio.jp/content/CNBC）。

（15） https://www.paypal.com/jp/webapps/mpp/merchant/about-paypal-products

（16） マックス・レヴチンはソ連時代のウクライナ・キエフで生まれ、1991年にシカゴに移住、1997年にイリノイ大学（University of Illinois at Urbana-Champaign）で計算機科学の学士号を取得した。同級生に「ユーチューブ」の共同設立者の陳士駿（Chen, Shih-chun, 1978–）がいた。後に彼をペイパルに採用する。2002年2月には、ペイパルをIPOにかけ、同年10月にイー・ベイに買収された。買収時、レヴチンが保有していた2.3%のペイパル株は約3400万ドルもの価値になった。

2004年、レヴチンは「マイスペース」（MySpace）やフェイスブックといったソーシャル・ネットワーキング・サイトに個人的なメディアの共有サービスを提供する「スライド」（Slide）を設立した。スライドは、2010年にグーグルによって1億8200万ドルで買収され、同時に、レヴチンは、グーグルのエンジニアリング担当副部長に任命された。彼はまた、オンライン・ソーシャルネットワーキング・レビューサービスである「イェルプ」（Yelp）の設立支援も行った。映画『サンキュー・スモーキング』（*Thank You for Smoking*, 2005）のエグゼクティブ・プロデューサーも務めた（http://www.businessinsider.com/max-levchin-paypal-affirm-success-2017-11）。

（17）「チャレンジ・レスポンス方式」という本人確認の一方法。認証を受けたいユーザー（クライアント）が、まず、認証してもらいたいという要求をサーバに送る。サーバはそれに対して、機械では読み取れないような数字や文字（「チャレンジ」という）をユーザーに送り、ユーザーは、パスワードと、正しく読み取ったチャレンジを、レスポンスとして、サーバに送信する。それが正しければ、本人として認証される（http://e-words.jp/w/チャレンジ-レスポンス認証.html）。

CAPTCHAは、“Completely Automated Public Turing Test to tell Computers and Humans Apart”という長ったらしい英文の頭文字をとった用語で、文字通り「コンピュータと人間を区別するために、完全に自動的に公にされているチューリング・テストである。「イミテーション・ゲーム」とも言われている。コンピュータと人間に同じ質問をして、それぞれがどちらの回答であるかを隠し、第三者に、どちらがコンピュー

タの回答であるかを判定させるというものである。人間とコンピュータの区別がつかないならば、そのコンピュータは優秀である（より人間に近い）とされる（https://www.weblio.jp/content/チューリング・テスト)。チューリングは、コンピュータは知性を持ちうるかと問うた論文でこのテストを提出した（Turing［1950］)。

「キャプチャ」は、歪んだ文字を画面に提示し、ユーザーがそれを読み取るという単純な手法である。歪んだ文字を現在のコンピュータの能力はまだ判定できるところまで進歩していないという理由から、この方法が多用されている（http://www.captchacreator.com/)。

（18） アンドリュー・ドミニク（Andrew Dominik, 1967）監督の（『ジェシー・ジェームズの暗殺』（*The Assassination of Jesse James*, 2007, ワーナーブラザーズ配給）など、数本の映画が作成されている。

（19） Stone［2001］“Busting the Web Bandits”.

（20） https://fin.plaid.com/articles/paypals-history-of-fighting-fraud

（21） 情報をネットワークに載せて送受信するには、「回線交換方式」と「パケット交換方式」の 2 種類がある。「回線交換方式」は通信している間はずっと、回線を占有してしまう。それに対して、「パケット交換方式」は情報を小さなファイルに分けて小出しに送るため、回線を独占しなくて済む。「回線交換方式」は、主に旧式の電話で使われていた。「パケット」とは英語で「小包」という意味である。インターネットでは、文字や画像などの情報を細かい単位に分割して送る。どのルートなら早く届くかを判断するのが「ルーター」である。通信の取り決めは「プロトコル」と呼ばれ、4 種類に区分されている。よく使用されているのは、「TCP」と「IP」である。それらは、「荷札」（ヘッダー）と見なせばよい。送信側は TCP や IP のヘッダーをつけて送信し、受信側が、そのヘッダーを取り外して情報を読み取る。送受信は瞬時に完了するが、送受信の両方に情報をパケットに仕舞い込み、それを解除するのに結構時間がかかる。つまり、大きなパケットほど手間暇がかかる。

（22） https://www.darpa.mil/

（23） https://www.darpa.mil/program/darpa-robotics-challenge

（24） King［2000］“With Nod to 007, CIA Sets Up Firm to Invest in High-Tech”.

（25） https://www.cia.gov/about-cia/cia-museum/experience-the-collection/text-version/stories/cias-impact-on-technology.html

（26） 設立された 2010 年には、グーグルの一部門の「ナイアンティック・ラブズ」（Niantic Labs）であったが、2015 年 8 月にグーグルから独立して、現在の社名となった。設立者のジョン・ハンケは、キーホール社の共同設立者であり、「グーグル・マップ」制作に貢献した。ナイ

アンティックという社名は、カリフォルニアのゴールドラッシュ時にニューイングランドからサンフランシスコにやってきた捕鯨船ナイアンティック号に由来する。同船は、金鉱ブームが去った後は、倉庫やホテルなどに使われていた。火災に遭って地中に埋められていたが、1878年の市街地再開発によって、船体が地中から発見された。人に現在いる場所についての歴史を知る手掛かりを与えたいという自分の夢を託した社名であるとハンケ自身が語っている（https://tech.economictimes.indiatimes.com/news/mobile/heres-how-pokemon-go-developer-niantic-got-its-name/53709619）。

(27) Rodriguez〔2017〕"Meet The VC Who's Betting On A Better World In 3D: Gilman Louie".

(28) https://www.iqt.org/sectors/

第1章

(1) 「東証マザーズ」は、東京証券取引所が運営する市場の1つである。成長する可能性が高いが、まだ東証第一部に上場できる条件が整っていない新興企業に資金調達の機会を与えると共に、投資家に新たな投資対象を提供することを目的に1999年11月に開設された株式市場。「マザーズ」（Mothers）という名称は、"**M**arket **O**f **T**he **H**igh-growth and **E**me**R**ging **S**tocks"の頭文字からとられている。市場第一部や市場第二部に比べて、上場基準は緩やかだが、四半期決算の開示や公開後の会社説明会の義務づけなど、高いディスクロジャーが条件となっている（https://www.ifinance.ne.jp/glossary/market/mar043.html）。

(2) 「IPO」（Initial Public Offering）の邦訳であり、証券取引所に上場（登録）し、それまでの未公開株を新規に投資家に売り出すこと（http://www.ipokiso.com/basic/index.html）。

(3) 新規上場会社が、新規公開株式を投資家へ売り出す場合には、まず株式の公募価格を決めなくてはならない。現在とられている方法は、「入札方式」と「ブックビルディング方式」である。1997年8月以前は、入札方式しか認められていなかった。入札方式は、IPOを引き受ける証券会社が、一定期間に投資家に希望価格を入札させ、その結果に基づいて公募価格を設定するという方式である。分かりやすいというメリットはあるが、人気のある企業の公募価格は高騰しやすく、上場後に急激に株価が下がるなどの不安定さにたびたび見舞われるというデメリットもある。

そうしたデメリットを軽減する目的で採用されたはずのものが、もう1つの方式であるブックビルディング方式である。まず、IPOを引き

受けた証券会社が、「大口の機関投資家」たちから意見を聞き、その結果を基に、仮の価格帯を決め（仮条件）、それを公募に応じた「一般投資家」に通知する。応募した投資家は仮条件の範囲内で価格や引受数（予約）などを提出。その需給状況によって、最終的な公開価格が設定される。

メリットとしては、入札のような価格の極端な高騰が起こりにくく、需要と供給のバランスのとれた公開価格の決定ができ、上場直後に売却するといった投機的な動きを比較的抑えることができると考えられている。現在、国際的な投資も多くなり、投資家も多様化していることから、ブックビルディング方式による公開価格決定を行うことが多くなっている（https://career.jusnet.co.jp/column/column_0212.php4）。しかし、「ヒーロー」のIPOを経験して以降、株式市場は、ブックビルディングに対しても疑いの眼を向けている。入札方式のデメリットが克服されていないというのである。

(4)「エム・ティー・アイ」は、1996年8月創業のコンテンツ配信会社。モバイル端末向けのコンテンツ配信会社としては有料会員数で国内有数の規模である。最近、ヘルスケアサービスにも進出している。99年10月に店頭登録し、2004年にジャスダック、15年に東証一部に上場した。創業者の前多俊宏（1965～）が現在も筆頭株主であり、前多が管理する資産管理会社の「ケイ・エム・シー」が第2位株主で、両者を合わせた持株比率は40%弱である。その他の上位株主も、前多の前職である「光通信」、その子会社の「インフォサービス」と続いている（https://maonline.jp/articles/mti）。

(5) https://shikiho.jp/tk/ipo/1

(6)『日本経済新聞』2018年4月25日付、朝刊。

(7) 同紙の経営者の議決権を強固にする「議決制限のある株式」を上場したのは、同紙会長のアーサー・サルツバーガー（Arthur “Punch” Sulzberger Sr., 1926–2012）であった。同氏が傑出した出版人であったことは広く認められている。同氏は、ベトナム戦争の経過を示した米政府の秘密文書「ペンタゴン・ペーパーズ」（国防総省秘密報告書）のスクープ掲載を、当局からの弾圧を覚悟して決断したことで、同紙のジャーナリズム界における評価を確固たるものとした。同氏が30年間（1963～92年）トップの座にいる間に、新聞のカラー化の波が襲ってきた。しかし、彼は、それに抗して頑固に彩色なしの紙面にこだわった。そのことから、同紙は、「グレー・レディー」（Gray Lady= 灰色の貴婦人）という愛称で呼ばれることになった。本人は「パンチ」と呼ばれていた。

1969年に「アメリカン証券取引所」(American Stock Exchange=AMEX、2017年にNYSE Americanに改称）に上場して株式を公開した。この公開株が議決権を制限したものであった。議決権の強い普通株は以前から公開されていなかった。これは外部からの影響から同紙を守るというのが口実であった。しかし、実際には、21世紀に入ってもサルツバーガー家の支配を続けることを目指したものであった（http://jp.wsj.com/public/page/0_0_WJPP_7000_521980.html）。

(8) https://abc.xyz/investor/founders-letters/2004/ipo-letter.html

(9) https://japan.cnet.com/article/20065751/2

(10) "Shareholder sues Google to block stock split," Reuters, May 1, 2012(https://ca.reuters.com/article/technologyNews/idCABRE83T16820120430).

(11) http://money.cnn.com/2012/05/23/technology/facebook-ipo-what-went-wrong/index.htm

(12) https://www.theguardian.com/technology/2012/may/24/facebook-ipo-mark-zuckerberg-nasdaq

(13) 現在1.5億人以上のアカウントが登録されているクレジット決済サービス、ペイパルの創業者たちは、シリコン・ヴァレーで数々の企業を立ち上げた実績で有名な起業家集団を形成している。彼らは「ペイパル・マフィア」と呼ばれている。その中で「ドン」としての地位を保つのがピーター・ティールである。宇宙企業の「スペースX」や電気自動車メーカーの「テスラ・モーターズ」、太陽光システム企業の「ソーラーシティー」を率いるイーロン・マスク（Elon Musk, 1971–）もその一員である（http://fortune.com/2007/11/13/paypal-mafia/)。

2002年2月にIPOをしたペイパルは、その直後の同年10月に「イー・ベイ」(eBay）に売却された。売却額は15億ドルであった。この取引でティールは5500万ドルを手に入れた（https://www.ibtimes.co.uk/who-peter-thiel-paypal-founder-shunned-by-silicon-valley-advise-trump-technology-1591118)。

ティールは、「右派リバタリアン」として知られ、ドナルド・トランプ大統領の熱烈な支持者でもある（http://www.businessinsider.com/peter-thiel-seastead-dream-floating)。

(14) https://jp.reuters.com/article/usa-facebook-markets-idJPKBN0FU08V20140725

(15) 「欲望」を扱う哲学畑の論者たちは、総じて過剰なレトリックを使いたがり、極端な結論を提示する傾向がある。日常の出来事を、話題性に富む先鋭なレトリックで表現しているので、流行に乗りやすい。しかし、ああそうか！ということで一時の流行語は忘れられ、時代を変革

する精神までに高まることはない。そうは言っても、現在の消費文明の異様さを指摘したジラールの功績は否定されてはならない。人が物を欲しがるのは、自分の心の中で自発的に芽生えたものであるよりも、他人が欲しがっている物を、自分も手に入れたいという衝動に駆られているからである。しかし、「欲望の模倣」は、お互いに欲しい物を手に入れる幸せではなく、奪い合いに人生の目標が設定されてしまいがちである。満たされない欲望が人間の間で相互に憎悪を生み出す、というのが Girard［1961］である。経済学の世界では、こうした「欲望」についての先駆的な業績が、19 世紀も末に出されていた。ソースタイン・ヴェブレン（Thorstein Veblen, 1857–1929）の『有閑階級の理論』（Veblen［1899］）では、「誇示的消費（衒示消費）」（Conspicuous Consumption）の理論が、いわゆる「金ぴか時代」（Gilded Age）の富豪たちの生活様式（邸宅・贅沢な調度品とパーティー・豪華な衣装）を批判する形で提起され、「制度学派」（Institutional Economics）の魁《さきがけ》となった。

暴力も同じ精神状態から生まれる。動物は仲間の間で諍《いさか》いを収めるために暴力を用いることはあっても、殺し合いをすることはない。しかし、人間は相手を殺してしまう。仲間の間での抹殺が行きすぎると、共同体そのものが崩壊してしまうので、それを克服するために古代から採用されてきたのが、仲間の間で選ばれた「生贄」である。神に生贄を捧げることで共同体内部の殺し合いは収まる。生贄は死後、共同体内部で崇められるようになる。これが Girard［1972］のテーマである。この指摘は間違いか？と問われれば、間違いではないと答えるしかない。しかし、世界中で止まない戦乱をこのような「抽象」的な表現で語ることにどれだけの重みがあるのだろうか？　現代社会を批判する視点としては、ほぼ 1 世紀前の経済学者のヴェブレンよりも、ジラードは、後退したところからレトリックを多用しているにすぎない。人間社会が生み出した「労働」の歴史的・社会的変遷から時代の暴力は説明されなければ、暴力の解決策は見出せない。

本書で扱う AI との文脈で言えば、ジラールのレトリックが、無謀とも言える投機熱を合理化したいと願う「投資家」に都合よく利用されるという構造こそが論じられなければならないのである。

ティールはルネ・ジラールの思想を、自分の投資事業に都合よく解釈し直している。実際、著名な投資家には、高名な哲学者に心酔していると公言し、自身を深い思想の持ち主として飾る人が結構いる。ティールにもその弊を感じるが、「独占」の弊害を自制するのではなく、むしろ、無駄な競争の排除を可能とするものと捉えるところに、彼がスタートアップの精神的支柱になる理由の一端を知ることができる（Richard

注

［2014］、Drake［2015］）。

（16） https://www.collinsdictionary.com/dictionary/english/rsu

（17） http://www.finra.org/investors/ancient-greece-wall-street-brief-history-options-market

（18） 『日本経済新聞』2016年6月21日付、朝刊（https://www.nikkei.com/article/DGXLASGN21H0A_R20C16A6000000/）。

（19） https://wired.jp/2015/08/12/sundar-pichai-google-new-ceo/

（20） SEC［2016］*Annual Report for the Fiscal Year ended December 31*.

（21） 注（18）と同じ。

（22） https://www.bloomberg.com/news/articles/2018-02-26/facebook-agrees-to-settle-lawsuits-over-ipo-for-35-million

（23） https://drfone.wondershare.jp/ios/whatsapp-call-charge.html

（24） https://forbesjapan.com/articles/detail/11175

（25） https://www.sec.gov/Archives/edgar/data/1326801/000132680114000037/fb_8-kxclosingxofxwhatsapp.htm; https://jp.reuters.com/article/facebook-whatsup-price-idJPKCN0HV23720141006

（26） http://oneboxnews.com/articles/jan-koum-facebook-stock-sale-2017-4

（27） Dwoskin［2018］"WhatsApp founder plans to leave after broad clashes with parent Facebook".

（28） Olson［2016］"One-Seventh Of The Global Population Now Uses WhatsApp".

（29） ここで「企業広告」と言うのは、ワッツアップの画面上で、企業の広告を掲載するという次元のものではない。企業がワッツアップの機能を利用して、自社のメッセージを多数の顧客に対して一斉に送信したり、顧客からの問い合わせに自動応答したり、さらにはビッグデータ分析を行えるようにすることである。

自動応答は「チャットボット」（Chatbot）と呼ばれている機能である。フェイスブックの広告の特徴は、チャットボット機能を搭載して、広告主が顧客の質問に対してコンピュータで自動回答できる点にある。それは、「チャット」（chat= おしゃべり）と「ボット」（bot= ロボット）の合成語で、テキストや音声を通じて、コンピュータが、会話を自動的に行うプログラムのことである。

1966年に開発された「イライザ」（ELIZA）が最初の「チャットボット」であると言われている。

IBMの「ワトソン」（Watson, 2011発表）、アップルの「シリ」（Siri, 2011）、グーグルの「グーグル・ナウ」（Google Now, 2012）、マイクロソフトの「ゴルタナ」（Cortana, 2014）などが代表的なソフトである。

世上、こうした機能がAIと称されているが、これは用語の誤用である。

厳密に定義すれば、コンピュータが人間の作成したプログラムを用いずに、コンピュータだけで開発されて、人間に匹敵する「意味解釈ができる」頭脳をAIとされるべきである。

いまのところ、商業化されたAIサービスでは、膨大なデータを用いてテキストや音声、画像のパターン認識がクラウド（cloud, インターネットで入手できる膨大な情報群、雲のイメージで理解されている）経由で行われる。その結果、ユーザーが人工知能「的」と感じられるような機能が実現されている。ただし、現状では、商業化されたAIは、「言語の意味理解」や「文脈の理解及び読解」は難しいと考えられている。2011年に立ち上げられた「ロボットは東大に入れるか」というプロジェクトでは、このプロジェクト・リーダーである、国立情報学研究所の新井紀子教授が認めるように、開発に当たったAIのロボット（東ロボくん）は、「科目の得手不得手があるというより、意味を読み取るのが苦手」である。卓抜な計算力と暗記力があり、問題文を計算式に解析できれば、簡単に答えを出せるが「意味」を理解しなければならない要素が問題文中にあれば、現状ではお手上げだと説明されている（https://hitobo.io/blog/overview-of-the-chatbot/）。

（30）「スパム」（spam）とは、受信者の意向を無視して、無差別かつ大量に一括してばらまかれる、各種ネットメディアにおけるメッセージのこと。当初は、電子メールに見られる程度であったが、近年は各種SNS（ソーシャル・ネットワーキング・サービス）で広範に送りつけられるようになってしまった（https://kotobank.jp/word/ スパム）。

（31） https://jp.reuters.com/article/eu-facebook-antitrust-idJPKCN18E15W

（32） 2017年4月4日、ワッツアップをインドにおけるスマホ決済業務に進出させる計画がフェイスブックの幹部によって発表された。個人間の送金サービスをスマホで行うというものである。これは、同社として初めての企画であった（https://jp.reuters.com/article/india-facebook-whatsapp-idJPKBN1760TC）。

（33） ネットワーク内の起点で暗号化を使い、宛先で解読を使う処理のこと（https://www.symantec.com/ja/jp/security_response/glossary/define.jsp?letter=e&word=end-to-end-encryption）。

（34） この暗号は、プラットフォームであるワッツアップのサーバにユーザーのメッセージの記録が残らないようにする技術である。ワッツアップですら暗号化キーを保有しないからである。「アクセス記録を提出せよ」との令状が政府から出されても、ワッツアップ自身はメッセージ・データを他者に開示することはできないというのが大きなメリットで

ある。同社がこの暗号化の開発に着手したのは、2014 年のことである。エドワード・スノーデンによる政府の諜報機関への告発で情報傍受についての世界の注目が集まっていたときである（https://jp.techcrunch.com/2016/04/06/20160405whatsapp-completes-end-to-end-encryption-rollout/）。

（35） http://www.bbc.com/news/business-43956540

第 2 章

（1） 償還期間が 6 年以上の国債をいう。通常、10 年物の利付国債を指す。10 年を超す国債もあり、超長期国債という。15 年物、20 年物もある。

（2） 証券取引所で株式と同じように売買できる投資信託である。投資信託そのものは昔からあったが、証券取引所で売買できるというのが ETF の新しい特徴である。「日経平均」や「TOPIX」といった ETF の代表的なものが上場されたのは 2001 年という比較的新しいことである。ETF には、株式平均だけでなく、金、原油、特定の商品（コモデティ）を対象としたもので、内外のものに投資できる。株式市場が低迷しているときでも、多くの投資資金を集めるようになっていることで、近年注目されている投資信託である。

（3） 既発債が償還されるまでの期間（年数）が「残存期間」。例えば、償還期間 10 年の長期国債の場合、3 年経過すれば残存期間は 7 年となる。「平均残存期間」とは、金融機関やファンドなどが保有している、すべての債券の満期までの長さの平均のこと。この期間を長くするということは、金利変動リスクを大きくするということである。

（4） https://www.boj.or.jp/about/account/zai1805a.htm/

（5） 『日本経済新聞』2018 年 6 月 7 日付、朝刊。

（6） QE とは、金利の引き下げではなく、金融機関が保有している国債を日銀が買い入れることによって、資金供給を図る政策である。金利を下げて景気を回復させるという手段ではなく、資金供給量を増やすことでより効果的な政策として採用されたのが、QE である。この QE を日銀は、2001 年 3 月から 2006 年 3 月まで実施した。それでも、効果がなかったので、国債以外の金融商品を買い入れるという QQE の方向に金融緩和政策は進んでしまったのである。

（7） 『朝日新聞』2013 年 4 月 3 日付、朝刊。

（8） http://genuinvest.net/?eid=1875 からの転載。

（9） http://www.nomura.co.jp/terms/japan/niA02172.html。ただし、2018 年半ば、日銀の国債購入量は減少傾向に転じた。同年 6 月、前年同月比で 33.6 兆円増（季節調整済み）と、異次元の金融緩和が始まった 2013 年

4 月以来の低い水準で、ピーク時から 6 割減った。この月、日銀は、国債買い入れオペ（公開市場操作）で、買い入れ額を 3 回減らした。国債市場の流動性低下に日銀は危機感を持っているとの観測が出された（『日本経済新聞』2018 年 7 月 16 日付、朝刊）。

（10） https://www.nenshuu.net/over1000/contents/over_1oku.php

（11） https://ja.wikipedia.org/wiki/ ヒューマントラスト

（12） 都道府県金融広報委員会、政府、日本銀行、地方公共団体、民間団体などが協同して設置した委員会。1952 年に「貯蓄増強中央委員会」として発足、1988 年、「貯蓄広報中央委員会」に、2001 年に現在の名称になった。2004 年 4 月、愛称を「マネー情報・知るぽると」とした（https://www.shiruporuto.jp/public/aboutus/container/gaiyo/iinkai.html）。

（13） 『日本経済新聞』2018 年 6 月 14 日付、朝刊。

（14） 田畑［2017］。

（15） 『日本経済新聞』2018 年 6 月 21 日付、朝刊。

（16） 全国銀行協会［2018］。

（17） サイロ化とは、ある部門では常識的な情報が、他の部門ではまったく伝わっていないというように、情報共有や連携などが企業全体としてとられていない状態を指す言葉である（https://www.weblio.jp/content/サイロ化）。

（18） 「プロシクリカリティ」（pro-cyclicality）とは、金融機関などが関与するようになる以前からもともと存在していた景気循環を、金融機関が関与することでさらに増幅させてしまうこと。景気が悪化すると金融機関は企業への融資を差し控え、企業活動が滞り、景気悪化を増幅させてしまう。銀行預金も口座内でじっとしてくれず、転々と内外の金融機関に浮動的に押しかけるようになれば、金融システムの揺らぎもまた大きくなる（https://www.glossary.jp/econ/economy/pro-cyclicality.php）。

（19） 『日本経済新聞』2018 年 6 月 2 日付、朝刊。

（20） 「ユニコーン」という名前の由来は、「噂には聞くが、誰もその姿を見たことがない」というギリシア神話に出てくる「一角獣」にある。起業が盛んな米国でも、企業価値が高くて創業間もない企業は少ないことから、2013 年頃から、IT 企業が集積する米シリコン・ヴァレーで使われ始めた（『朝日新聞』2015 年 8 月 12 日付、朝刊）。

（21） 『日本経済新聞』2018 年 6 月 19 日付、夕刊。

（22） 『日本経済新聞』2018 年 6 月 21 日付、朝刊。

（23） 『日本経済新聞』2018 年 6 月 22 日付、朝刊。

（24） https://ma-instructions.com/advanced/commission/

（25） https://www.nikkei.com/article/DGXMZO32033000Q8A620C1MM8000/

（26） https://jp.wsj.com/articles/SB11483107759614144642904582246352287527064

（27） https://a-port.asahi.com/guide/

（28） https://fundinno.com/?gclid=EAIaIQobChMI8qeXqfj73AIVT3ZgCh1O8QnDEAAYASAAEgInSfD_BwE

金融商品取引社とは、証券会社、外国証券会社の支店、投資信託委託業者、銀行、保険会社、信用金庫と信金中央金庫、労働金庫と連合会、農林中金、商工中金、信用組合と連合会、信連、共済連、農協と漁協の各一部、投資顧問会社、年金資金運用基金、等々がそれに当たる。

これら機関投資家の業務のうち、証券業、金融先物取引業など、流動性の高い有価証券の売買・勧誘、引受け、店頭デリバティブ取引、資産管理などを行う業務を「第一種金融商品取引」という（金融商品取引法第 28 条第 1 項）。

金融商品取引法では、「投資ファンド」のことを「集団投資スキーム」（同法第 2 条第 2 項）と名づけている。これらファンドが扱う金融商品が「第二種金融商品」である。

第二種金融商品の審査基準は甘く、新規参入を促す目的で最低資本金基準と業務を遂行できるスタッフの配置は適正か、という点をクリアすれば業務が認められる。また、必ずしも株式会社でなくともよく、特定の団体や個人も参入することが可能で、第一種業に課せられる兼業制限や親会社などに関する制限もなかった（https://www.jip.co.jp/report/detail.php?report=00201）。

しかし、過剰規制にならないように届け出制にしたことで、プロ向けファンドと称する怪しげなファンド（実際には多数の素人相手の営業をする）が輩出することになってしまった。

ファンドの規制を強化すべきか、逆にもっと新規参入を増やすべく、審査に工夫を凝らすべきかとの議論が 2014 年 9 月から金融審議会で白熱し、2015 年 5 月、改正法案が国会を通過し、2016 年 3 月から施行されることになったのである。

改正のもっとも目立つ趣旨は、「プロ向けファンドに出資できる一般投資家の範囲を、投資判断能力を有する一定の投資者及びファンド運営者と密接に関連する者に限定すること」という点にある。すんなりと理解できない内容であるが、ファンドに出資できる一般投資家の資格を、ファンド運営者が管理を強化すれば、という曖昧な言辞によって、ファンド側が拡大できる余地を残したのである。この改正によって、株式型クラウド・ファンディングの道が開けた（https://cf-hikaku.net/kabusikigata/）。

(29) ASP（Application Service Provider）とは、ネットワーク経由によってソフトウェアやソフトウェア稼働環境を提供する事業者・ビジネスモデルのことを指す。SaaS（Software as a Service）の同意語として扱われることが多い（https://www.marketingbank.jp/special/cat07/169.php）。

(30) 矢野経済研究所による調査は、2017年4～6月、クラウド・ファンディング運営企業、利用企業などを対象に、同社専門研究員による直接面談、ならびに電話・Eメールなどによるヒアリングを併用したという（矢野［2017］）。

(31) 『日本経済新聞』2018年4月3日付、電子版。

(32) https://www.croudport.jp/news/4498/ 。このサイトは、2017年4月にリリースされた国内初の「株式投資型クラウド・ファンディングサイト」である。運営元の「（株式会社）日本クラウドキャピタル」は、国内初の「第一種少額電子募集取扱業者」として2016年10月に登録承認を受けている。

(33) https://bizzine.jp/release/detail/509

(34) https://fundinno.com/projects/

(35) https://prtimes.jp/main/html/rd/p/000000014.000021941.html

(36) 金商法第29条の4の2第10項で規定されている第一種少額電子募集取扱業とは、非上場株式の募集又は私募の取扱いにより、インターネットを通じて、多くの人から少額ずつ資金を集める仕組みで営業するもの。資金調達額、投資額とも既述のように制限されている。投資勧誘の方法も、インターネットのウェブ・サイトを閲覧させる方法と電子メールを送信する方法に限定されている（http://www.jsda.or.jp/sonaeru/words/0302.html）。

(37) 松尾［2017］「投資型クラウドファンディングとベンチャー育成」。

第3章

(1) 大橋［2018］「マイナス金利環境におけるファイナンス」。ただし、この論文は、日本銀行や金融研究所の公式見解を代表したものではないことが、予め断られている。

(2) Agarwal & Kimball［2015］“Breaking through the Zero Lower Bound”.

(3) 本山［1993］『ノミスマ』。

(4) 日銀の最高意思決定機関が「政策委員会」である。政策委員会は、通貨、金融の調節方針や他の基本方針を定め、「役員」（監事、参与を除く）の職務の執行を監督する権限も持つ。ここで、役員というのは、総裁、副総裁（2名）、審議委員（6名）、監事（3名以内）、理事（6名以内）、参与（若干名）を指す。このうち、総裁、副総裁及び審議委

員が、政策委員会を構成する（https://www.boj.or.jp/about/organization/policyboard/index.htm/）。

政策委員会は「日本銀行法」（1998年施行）に基づく。任期は5年。「経済または金融に関して高い識見を有する者その他の学識経験のある者」から任命すると定められており、学者、エコノミストや経済界出身者が選ばれてきた。日銀や財務省のOBが起用される例が多かった正副総裁とは異なっていると言える。2016年度では、年収は約2600万円であった（https://style.nikkei.com/article/DGXKZO17555230S7A610C1EAC002?channel=DF180320167063）。

（5） https://www.boj.or.jp/announcements/education/oshiete/op/f09.htm/

（6） 第2次安倍内閣は、2012年12月26日に成立したが、その前は、野党の自民党総裁であった。政権再奪取直前の同年11月17日、安倍自民党総裁（党首と呼ばない）は、熊本市における講演で、政権を取り戻した場合、景気刺激策として公共投資を拡大し、その財源を得るために建設国債を発行し、「できれば日銀に全部買ってもらう」と発言したと言われている（否定する人たちもいる）。2013年4月に任期が切れる白川方明（しらかわ・まさあき、1949年－）日銀総裁の後任人事について、「インフレターゲットに賛成してくれる人を選んでいきたい」と指摘。日銀法の改正も示唆した（『日本経済新聞』2012年11月17日付、電子版）。

（7） 『日本経済新聞』2013年5月1日付、朝刊、及び、2017年9月20日付、電子版。

（8） https://www.boj.or.jp/announcements/release_2016/k160921b.pdf

（9） https://www.boj.or.jp/statistics/boj/other/mbt/index.htm/（日本銀行「マネタリーベースと日本銀行の取引」2016年7月4日付）。

（10） https://www.boj.or.jp/statistics/sj/sj.htm/（日本銀行「資金循環統計」2018年第2・四半期）。

（11） 短期金利のマイナス金利政策に加え、10年物国債の金利をゼロ・パーセント程度で推移するように、長期国債の買い入れを行うことで短期から長期までの金利全体の動きをコントロールすること（https://www.glossary.jp/econ/policy/ycc.php）。

（12） 加藤［2017］「長期化する金融緩和による懸念点」、2頁。

（13） https://www3.nhk.or.jp/news/business_tokushu/2017_0616.html

（14） https://www.weblio.jp/content/%E6%97%A5%E9%8A%80%E4%B9%97%E6%8F%9B

（15） 土居［2015］「日銀が買う国債は、誰が責任を負うのか」。

（16） https://www.chicagofed.org/publications/speeches/2009/06-15-

executivesclub

（17） http://www.lij.jp/news/research_memo/20140106_3.pdf

（18） http://markethack.net/archives/51765927.html

（19） https://www.federalreserve.gov/newsevents/speech/bernanke20120831a.htm

（20） https://www.bloomberg.com/quicktake/federal-reserve-quantitative-easing-tape

（21） https://www.bis.org/statistics/rppb1607.pdf

（22） 中原［2017］「2018 年以降、『世界同時不況』が始まる理由」。

（23） https://www.ecb.europa.eu/pub/pdf/other/targetar2014.en.pdf

（24） https://jp.reuters.com/article/column-negative-rates-nordic-banks-idJPKCN0VS08O

（25） 西本・川野［2013］「マイナス金利はデンマークの金融政策スタンスを変えたのか」。

（26） https://www.am.mufg.jp/market/report/pdf/special140905.pdf

（27） 田中［2017］「ECB の非標準的金融政策の評価をめぐって」78 頁。

（28） https://www.thebalance.com/what-is-a-ltro-or-long-term-refinancing-operation-1979094

（29） https://www.bloomberg.co.jp/news/articles/2017-03-23/ON9BCD6JIJUO01

（30） http://www.fsb.org/2017/11/fsb-considers-financial-stability-implications-of-artificial-intelligence-and-machine-learning/

第 4 章

（1） フィンテックを 1 つの種別として特定するのではなく、「エコシステム」として定義すべきだと言ったのは、BIS（Bank for International Settlements= 国際決済銀行）内に置かれている FSB（Financial Stability Board= 金融安定理事会）議長のスベイン・アンドレーセン（Svein Andresen, 1954–）事務総長である（Andresen［2017］“Regulatory and Supervisory Issues FinTech”）。

（2） Andresen［2017］注（1）と同じ。p. 2.

（3） インターネット経由で、多数の人々が、特定のプロジェクトに資金を提供すること。群衆（crowd）と資金調達（funding）を組み合わせた造語で、「ソーシャル・ファンディング」とも呼ばれる。クラウド・ファンディングは、特定のプロジェクトと「群衆」を引き合わせる組織（プラットフォーム）によって成り立つ。既存の金融機関による多額の融資や投資機関と異なり、クラウド・ファンディングでは、インターネットを通じて不特定多数の人々に比較的少額の資金提供を呼びかけるという点が基本的に異なっている。しかし、資金だけ調達して、実際に

は活動しないというプロジェクトも多く、安全性、信頼性を欠くクラウド・ファンディングも多い。

(4) 個々の金融機関の破綻の連鎖が、金融システム全体を麻痺させるような危険性のあるドミノ倒し的なリスクを指す金融用語。

(5) このセンターは、非営利、無党派、非主張の立場で内外の人々の意見を集める研究所で（http://www.pewresearch.org/about/）、「ピュー・チャリタブル・トラスト」（The Pew Charitable Trusts）という「フィランソロピー」（Philanthropy）活動をする財団（1948年に設立）の支援を受けている。1886年、米国オハイオ州で設立された大手総合石油会社「サン」（Sun Oil Co.）の創業者であったジョセフ・ニュートン・ピュー（Joseph Newton Pew, 1848–1912）の子、ジョセフ・ハワード・ピュー（Joseph Howard Pew）の家族たちによって、この財団は設立された（https://www.nytimes.com/1971/11/28/archives/j-howard-pew-of-sun-oil-dies-served-as-president-for-35-years-he.html）。ジョセフ・ハワード・ピューは、ESOP（Employee Stock Ownership Plan, エソップ＝従業員による株式所有計画）を採用した。

ちなみに、フィランソロピーは、日本でいう、いわゆる慈善活動とおおまかに解釈してもよいだろう。古代ギリシア語の「フィロス」（愛）と「アントロポス」（人類）の合成語である。米国では、巨大な富を得たビジネスの成功者が社会的な地位を確かめるべく、この種の事業活動に寄付するという歴史的な慣習がある。中でも、同じく石油王、しかも世界最大の寡占企業を率いたジョン・ロックフェラー（John D. Rockefeller, 1839–1937）が1913年に設立した「ロックフェラー財団」（The Rockefeller Foundation）は、名実ともに世界最大の規模と影響力を、いまなお保持している（https://www.rockefellerfoundation.org/）。

(6) フェイスブックは、2004年、マーク・ザッカーバーグ（Mark Zuckerberg, 1984–）と、その友人エドゥアルド・サベリン（Eduardo Saverin, 1982–）によって創立された。

ツイッターは、2006年設立。エヴァン・ウィリアムズ（Evan Williams, 1972–）やクリストファー・ストーン（Christopher Stone, 1974–）、ジャック・ドーシー（Jack Dorsey, 1976–）らによって開発された。

スナップチャットは、2011年、エヴァン・シュピーゲル（Evan Spiegel, 1990–）、ロバート・マーフィ（Robert Murphy, 1988–）たちによって実用化された。

(7) https://jp.reuters.com/articles/swiss-snb-maechler-idPKBNlH502D

(8) グーグルが、老化の問題に照準を定めたことについて*TIME*誌は、「グーグルは死を解決できるか？」という特集記事を組んだ（McCracken

& Grossman［2013］）。

(9) クラウド・サービスという用語は、すでに一般的なものになっているが、意外に「雲」のように曖昧な理解しかできていない場合が多いので、ある解説を参考に記しておきたい。

チラシを見て、料理の出前を電話で注文すれば、欲しい料理が自宅に届く。しかし、注文者は、出前してくれる店の所在を知ろうとしないし、作る現場を見ていない。「クラウド」は、注文したものが、「どこにあるのか？」「どんな場所で作られているのか？」「どこの人が作業をしているのか？」が分からないけれども利用できるサービスの1つである。

クラウド・サービスの正式な呼称は、「クラウド・コンピューティング」である。利用者は、サーバの所在地を意識せずに作業を遂行できる。

従来のコンピュータの利用形態では、利用者は手元のパソコンの中にあるソフトウェアやデータを利用している。しかし、クラウドのサービスでは、ネットワークを経由して、ソフトウェアやデータはサービスとして使えるように設定されている。

クラウド・サービスの代表的な例に、ウェブ・メールがある。「Gメール」（Gmail）などがそれに当たる。ウェブ・メールでは、サーバの所在は意識されない。

クラウド・サービスではない従来のメールでは、プラットフォーマーたちが提供するメール・ソフトを自分のパソコンにインストールしなければならなかった。クラウド・サービスでは、ウェブ環境がありさえすれば、特定のソフトをインストールする必要はない。ユーザー登録だけすれば、「どこにあるかは分からないが、どこかにあるだろうサーバとメール・ソフト」を使って、メールの受送信や閲覧ができるのである。これが、「クラウド」である（https://jpn.nec.com/cloud/smb/column/01/index.html）。

(10) スマホ搭載のGPS機能を使って遊ぶゲーム。街中を歩きながらモンスターというキャラクターを集めたり、他のプレイヤーとリアルタイムでバトルしたりと、実際に移動しながらのゲーム。じつに多くの中高年齢層がこの種のゲームに夢中になっている。ゲームの人気ランキングもネット上で掲載されている。あるウェブ・サイトによるランキング上位5位までを以下の通り。後ろの括弧内は開発者。

1位、「イングレス」（Ingress）（ナイアンティック = Niantic, Inc.）、2位、「ポケモン・ゴー」（Pokémon GO）（ナイアンティック）、3位、「駅メモ！ - ステーションメモリーズ！」（フジゲームズ = FUJI GAMES, INC.）、4位、「国盗り合戦」（マピオン = Mapion Co.）、5位、「ガンダム

エリアウォーズ」(バンダイ・ナムコ＝BANDAI NAMCO Entertainment Inc.)(https://app-liv.jp/games/casual/1393/)。

位置情報ゲームには「課金」という仕掛けがある。この問題を批判的に考察したものに、本山［2017］「課金とゲーム依存症」がある。

(11) 多数のデータや情報などが体系立てて保管されているデータベースをリポジトリということが多い(http://e-words.jp/)。しかし、ここが問題になる。情報が一元的に特定のプラットフォーマーに蓄積されたり、特定の営利企業に横流しされたりする事例が跡を絶たないからである。

(12) Foer［2017], pp. 1–3.

(13) (The) *Guardian*, 12 March, 2018 (https://www.theguardian.com/commentisfree/2018/mar/12/tim-berners-lee-web-weapon-regulation-open-letter).

(14) Reuters, July 15, 2017 (https://www.independent.co.uk/life-style/gadgets-and-tech/news/elon-musk-ai-human-civilisation-existential-risk-artificial-intelligence-creator-slow-down-tesla-a7845491.html).

(15) (*The*) *New York Times*, April 5, 2018 (https://www.nytimes.com/2018/04/04/us/politics/george-nader-russia-uae-special-counsel-investigation.html?rref=collection%2Fissuecollection%2Ftodays-new-york-times&action=click&contentCollection=todayspaper&region=rank&module=package&version=highlights&contentPlacement=1&pgtype=collection).

(16) https://japan.cnet.com/article/35117249/ を参照。

(17) (*The*) *New York Times*, March, 17, 2018 (https://www.nytimes.com/2018/03/17/us/politics/cambridge-analytica-russia.htm). (*The*) *Observer*, 17 Mar., 2018 (https://www.theguardian.com/news/2018/mar/17/cambridge-academic-trawling-facebook-had-links-to-russian-university).『オブザーバー』紙は『ガーディアン』紙の日曜版のことである。

(18) ロバート・マーサーは、ボブ・マーサーの名でよく知られた米国のコンピュータ学者で、初期の人工知能の開発者、ヘッジファンド「ルネッサンス・テクノロジーズ」(Renaissance Technologies LLC)の元共同CEO。「ブライトバート・ニュース」(Breitbart News)の元経営者、「米国を第一にする」(Make America Number 1)という「スーパー政治行動委員会」(super PAC=political action committee)への主要な出資者。2017年に会社経営からは引退した(https://www.forbes.com/profile/robert-mercer/)。

(19) (*The*) *Guardian*, 17 March, 2018 (注13と同じ).

(20)『日本経済新聞』2018年4月5日付、夕刊。

(21)『日本経済新聞』2017年2月1日付、電子版。

(22) 証券などの投資を行う際、高度な数学的テクニックを使って分析す

る理論をいう。「数量的」（Quantitative）という英語から派生した言葉である。分散投資するための銘柄を選んで組み合わせる（ポートフォリオ作成）には、過去の様々な銘柄の動き、業種の散らばり、等々を分析して、ブレがもっとも少なかった銘柄の組合わせを選ぶ必要がある。こうした金融テクニックを導き出す理論が「クォンツ理論」と称されている（https://www.nomura.co.jp/terms/japan/ku/kuontsu.html）。

（23）（*The*）*New York Times*, July 8, 2014（https://www.nytimes.com/2014/ 07/08/science/a-billionaire-mathematicians-life-of-ferocious-curiosity.html）。

（24） サイモンズの幾何学について、数学の素人にもある程度理解できる解説を、第 1 回（2012 年 7 月）「サイモンズ研究賞」（Collaboration-grants for the Simons Foundation's Mathematics and Physical Sciences）受賞者の小栗博司がしている。同賞は、もちろんサイモンズが自らの財団から出す賞で、数学だけでなく物理学、コンピュータ理論など幅広い研究分野から選ばれている（https://planck.exblog.jp/18253335/）。

（25） https://gigazine.net/news/20180123-billionaire-mathematician/

（26） https://www.bloomberg.co.jp/news/articles/2013-07-15/MPZ54B6K50YU01

（27） http://www.businessinsider.com/alfred-winslow-jones-started-the-first-hedge-fund-2016-8

（28） https://hedgefund-direct.co.jp/journal/20180110.php；https://hedgefund-direct.co.jp/journal/20180308.php

（29） http://www.institutionalinvestorsalpha.com/Research/7050/Hedge-Fund-100-Ranking.html

（30） 合田［2016］。

（31） 本山ほか［2006］。

第 5 章

（1） http://rc.persol-group.co.jp/roudou2025/

（2） 外国人労働力の比率についての資料としては以下のものがある。厚生労働省「外国人雇用状況報告」、同省「外国人の雇用状況の届け出状況について」、国立社会保障・人口問題研究所「日本の将来推計人口」（2012 年）。

（3）『日本経済新聞』2017 年 11 月 27 日付、朝刊。ポール・バイロック（Paul Bairoch, 1930–1999）は、世界経済史、都市論、地理学者。主著は Bairoch［1993］*Economics and World History*.

（4）『日本経済新聞』2017 年 4 月 24 日付、電子版。

（5） http://rpa-technologies.com/about/

（6）『日本経済新聞』2017 年 12 月 5 日付、朝刊。

(7) 『日本経済新聞』2017年12月26日付、朝刊。

(8) KPMGは、オランダのアムステルダムに本拠を持つ。創立は1870年。ほぼ150か国に拠点を置き、11万人を超える専門家を擁している。各国で単独で事業を営むのではなく「プロフェッショナル・サービスファーム」(知的専門家集団)方式を採用している。会社名のKPMGは創業者を含む4人の主要なパートナーの姓の頭文字を並べたものである(ピエト・クリンヴェルトのK、ウィリアム・ピートのP、ジェームズ・マーウィックのM、ラインハルト・ゲルデラーのG)。

世界四大会計事務所の他の3社は、プライスウォーターハウスクーパーズ、アーンスト・アンド・ヤング、デロイト・トウシュ・トーマツである。いずれの会計事務所も日本で大手監査法人をパートナーに持っている(https://home.kpmg.com/jp/ja/home/about/kpmg.html)。

(9) 『日本経済新聞』2017年12月6日付、朝刊。

(10) https://glotechtrends.com/fintech-top10-in-the-world-171121/

(11) http://oneboxnews.com/articles/13-facts-about-the-unicorns-2017-3

(12) https://www.bcg.com/ja-jp/default.aspx

(13) Čapek [1966] *R. U. R.*

(14) Čapek [1966] 邦訳、50頁。

第6章

(1) 2018年1月に「日立ソリューションズ」が開いたセミナーのPR文を一例として引用しておこう。

RPA (Automation Anywhere) + AI活用で攻めの働き方改革を!!
～日立グループ事例から働き方改革を成功させるポイントを探る～

ご案内

昨今、『働き方改革』は国を挙げた重要施策として位置づけられ、企業でも取り組みが進む中で、生産性の向上や、社員の意識改革など、さまざまな課題が顕在化してきています。

日立ソリューションズにおいては、自社の取り組みを活かしたライフスタイルイノベーション事業を、社会イノベーション事業の1つとして位置づけ、先進的なソリューションを組み合わせて、お客様のワークスタイル変革を継続的に支援しています。

本セミナーでは、組織生産性向上を目的としたRPA・AI活用事例、ロボット開発デモおよびRPA・AI導入後の運用体制をいかに整備していくかなどの課題とその解決策をご紹介します。また、セミナー終了後には、RPA・AI導入個別相談コーナーを設けて、お客様のRPA・AI活用のご支援をおこないます(https://pages.

hitachi-solutions.co.jp/Semi17S_0130rpa.html）。

（2） API とは Application Programming Interface のアクロニムで、他のシステムやソフトウェアに機能を提供し合う合意が企業間でなされていること。共有できる技術を異なる企業間で相互に利用可能にする姿が、各企業が「外部ドア」でつながるように見えるので「インターフェース」という言葉が使われている。例えば、みずほ銀行は、2015 年 10 月に、「LINE」の API を活用することで、「LINE でかんたん残高照会」ができるサービスを始めた。

グルメの「くちコミサイト」である「食べログ」もグーグルの地図サービスに設けられている API を活用して店舗の地図を示している（日経 BP ムック［2016］313 頁）。

（3） http://rpa-technologies.com/insights/digital_labor/

（4） https://japan.zdnet.com/article/35098285/1/

（5） http://e-words.jp]w/COM.html

（6） http://www.obic.co.jp/knowledge/erp_foundation/01.html

（7） https://japan.zdnet.com/article/35098285/2/

（8） Occams Business Research Global IT Robotic Automation Market 2015-2021（https://japan.zdnet.com/article/35098285/3）.

（9） https://ww.mckinsey.com/business-functions/digital-mckinsey/our-insight/the-next-acronym-you-ne

（10） https://www.bostondynamics.com/bigdog

（11） https://www.bostondynamics.com/atlas

（12） https://arstechnica.com/gadgets/2017/06/boston-dynamics-softbank-google/

（13） https://www.nikkei.com/article/DGXLASDZ09H1A_Z00C17A6000000/

（14） https://wired.jp/2013/12/05/google-robots/

（15） Auguste de Villers de L'Isle-Adam（1838–89）.

（16） l'Isle-Adam［1886］。

（17） 松岡正剛「千夜千冊」0953 夜、204 年 3 月 23 日（http://1000ya.isis.ne.jp/0953.html）。

（18） http://whatis.techtarget.com/definition/android-humanoid-robot

（19） OSS（Open Source Software）とは、核となる技術（ソースコード）が無償で公開されていることである。一般的に、ソフトウェアの基本技術は、知的財産として秘匿され、他社に提供する場合はライセンス料が収益源とされている。これに対して、OSS は、あらゆるユーザーが良質のソフトウェアを利用可能であるように、修正や改良を重ねていくことで、より良いソフトウェアに育んでいくことを志向している（ed-to-know-rpa interview-December 2016）。

(20) https:www.itfinance.ne.jp/glossary/management/man275.html

(21) World Bank［2013］*Crowdfunding's Potential*. p. 15.

(22) https://a-port.asahi.com/guide/

(23) そもそも財務局は、財務省の管轄で、税務以外の仕事を行う地域に根差した総合経済官庁である。そして、金融庁からの委任を受けて、財務局は地方における民間金融機関等の検査・監督も行っている。その中で、「関東財務局」は、首都圏を中心とした関東甲信越地区の1都9県において、財政、金融・証券を監督している（http://kantou.mof.go.jp/information/gyoumu.htm）。

(24) 1992年に設立された証券取引を監督する機関。国会の同意と内閣総理大臣の任命を受けた委員長と2人の委員によって構成され、委員会の下には職員400人強の事務局が置かれている。インサイダー取引、風説の流布など、証券取引法に違反する行為をこの委員会が監視、通報の処理を行っている。しかし、捜査の権限が与えられていないうえに、組織上も金融庁所管の「審議会」の位置づけであるため独立性が薄い（ASCII.jpデジタル用語辞典）。

(25) 山田［2017］「自転車操業の驚愕実態」。

(26) 『日本経済新聞』2017年4月13日付、電子版。

(27) https://oneinvest.jp/ipo-lock-up/

(28) https://forbesjapan.com/articles/detail/17545

第7章

(1) Mouren［2015］"Good. Bad. Stupid".

(2) Schumacher & Eskenazi［2016］"A Readability Analysis of Campaign Speeches".

(3) Heilmann, et. al.［2008］"Retrieval of Reading Materials".

(4) ちなみに、いささか横道に逸れるが、「カーネギー・メロン大学言語研究所」のこのプロジェクトと「デール・カーネギー・トレーニングセンター」のプロジェクトとは、同じ「カーネギー」という名前を使っているが、相互に関係のない、まったくの別物である。

カーネギー・メロン大学のアンドリュー・カーネギー（Andrew Carnegie）と超ロングセラーを刊行したデール・カーネギー（Carnegie［1937］）との間にはまったく姻戚関係はない。一度、騙《かた》りの汚名でヨーロッパに逃避していたデールは、米国に帰国後、本名のカーナギー（Carnagey）をカーネギー（Carnegie）表記に変えた（1922～29年のどこかで）。デール・カーナギーは、鉄鋼王として著名なアンドリュー・カーネギーにあやかったのである。活動拠点も本物の「カーネギー・ビ

ル」に置いた。以後、彼は、マーケッターとして大成功を収めることになった（Watts［2013］）。

（5）『日本経済新聞』2017 年 2 月 1 日付、朝刊。

（6） Orwell［1949］*Nineteen Eighty-Four*.

（7） Harding［2014］*The Snowden Files*.

（8） http://www.cnn.co.jp/tech/35095093.html　2017 年 2 月 1 日にアクセス。

（9） Noelle-Neumann［1984］*The Spiral of Silence*.

（10） 森［2006］『グーグル・アマゾン化する社会』、225 頁。

（11） 総務省［2011］「青少年のインターネット利用」。

（12） Sunstein［2001］*Republic.com*.

（13） ハーバート・サイモン（Herbert Simon, 1913–2001）は、米国の政治学者、認知心理学者、経営学者、情報科学者。人間の認知能力には限界があり、人間には、合理的に選択しようと思っても、限界に突き当たるという「限定合理性」の概念を発表した。

（14） ジョン・マッカーシー（John McCarthy, 1927–2011）は、米国の計算機科学者、認知心理学者、初期の AI 開発の第一人者。1956 年に彼が呼びかけた「ダートマス会議プロジェクト」の提案書で、初めて、AI という言葉が使用された。

（15） マーヴィン・ミンスキー（Marvin Minsky, 1927–2016）も、米国の計算機科学者、認知科学者で MIT の AI 研究所創設者。「人工知能の父」とも称される。

（16） アレン・ニューウェル（Allen Newell, 1927–92）も、初期の AI を担った計算機科学者、認知心理学者。1975 年、ハーバート・サイモンと共に、「ACM（Association for Computing Machinery）チューリング賞」を受賞。この賞は、本書、第 1 章で紹介したアラン・チューリングを記念して、計算機科学におけるノーベル賞と称される権威ある賞。

（17） Simon［1969］*The Sciences of the Artificial*.

（18） Markoff［2015］邦訳『人工知能は敵か味方か』、21 ～ 23 頁。

第 8 章

（1） Kurzweil［2005］邦訳『ポスト・ヒューマン誕生』、19 ～ 20 頁。

（2） Turing［1950］“Computing Machinery”. これは、後世、「チューリング・テスト」と呼ばれるようになった「イミテーション・ゲーム」のアイディアを出した論文として有名になったものである。心理学と哲学の論文を掲載していた『マインド』（*MIND*）という四季報に投稿された論考である。

（3） ヘンリー・ルーカス（Henry Lucas, 1610–63）は、ケンブリッジ大学理

事会（Cambridge University's Member of Parliament）の理事を永年務め、英国下院議員を経験した聖職者であった。蓄財した莫大な財産をケンブリッジ大学や養老院、病院に寄付した。養老院や病院には貧しい老人を受け入れ、管理は聖職者に委ねることを条件とし、ケンブリッジ大学には、4000冊の蔵書を寄贈したうえ、毎年資金を供与する約束で数学教授のポスト（ルーカスという名前をつけたポスト）を大学に新設させた。

この新設ポストの2代目の教授になったのが、アイザック・ニュートン（Isaac Newton, 1642–1727）である。

当時、ケンブリッジ大学では、全教員は、英国国教会の上位の聖職者の位階に叙せられた。叙位を断ることは許されなかった。ケンブリッジ大学に採用されることが内定していたニュートンがそれを拒否した。ニュートンは、三位一体を唱えている英国国教会からは異端とされていた「アリウス派」（三位一体説を否定していた）の教義を信奉していたからである。もし、「ルーカス教授」のポストがなければ、ニュートンはケンブリッジに職を得ることができなかったはずである。

ポストを得ることができたのは、「この教授職にある者は、教会で活動すべきではない」というルーカスの遺言のお陰である。

自らが聖職者であったルーカスがこのような遺言を残した理由は分からない。当時の英国王、チャールズ2世（Charles II, 1630–85）はニュートンを支持し、「ルーカス教授」のポストに就く者は、聖職者に叙せられることを拒否できるとした。スティーヴン・ホーキング（Stephen Hawking, 1942–）も30年もの長期間にわたってこのポストにあった（1979～2008年）（Orman-Rossiter & Saletta［2015］）。

（4） Bowden, ed.［1953］*Faster than thought*.

（5） 階差というのは、ある数列で、隣り合う項について、次の項から前の項を引いた差のことである。

1、2、3、……という自然数の数列の各項を二乗すれば、1、4、9、……という数列になる。各項の階差は、3、5、7、……という別の数列を作る（一次階差）。さらに、この差をとると、すべての項が2になる数列になる（二次階差）。

三角関数や対数などの複雑な数式も、このような操作を繰り返すと、隣同士の差が一定になる。こうした性質を利用すれば、単純な操作の繰り返しで複雑な数式を計算できる。

（6） http://www.computerhistory.org/babbage/

（7） https://www.britannica.com/technology/Analytical-Engine

（8） ラプラスは、1799年から1825年に書かれた大著『天体力学概論』

（Laprace［1799–1825］）で大きな業績を挙げた。個体や流体の運動、地球の形状や潮汐の流れ、その運動など、宇宙に関するあらゆる力学を論じ、ニュートンによる古典力学をさらに完成させた大科学者であるとされている。「国際度量衡委員会」の委員として、長さの尺度として地球の北極点から赤道までの子午線の弧の長さを精密に測量し、その千万分の1をもってあらゆるものの長さを表す基準とすることを提唱した。これが後のメートル法の基礎となった。

ラプラスは政治家としての一面も持っていた。1799年、わずか1か月だけだが、ナポレオン・ボナパルト（Napoléon Bonaparte, 1769–1821）の統領政府で内務大臣に登用され、元老院議員となった。ナポレオン失脚後の王政復古後は、ルイ18世（Louis XVIII, 1755–1824）の下で貴族院議員となった。

(9) 「ラプラスの悪魔」（Laplace's Demon）とは、主に物理学の分野であらゆる状態を完全に把握し、完璧に解析する能力をもった仮想的な知的存在を指す。この仮想的で超越的な存在の概念を、ラプラス自身はただ「知性」と呼んでいたのだが、後のジャーナリストたちによって、未来は現在の状態によってすでに決まっているとのセンセーショナルなイメージとして頻繁に引き合いに出されるようになった。

(10) ラプラスは、トーマス・ベイズ（Thomas Bayes, 1702–61）の確率論を摂取していた。英国ケント州で「長老派」（カルヴァン派）教会の牧師をしながら、ベイズは、「確率論の問題を解くためのエッセイ」（An Essay Toward Solving a Problem in the Doctrine of Chances, 1764）を書き残したが、発表されなかった。彼の死の3年後、統計学者であった従弟のリチャード・プライス（Richard Price, 1723–91）によって、ベイズの遺稿は加筆出版され、それを読んだラプラスによって「ベイズの定理」と命名された。傑出した才能を持ちながらも、英国国教会の信者でなかったために、ラプラスは、ケンブリッジ大学には入学できなかった。

(11) クルト・ゲーデル（Kurt Gödel, 1906–78）は、論理体系には限界があるということを数学的に示し、当時の学会に大きな反響を呼んだ。この分野は、チューリングも研究していた。数学の世界では、証明の過程で証明できない「当然のこと」に突き当たる場合があるという。この「当たり前」というものが「公理」である。数学的証明は、この「当たり前」の公理から出発しなければならないとされていた。その心構えは、ブレーズ・パスカル（Blaise Pascal, 1623–62）が言い出したと言われている。

ゲーデルが論文を発表した時代には、数学者たちは、与えられた命題の真偽を証明する際、セットになっている公理系を出発点とするのが

通例であった。セットを使って証明できる公理系が、「完全性」にして「矛盾のない」ものと見なされていた。公理系が完全であれば、すべての命題の真偽は証明できるというのが数学者の了解事項であった。

ゲーデルは、この了解事項を否定した。「完全性」と「矛盾のない」ことは両立しない。命題の内容によっては、どんな公理を使っても、真偽を証明できないこともある、ということを数学的に示したのである（Gödel［1931］）。

（12）　エニグマ（Enigma）とは、第2次世界大戦中にナチス支配下のドイツ海軍が使用した暗号機で、1918年にドイツのアルトゥール・シェルビウス（Arthur Scherbius, 1878–1929）によって発明された電気式暗号機械を指す。暗号そのものも、一般的にはエニグマと呼ばれている。

キーボードで日常言葉の平文《ひらぶん》の一文字を打ち込むと、表示板（ランプボード）のランプの1つが点灯して暗号文の一文字が得られる。逆に、キーボードで暗号文を打ち込むとランプボードが点灯して平文が得られる。文字の転換には、回転板（ロータリー）が使われたので、ロータリー式暗号機と言われている。暗号の作成と平文復元には「鍵」が使われる。現在の暗号送信の原理に通じている。

エニグマは「謎」という意味で、古代ギリシア語の「アイニグマ」（ainigma= 謎めいた言葉）を語源としている。

（13）　シグサリイは、ベル研究所で開発され、米陸軍通信隊（US Army Signal Corps）が使っていた秘話装置で、その名称は、単なるコードネームである。コードネームに秘められた意味は分かっていない。これを開発していたベル研究所のチームは、「プロジェクトX」と呼んでいた。これは、音声通信と近代的な暗号とを組み合わせた世界最初の実用的なデジタル音声通信システムである。この装置の原理を英国の軍部に説明し製作を指示したのは、チューリングであったのかも知れない。

このシステムは、1943年から46年まで、英米間の首脳陣の遠隔秘密会談や米国と他の連合国間の重要な通信のために使用された。3000回を超える秘密会議がこのシステムを使って行われたと言われている。この機械は、非常に大規模で複雑なシステムで、55トンという重量の装置であったので、空調が効いた広い部屋が必要だった。

エニグマ解読装置が連合国側によって使われていたという事実とともに、シグサリイの原理が一般に公開されたのは、1975年になってからであった。チューリングの業績も同じ運命に置かれていた。科学に貢献したはずの重要な理論が、戦後30年間も封印されていたのである。それは、チューリングはもとより、安全な通信手段の開発を目指す情報分野の科学者にとっても、悲劇的なことであった。

(14) 「政府通信本部」(GCHQ) は現在も現役の機関である。偵察衛星や電子機器を用いて、国内外の情報収集・暗号解読業務を担当している。

前身は、本文でも触れた 1919 年に創設された GCCS である。GCCS は、ドイツだけではなく、イタリアと日本の暗号も解読していたと言われている。1946 年に GCCS の改編組織として GCHQ は設置された。職員数は 1 万人を超す大組織である。

GCHQ は、英国ではもちろん、ドイツ、ジブラルタル、トルコ、オマーン、キプロス、イースター島に無線傍受施設を置き、電子スパイ網「エシュロン」(Echelon) に関して、「米国家安全保障局」(National Security Agency=NSA) と密接な関係を維持しているとの情報がスパイ小説のように流れて、恐れられている。

第 9 章

(1) https://jp.reuters.com/article/interview-mufj-1012-idJPKBN1CG21X

(2) https://www.jiji.com/jc/article?k=2017112100812

(3) https://www.mizuhobank.co.jp/tenpoinfo/loan_consultingsquare/tenpo.html

(4) 『日本経済新聞』2018 年 1 月 7 日付、朝刊。

(5) 「業務粗利益」とは、銀行の本業の収益から費用を差し引いたもののこと。細かく分ければ、「資金運用収支」「役務取引等収支」(手数料)、「特定取引等収支」(自己売買取引)、「その他業務収支」(ディーリング) の 4 つからなる。ここから、「一般貸倒引当金繰入額」「経費」(臨時的経費を除く)、「債券費」を控除したものが「業務純益」である (https://www.mizuho-ri.co.jp/glossary/0093.html)。

(6) 鈴木・田上 [2017]「3 メガ銀行の大リストラ」。

(7) 注(4)と同じ。

(8) 『日本経済新聞』2017 年 12 月 12 日付、朝刊。

(9) http://news.kddi.com/kddi/corporate/newsrelease/2018/02/08/2952.html

(10) 『日本経済新聞』2018 年 2 月 8 日付、朝刊。

(11) http://www.resona-tb.co.jp/401k/begin/401k-changes-2017.html

(12) http://www.mag2.com/p/money/30573/1-4

(13) 「米銀の支店削減、顧客ニーズ考慮で踏み込めず」『ロイター』2016 年 8 月 22 日付 (https://jp.reuters.com/article/usa-banks-branches-idJPKCN10Y0GN)。

(14) 『日本経済新聞』2018 年 1 月 6 日付、朝刊。

(15) https://www.glossary.jp/econ/act/foreign/dodd-frank-act.php FRB による規制で「●●ルール」と呼ばれるものには、「ボルカー・ルール」以前にもあった。もっとも有名なものは、「バジョット・ルール」であ

る。『ロンバード街』の著者、ウォルター・バジョット（Walter Bagehot, 1826–77）が、金融危機下では、不健全な銀行を助けるなと言い切った内容（Bagehot［1873］邦訳、120 頁）が、後に「バジョット・ルール」と呼ばれているものである（Wood［2005］, p. 204）。

1926 年、当時のニューヨーク連銀総裁のベンジャミン・ストロング（Benjamin Strong, Jr., 1872–1928）の金融市場の判断基準が「ストロング・ルール」と呼ばれている。市中銀行による連銀からの借入額が少なく、市場金利も低い状態を、ストロングは、銀行の健全な状態であるとして、連銀による市中銀行への低利貸付を抑制した。しかし、このルールは因果関係を逆に理解したものとして後世の批判を浴びた。景気が低迷して、銀行の貸付先が少なくなるとき、市場は低金利になる。市場がそのような状態になったときこそ、連銀は銀行の健全性を維持すべく、積極的に市場に介入しなければならないというのが、主な批判であった（Calomiris & Wheelock［1988］, pp. 26–27; Wicker［1965］, p. 195）。

（16） 上川［2015］「第三節、大規模な公開市場操作とその中止」、91 ～ 97 頁。

（17） http://digital.library.unt.edu/govdocs/crs/permalink/meta-crs-9065:1

（18） 本山［2008］『金融権力』。

（19） http://electronic-journal.seesaa.net/article/404405939.html

（20） 『朝日新聞』2007 年 10 月 25 日付、朝刊。

（21） https://thepage.jp/detail/20161122-00000011-wordleaf?page=2

（22） http://www.sankeibiz.jp/macro/news/171117/mcb1711170500015-n1.htm

（23） https://jp.reuters.com/article/usa-banks-regulation-idJPKBN1932OL

（24） 『日本経済新聞』2017 年 8 月 2 日付、電子版。

（25） https://www.sbbit.jp/article/cont1/34284

（26） https://jp.reuters.com/article/usa-banks-regulation-noreika-idJPKBN1DK0F0

（27） 『日本経済新聞』2018 年 2 月 24 日付、朝刊。

第 10 章

（1） 『日本経済新聞』2018 年 2 月 15 日付、電子版。

（2） Agarwal & Kimball［2015］“Breaking Through the Zero Lower Bound”. Goodfriend［2016］“The Case for Unencumbering Interest Rate Policy at the Zero Bound”.

（3） 『日本経済新聞』2016 年 2 月 10 日付、朝刊。

（4） Keynes［1936］邦訳、356 頁。

（5） Gesell［1920］.

（6） 松岡［2010b］。

(7) Gesell［1920］邦訳、258 ～ 61 頁。

(8) Gesell［1920］邦訳、266 ～ 70 頁。

(9) Gesell［1920］邦訳、499 頁。

(10) Gesell［1920］邦訳、21 頁。

(11) 河邑・グループ現代［2000］、14 頁。

(12) 現在、「リフレ派」という言葉が盛んに使われているが、すでに 1932 年のフィッシャーの『好況と不況』(Fisher［1932］) の「補遺 7」のタイトルにも出てきている (「リフレーションと安定化のためのその他の提案」)。この補遺 (pp. 226–29) の中で、フィッシャーは、「スタンプ通貨計画」(The Stamped Money Plan) の構想を提案した。これは、法貨のドル発行と違い、失業した国民に直接渡す証書である。その意味で、スタンプ通貨は、昨今、日本でも話題になっている「ヘリコプター・マネー」、あるいは、戦後直後の日本の一部の経済学者たちが唱えた「上からのインフレーション」である。スタンプは、買い物時に、店に提示すれば、捺されているスタンプ額の範囲で商品を購入できる。証書の裏面には 12 個の空欄が設けられていて、国民は毎月初めに、空欄に「1 セント」のスタンプを捺してもらうために、役所に自分の証書を持参する。証書は、一定期間後には最終的に景気回復後に政府によって償還される。つまり、深刻なデフレ期には、正式の法貨ではない約束手形的な証書であっても、通貨として流通する。そして、流通する通貨量が増えれば物価が上がり、デフレから脱却できるという、典型的な「貨幣数量説」を具体化したものである。

(13) Steiner［1972］.

(14) Steiner［1985］.

(15) 松岡［2010a］。

第 11 章

(1) https://www.huffingtonpost.jp/2018/04/10/zuckerberg-hearing_a_23408233/

(2) 1914 年、「米連邦取引委員会法」に基づいて設けられた委員会。不公正な競争方法の防止と独占禁止法に違反した会社の調査を主な任務とする。委員会は超党派の機関とし、委員は 5 人で、大統領が上院の同意を得て任命、任期は 7 年、他の職を兼ねることはできない。違反行為の差止め命令を発することができ、被審人はこれに対し連邦巡回裁判所に不服の申立てをすることができるが、裁判所は同委員会の行った事実認定に拘束される (『ブリタニカ国際大百科事典』第 2 版)。

(3) 『日本経済新聞』2018 年 4 月 17 日付、朝刊。

(4) https://www.statista.com/statistics/346167/facebook-global-dau/

(5) https://www.statista.com/statistics/271258/facebooks-advertising-revenue-worldwide/
(6) (*The*) *Guardian*, 14 November, 2017.
(7) https://ferret-plus.com/2801 に拠る。
(8) 高い評価を得たこの映画は、マーク・ザッカーバーグから切り捨てられた元親友のエドゥアルド・サヴェリン(Eduardo Saverin, 1982–)側に立ったシナリオで、マークの人格をかなりデフォルメしてしまっている。ベン・メズリック(Ben Mezrich, 1969)が自著(Mezrich［2009］)を出版してもらうために出版社に出した粗筋を下敷きにしたものである(https://www.imdb.com/title/tt1285016/)。
(9) 「ディプロマ」とは、大学や高校から発行される卒業証明書や業績証明書である。これらは、授与された者が完全に特定の課程を修了したこと、または特定の学科の単位を取得したことを証明する。欧米では、「古文書学」(diplomatic)という分野がある。これは、歴史学の補助学の一分野として確立し、独自の研究対象と研究方法を有する。そもそも、「ディプロマ」(diploma〉という語はギリシア語で「二つ折りの証書」、ラテン語では「皇帝の勅許状」を意味した(https://kotobank.jp/word/diploma-1229413)。
(10) 音楽再生用のフリーソフトウェアで、利用者が以前に選択した曲をベースに、新たに聴きたい曲目を予測してくれるという機能を備えるものであった(http://www.b-land-osaka.jp/entrepreneur/)。
(11) https://www.google.co.jp/search?q=Zuckerberg+CourseMatch+FaceMash&tbm=isch&tbo=u&source=univ&sa=X&ved=0ahUKEwj5k87UjcraAhWLq5QKHabZCvAQsAQIOw&biw=681&bih=610
(12) 米国北東部に所在する私立大学 8 校で構成されるカレッジ・スポーツ連盟が元来の意味であったが、「東海岸のエリート私立伝統校群」として一般的に使われるようになった名称である。ブラウン大学、コロンビア大学、コーネル大学、ダートマス大学、ハーバード大学、ペンシルベニア大学、プリンストン大学、イェール大学で構成される(https://www.bestcollegereviews.org/history-ivy-league/)。
(13) https://www.cnet.com/news/winklevoss-twins-drop-facebook-lawsuit/
(14) ハーバード大学の男子学生限定のクラブ。「人生の最後に入るクラブ」という意味で、名づけられたという説もあるが、正確な語源は不明。映画『ソーシャル・ネットワーク』では、クラブに入会できなかった主人公が、その屈辱をはらすためにフェイスブックを創ったと説明されていることに対して、マーク・ザッカーバーグは怒ったと言われている。ハーバードには、「ポーセリアン」(Porcellian)を筆頭とする、

8つのファイナル・クラブがある。ファイナル・クラブへの入会資格を持つのは大学2年生と3年生。クラブから勧誘されることを「パンチ」(punch) と言う。入会の審査には、「真夜中に全裸でキャンパスを走れ」など、エリートたちがよく行う乱痴気そのものの変な「テスト」がある。クラブのメンバーは、同じ寮で寝食を共にし、「同志」としての絆を深めることが義務である。メンバーでない男子学生は一般に建物内に入ることも許されないが、女子学生はパーティに招待される。ファイナル・クラブは大学非公認の「私的団体」であるため、こうした学生たちの行動を取り締まることは難しい。入会は、親の社会的地位、資産状況等々が大きく影響しているらしい (https://courier.jp/info/24111/)。

(15) http://content.time.com/time/specials/packages/printout/0,29239,2036683_2037183_2037185,00.html

(16) http://content.time.com/time/specials/packages/article/0,28804,2036683_2037183_2037185,00.html

(17) https://www.vanityfair.com/news/2010/10/the-next-establishment-201010

(18) https://www.forbes.com/sites/stevenbertoni/2010/09/22/facebooks-zuckerberg-now-richer-than-apples-steve-jobs/&refURL

(19) 企業が、証券取引所に新規に上場し、誰でも株取引ができるようにすることである。IPOに当たってよく採用されている手法として、新規上場前に「株を買う権利」を抽選で募集することがある。上場日の初めにつく株価 (初値) で株がまず予約者に売り出される。IPO投資と言われるものは、投資家が上場する前に株式を予約し、上場の瞬間にその株式を売るという作業である。予約した株式の購入代金は払わねばならないが、その株式を売って得た資金が購入代金を上回れば、投資家には利益が転がり込む。

(20) 両親は、中国系ベトナム人で、難民として米国に移住してきた人である。プリシラ本人は、小児科医にしてカウンセラー。

(21) 破綻したときに所有者がどこまで負債支払いの責任を持つかという点で、米国の企業はおおまかに4種類に分けられる。それは、①一般パートナーシップ、②有限パートナーシップ、③コーポレーション、④LLC (Limited Liability Company) である。

①の「一般パートナーシップ」は、出資者の全員が無限責任を負う。②の「有限パートナーシップ」は、経営を担う「一般社員」が無限責任、経営権を持たない「有限社員」が有限責任であるという区分をしている。③の「コーポレーション」(corporation=法人) は、「株主」(shareholder) の所有である。しかし、会社が債務を負っても、株主には返済義務はない。そして、会社は、法人として株主とは別個に、財

産の取得・譲渡ができる。経営は、株主ではなく、「取締役」(director)と「執行委員」(officer)によって行われる。いわゆる「経営」と「所有」の分離原則である。米国の「コーポレーション」が支払う税は、特別の会計操作をしなければ二重課税となる。例えば、会社からの株主への配当は、すでに収益から法人税を払った残額から支払われる。つまり、法人税は払われている。ところが、配当金には再び所得税がかかる。法人の出資者であり、自らが経営者である株主(ほとんどは創業者)は法人税と所得税と二重に課税されていることになる。これを避ける会計手法が各国の法人でとられてはいるが、複雑な手続きを要して実務的に耐えられないという事態が恒常的に存在する。④の「LLC」は、③の不便さを避ける効用があり、現在の米国で幅広く利用されている。④は、①の「全員有限責任」と③の「株式によって広く資金を集めることができる」というメリットを合わせたものとして重宝である。LLCへの出資者は、「メンバー」と呼ばれる社員である。社員は有限責任である。経営は、社員が行うことも可能で、社員から委任された第三者が、「マネジャー」として担うこともできる。つまり、LLCでは経営と所有を原理的に分離する必要がない、創業者にとっては便利な企業形態である(https://www.jetro.go.jp/ext_images/jfile/report/07001726/report_us_company_formation_manual_201401rev.pdf)。ここで、ザッカーバーグ夫妻のイニシアチブは、彼らが標榜するような慈善組織ではなく、投資事業であるという点を見過ごしてはならない。

(22) https://www.today.com/parents/facebooks-mark-zuckerberg-priscilla-chan-post-letter-newborn-daughter-max-t59086

(23) https://www.reuters.com/article/us-zuckerberg-philanthropy/chan-zuckerberg-initiative-pledges-3-billion-to-fight-disease-idUSKCN11R2JY

(24) https://www.cnet.com/news/chan-zuckerberg-initiative-invests-3-billion-to-cure-all-diseases/

(25) https://www.biography.com/people/mark-zuckerberg-507402

(26) http://www.businessinsider.com/exclusive-heres-the-email-zuckerberg-sent-to-cut-his-cofounder-out-of-facebook-2012-5

(27) https://www.bloomberg.com/news/articles/2012-05-11/facebook-co-founder-saverin-gives-up-u-s-citizenship-before-ipo

(28) "Initial Statement of Beneficial Ownership of Securities—/s/ Eduardo Saverin," United States Securities and Exchange Commission, 20549 (https://www.sec.gov/Archives/edgar/data/1326801/000118143112030861/xslF345X02/rrd345645.xml).

(29) "So How Much Did He Really Save?" (*The Wall Street Journal*), May 18,

2012（https://www.wsj.com/articles/SB10001424052702303360504577410571011995562）.

（30） Benoit［2012］“Facebook Co-Founder Saverin”.

（31） https://www.yahoo.com/news/senators-unveil-ex-patriot-act-respond-facebooks-saverins-110209339--abc-news-politics.html

（32） http://www.abil.com/articles/TAX%20-%20The%20Exit%20Tax%20(Trow).pdf

（33） https://www.huffingtonpost.com/2012/05/17/eduardo-saverin-homeland-security_n_1526018.html

（34） http://www.workport.co.jp/plus/articles/473

（35） https://zuu.co.jp/company/message/

（36） https://zuuonline.com/archives/79930/4

（37） https://www.jetro.go.jp/world/reports/2017/02/29e53a04fe2f09bf.html

（38） http://jp.wsj.com/articles/SB1089345064160533478430458152792240396 6258

終章

（1） 国立社会保障・人口問題研究所［2017］「日本の将来推計人口」。

（2） 内閣府［2017］「高齢化の現状と将来像」。

（3） http://www8.cao.go.jp/shoushi/shoushika/data/shusshou.html

（4） 日本の「社会保障」は、高齢者や障がい者などの生活を保障する「社会福祉」、生活困窮者に最低限の生活を保障する「公的扶助」、国民の健康の保持・向上を図る「公衆衛生」、「社会保険」の４つの柱がある。

４つ目の社会保険は、老後の生活の基盤となる「年金」、すべての国民が一定の医療を受けることを保証する「医療保険」と「後期高齢者医療」、仕事上の災害や失業から被雇用者の生活を担保する「労働保険」、高齢者の健康な生活を国民全体で支える「介護保険」という４種からなる。

介護保険は、高い理念が掲げられて、2000（平成12）年に運用されるようになった。超高齢社会を迎えた日本社会において、高齢者を「家族などの個人ではなく社会全体で支える」という理念がそれである。

ただし、それはあくまでも抽象的な理念に留まり、現実には、増大する医療費の圧迫から逃れて、「老人介護」を医療費から分離させて自治体の財源を軽減するのが目的であった。

運用当初は、老人医療費や社会的入院の増大が財源を圧迫したことから、介護を必要とする状態になることを防ぐ「介護予防」及び「在宅介護」の考えが重要視されていた。

そして、2006年、介護を必要としない「要支援者」に重点を置くべく、「要支援」を2つに分けて、介護認定区分を初期の6段階から7段階に細かく規定し直すとともに、「介護サービス」から「介護予防サービス」を切り離し、各自治体には「地域包括支援センター」の設置が義務づけられた。

2011年、地域全体で高齢者の支援を行う「地域包括ケア」を強化すべく、夜間、日中を通じての訪問介護・訪問看護サービスが受けられる、「定時巡回・随時対応型訪問介護看護」や、小規模多機能型と訪問看護を組み合わせた「複合型サービス」の導入が図られた（http://www.kaigo-town.jp/insurance/_010_background.html）。

2018年4月、新たに「介護医療院」が創設されることになった。

既存の「医療療養病床」の一部と、「介護療養病床」を転換する際の受け皿として制度化されたもので、近い将来、約12万床が介護医療院となる可能性がある。転換のみが認められていて、基本的に新規の開設はない。

病院における病床の種類は、「一般病床」「精神病床」「療養病床」「結核病床」「感染症病床」の5つがある。介護保険を財源とする既存の「介護療養病床」（約5万3000床）や、看護配置基準が25対1の「医療療養病床」（約6万3000床）は、療養病床に属する。そこに、高齢者が収容されていたが、高齢者の大半は、入院日数が長いために、病院側の経営はかなり苦しかった。そこで、さらなる医療費削減をすべく、医療療養病床や介護療養病床などを廃して、老人保健施設などの「介護保険施設」への転換を促す施策がこれまで模索されてきた。

そこで、既存の病床から転換しやすい基準にした介護医療院が新設されることになったのである。介護療養病床と医療療養病床は2023年度末までに廃止される。

2021年3月末までは、転換を促すべく、介護医療院の報酬が高く設定されているため、今後、介護医療院は激増することになるだろう。しかし、今度は、「要介護5」の高齢者を新しい介護医療院は優先的に受け入れることになる可能性が高い。「特別養護老人ホーム」などの介護施設では対応しきれないような人たち、例えば、胃瘻を施された老人、気管切開している老人、「終末期（ターミナル）ケア」の老人などが対象になるだろう。

介護医療院にはいわゆる外来診療の機能はなく、訪問診療も行わない。施設を「有料老人ホーム」に転換し、医療機関を併設させることも認められる。しかし、これでは、中小の病院や介護施設の淘汰が始まる恐れもある（https://medical.nikkeibp.co.jp/leaf/mem/pub/di/column/

soudan/201808/557372.html)。

(5) https://kaigorobot-online.com/carerobot/type

(6) http://dspc2007.com/yobou.html

(7) https://www.mhlw.go.jp/stf/houdou/0000207323.html

(8) https://style.nikkei.com/article/DGXMZO31138440Q8A530C1EAC000

(9) https://kaigorobot-online.com/carerobot/type

(10) https://boxil.jp/beyond/a5102/

(11) https://articles001.joint-kaigo.com/article-6/pg0039.html

(12) Blair［2017］"Why Japan will profit the most from Artificial Intelligence".

(13) Siripala［2018］"Japan's robot revolution in senior care".

(14) https://robohub.org/robots-pick-up-the-challenge-of-home-care-needs/

(15) https://www.weblio.jp/content/ハッカソン

(16) https://robotstart.info/2018/03/15/segway-loomo.html

(17) https://robohub.org/robots-pick-up--the-challenge-of-home-care-needs/

(18) http://www.kaigojimu.com/data/datal/data_l.html

(19) https://www.sekishinkai.or.jp/ishii/opinion_ecs03.htm

(20) 介護療養型医療施設とは、「介護療養病床」と「医療療養病床」との2種類を指す。「介護療養病床」は、特別養護老人ホームと老人保健施設と同様に介護保険で入居できる公的な施設サービス。「医療療養病床」は医療保険が適用されていたもの。

介護療養型医療施設は、医療を必要としなくなった時点で、転出もしくは退所することを想定して創られたものであったが、その想定に反して、長期間にわたる入所者が多数占めている状況が続き、以前より医療費や社会保障費が圧迫されるようになった。2017年度に廃止を決定された病床数は、介護療養病床が約6万床弱（2024年3月末まで移行期間を設置）と、医療療養病床（現在約21万床強ある）のうち、看護師の配置基準が25対1の約7万床強とで約13万床が廃止される予定となっている。

新設される介護医療院は、「日常的な医学管理」「看取り・ターミナルケア」などの医療機能、従来の介護機能、「生活施設」としての機能を併設した「介護保険施設」になるという謳い文句である（https://www.sagasix.jp/column/beadhouse/kaigo-iryouin/）。

(21) スウェーデンは、「分権型福祉社会」である。1992年の「エーデル改革」により、スウェーデンは、中央集権的な福祉行政を大転換させた。全国の289の基礎自治体である「コミューン」（自治体）に、大幅に権限が委譲された。エーデル改革は、福祉行政の地方分権化である。

コミューンが、個人所得税を課し、「地区委員会」で予算や事業計画

が決定できるようになった。また、保健医療サービスも、国による一律実施を止め、地方行政の広域単位である全国で 20 の「ランスティング」（都道府県）と三大地区コミューンの管理・運営に委ねられた。さらに、高齢者医療や介護サービス、保育サービスなどの現場には「利用者委員会」が設けられて、利用者の声が反映されることになった（http://www.matsujun.com/kaigai/Sweden.html）。

(22) Schön et. al.［2015］“Rapid decrease”.

(23) 奥村［2008］「スウェーデンの高齢者住宅とケア政策」。

(24) http://www.sou.gov.se/bostader-for-aldre/

(25) 小松［2016］「福祉国家スウェーデンの高齢者住宅・介護事情」。

(26) Cambridge Center for Alternative Finance［2016］“Sustaining Momentum”.
　統計のとり方によって、米国、アジアの数値の方が 2 ～ 5 倍と大きく出るが、介護ロボット開発事業に積極的な英国の統計を重視したい。

(27) 英国では 2014 年に「金融行為監督機構」（Financial Conduct Authority=FCA）によって株式型クラウド・ファンディングの新たな規制が導入された。

(28) 谷山［2017］「拡大するオルタナティブ・ファイナンス市場」。

(29) https://2017.stateofeuropeantech.com/

(30) https://assets.publishing.service.gov.uk/government/uploads/system/uploads/attachment_data/file/730043/industrial-strategy-white-paper-print-ready-a4-version.pdf

(31) 雪田［2018］「起業家に魅力的なビジネス環境を提供するロンドン」。

(32) http://www.soumu.go.jp/johotsusintokei/whitepaper/ja/h25/html/nc123110.html

(33) https://bizgate.nikkei.co.jp/article/DGXMZO28706220280320180000000?channel=DF220320183591

(34) https://startupgenome.com/all-report-thank-you/?file=2018

(35) http://www.aseanenergy.org/resources/reports/ace-annual-report-2017/

(36) Moravec［1988］*Mind Children*.

(37) Kasparov［2017］*Deep Thinking*.

■著者紹介

本山美彦（もとやま・よしひこ）

1943年神戸市生まれ。兵庫県立神戸高校、京都大学経済学部卒業。京都大学大学院経済学研究科修士・博士課程を経て、1969年甲南大学経済学部助手、1977年京都大学経済学部助教授、同・教授、2006年同・大学停年退職。福井県立大学経済経営研究科、大阪産業大学経済学部教授を経て、現在、国際経済労働研究所長。京都大学経済学博士、京都大学名誉教授。京都大学経済学部長、日本国際経済学会会長、第18期日本学術会議第3部会員、大阪産業大学学長を歴任。2018年6月より国際経済労働研究所「AI社会を生きる研究会」主宰。

主要著書

『貿易論序説』（有斐閣、1982年）、『貨幣と世界システム――周辺部の貨幣史』（三嶺書房、1986年）、『環境破壊と国際経済――変わるグローバリズム』（有斐閣、1990年）、『南と北――崩れ行く第三世界』（筑摩書房、1991年）、『豊かな国、貧しい国――荒廃する大地』（岩波書店、1991年）、『売られるアジア――国際金融複合体の戦略』（新書館、2000年）、『ESOP株価資本主義の克服』（シュプリンガー・フェアラーク東京、2003年）、『民営化される戦争――21世紀の民族紛争と企業』（ナカニシヤ出版、2004年）、『売られ続ける日本、買い漁るアメリカ――米国の対日改造プログラムと消える未来』（ビジネス社、2006年）、『金融権力――グローバル経済とリスク・ビジネス』（岩波新書、2008年）、『《集中講義》金融危機後の世界経済を見通すための経済学』（作品社、2009年）、『韓国併合――神々の争いに敗れた「日本的精神」』（御茶の水書房、2011年）、『アソシエの経済学――共生社会を目指す日本の強みと弱み』（社会評論社、2014年）、『人工知能と21世紀の資本主義――サイバー空間と新自由主義』（明石書店、2015年）、他。

人工知能と株価資本主義

AI 投機は何をもたらすのか

2018 年 12 月 12 日　初版第 1 刷発行

著　者　　本　山　美　彦
発行者　　大　江　道　雅
発行所　　株式会社明石書店
〒101-0021 東京都千代田区外神田 6-9-5
電話 03（5818）1171
FAX 03（5818）1174
振替　00100-7-24505
http://www.akashi.co.jp/
装丁　　明石書店デザイン室
印刷・製本　　モリモト印刷株式会社

（定価はカバーに表示してあります）　　ISBN978-4-7503-4777-6

社会喪失の時代

プレカリテの社会学

ロベール・カステル［著］
北垣徹［訳］

◎四六判／上製／490頁　◎5,500円

資本主義の歴史的な大転換のなか、崩壊する賃労働社会。今、私たちは、労働に基づく社会保障等、社会的所有を失い、荒れ狂う資本主義経済のただなかに生身のまま投げ込まれようとしている。この社会喪失の時代にわれわれはいかに立ち向かうか。カステル労働社会学の神髄。

《内容構成》

〈価格は本体価格です〉

ポピュリズムの理性

エルネスト・ラクラウ［著］
澤里岳史、河村一郎［訳］

◎四六判／上製／416頁　◎3,600円

政治理論家エルネスト・ラクラウによるポピュリズム論の金字塔的著作。ポスト・マルクス主義の政治理論を深化させ、侮蔑的に論じられがちなポピュリズムを政治的なものの構築の在り方として精緻に理論化。根源的、複数主義的な民主主義のために、政治的主体構築の地平を拓く。

《内容構成》

第Ⅰ部　大衆への侮蔑
　第1章　ポピュリズム——多義性と逆説
　第2章　ル・ボン——暗示と歪曲された表象
　第3章　暗示、模倣、同一化

第Ⅱ部　「人民」を構築する
　第4章　「人民」、空虚の言説的産出
　第5章　浮遊するシニフィアン、社会的異質性
　第6章　ポピュリズム、代表、民主主義

第Ⅲ部　ポピュリズムの諸形態
　第7章　ポピュリズムの遍歴譚
　第8章　「人民」の構築にとっての障碍と限界

　結論

　解説——『ポピュリズムの理性』に寄せて／山本圭（政治学）

　訳者あとがき

〈価格は本体価格です〉

左派ポピュリズムのために
シャンタル・ムフ著　山本圭、塩田潤訳　◎2400円

不平等　誰もが知っておくべきこと
ジェームス・K・ガルブレイス著
塚原康博、馬場正弘、加藤篤行、鑓田亨、鈴木賢志訳　◎2800円

格差と不安定のグローバル経済学　ガルブレイスの現代資本主義論
ジェームス・K・ガルブレイス著
塚原康博、鈴木賢志、馬場正弘、鑓田亨訳　◎3800円

オフショア化する世界　人・モノ・金が逃げ込む「闇の空間」とは何か？
ジョン・アーリ著　須藤廣、濱野健監訳　◎2800円

世界をダメにした経済学10の誤り　金融支配に立ち向かう22の処方箋
フィリップ・アシュケナージ、アンドレ・オルレアン、トマ・クトロ、アンリ・ステルディニアック著　林昌宏訳　◎1200円

日本経済《悪い均衡》の正体　社会閉塞の罠を読み解く
伊藤修著　◎2200円

ヨーロッパ的普遍主義　近代世界システムにおける構造的暴力と権力の修辞学
イマニュエル・ウォーラーステイン著　山下範久訳　◎2200円

マルクスと日本人　社会運動からみた戦後日本論
佐藤優、山﨑耕一郎著　◎1400円

グローバル資本主義と〈放逐〉の論理　不可視化されゆく人々と空間
サスキア・サッセン著　伊藤茂訳　◎3800円

グローバル化する世界と「帰属の政治」　移民・シティズンシップ・国民国家
ロジャース・ブルーベイカー著
佐藤成基、髙橋誠一、岩城邦義、吉田公記編訳　◎4600円

「社会分裂」に向かうフランス
政権交代と階層対立　尾上修悟著　◎2800円

BREXIT 「民衆の反逆」から見る英国のEU離脱
緊縮政策・移民問題・欧州危機　尾上修悟著　◎2800円

ギリシャ危機と揺らぐ欧州民主主義
緊縮政策がもたらすEUの亀裂　尾上修悟著　◎2800円

レイシズムの変貌　グローバル化がまねいた社会の人種化、文化の断片化
ミシェル・ヴィヴィオルカ著　森千香子訳　◎1800円

ヘイトスピーチ　表現の自由はどこまで認められるか
エリック・ブライシュ著
明戸隆浩、池田和弘、河村賢、小宮友根、鶴見太郎、山本武秀訳　◎2800円

ヘイトクライムと修復的司法　被害からの回復にむけた理論と実践
マーク・オースティン・ウォルターズ著
寺中誠監訳　福井昌子訳　師岡康子論考　◎4600円

〈価格は本体価格です〉